LEVINAS
LECTEUR DE HEIDEGGER

À LA MÊME LIBRAIRIE

Relire Totalité et infini *d'Emmanuel Levinas*, Danielle Cohen-Levinas et Alexander Schnell (éd.), 2015.

Relire Autrement qu'être ou au-delà de l'essence *d'Emmanuel Levinas*, Danielle Cohen-Levinas et Alexander Schnell (éd.), 2016.

PROBLÈMES & CONTROVERSES
Directeurs : Franck FISCHBACH et Sandra LAUGIER

LEVINAS
LECTEUR DE HEIDEGGER

Textes réunis et présentés
par

Danielle COHEN-LEVINAS
et Alexander SCHNELL

Ouvrage publié avec le concours
des Archives Husserl de Paris (UMR 8547, ENS/CNRS)

PARIS
LIBRAIRIE PHILOSOPHIQUE J. VRIN
6 place de la Sorbonne, V[e]

2021

Imprimé en France

ISSN 0249-7980

ISBN 978-2-7116-2982-4

www.vrin.fr

LISTE DES ABRÉVIATIONS DES ŒUVRES D'EMMANUEL LEVINAS

AE : *Autrement qu'être ou au-delà de l'essence*, Paris, Livre de Poche, 2006 [La Haye, Martinus Nijhoff, 1974].

AS : « Autrement que savoir », dans *Autrement que savoir : Emmanuel Levinas*, études de G. Petitdemange et J. Rolland (dir.), Paris, Osiris, 1988.

AT : *Altérité et transcendance*, Paris, Livre de Poche, 2006 [Montpellier, Fata Morgana, 1995].

AV : *L'au-delà du verset. Lectures et discours talmudiques*, Paris, Minuit, 1982.

CC : *Carnets de captivité et autres inédits. Œuvres 1*, Paris, Grasset/IMEC, 2009.

DF : *Difficile liberté. Essais sur le judaïsme*, 2e édition, Paris, Albin Michel, 1976.

DMT : *Dieu, la Mort et le Temps*, Paris, Livre de Poche, 1995 [Paris, Grasset, 1993].

DQVI : *De Dieu qui vient à l'idée*, Paris, Vrin, 1982.

EDE : *En découvrant l'existence avec Husserl et Heidegger*, Paris, Vrin, 1988 [1949].

EE : *De l'existence à l'existant*, Paris, Vrin, 1990 [Paris, éd. de la revue Fontaine, 1947].

EI : *Éthique et Infini*, Paris, Livre de Poche, 1984 [Paris, Fayard, 1982].

EJ : *Être juif*, suivi d'une Lettre à Maurice Blanchot, Paris, Rivages, 2015.

ELP : *Eros, littérature et philosophie*, Œuvres 3, Paris, Grasset/IMEC, 2013.

EN : *Entre nous. Essais sur le penser-à-l'autre*, Paris, Livre de Poche, 1993 [Paris, Grasset, 1991].

EPP : *Éthique comme philosophie première*, préface de J. Rolland, Paris, Rivages, 1998.

EV : *De l'évasion*, Montpellier, Fata Morgana, 1982.

HAH : *Humanisme de l'autre homme*, Paris, Livre de Poche, 1987 [Paris, Fata Morgana, 1972].

HN : *À l'heure des nations*, Paris, Minuit, 1988.

HS : *Hors sujet*, Paris, Livre de Poche, 1997 [Paris, Fata Morgana, 1987].

IH : *Les imprévus de l'histoire*, Paris, Livre de Poche, 2000 [Montpellier, Fata Morgana, 1994].

LC : *Liberté et commandement*, Paris, Livre de Poche, 2007 [Paris, Fata Morgana, 1994].

MB : *Sur Maurice Blanchot*, Montpellier, Fata Morgana, 1976.

NP : *Noms propres*, Paris, Livre de Poche, 1987 [Paris, Fata Morgana, 1976].

PS : *Parole et Silence et autres conférences inédites. Œuvres 2*, Paris, Grasset/IMEC, 2011.

PT : « Positivité et transcendance », dans *Positivité et transcendance*. Suivi de *Levinas et la phénoménologie*, J.-L. Marion (dir.), Paris, Puf, 2000.

TA : *Le Temps et l'Autre*, Paris, Puf, 1983 [Paris, Fata Morgana, 1948].

TI : *Totalité et Infini. Essai sur l'extériorité*, Paris, Livre de Poche, 1990 [La Haye, Martinus Nijhoff, 1961].

TIH : *Théorie de l'intuition dans la phénoménologie de Husserl*, Paris, Vrin, 1994 [1930].

TrI : *Transcendance et intelligibilité*, Genève, Labor et Fides, 1996.

PRÉSENTATION

Levinas a trouvé sa voie dans la phénoménologie avec et auprès de Husserl et de Heidegger. Il a consacré ses premiers travaux au père fondateur de la phénoménologie (*Théorie de l'intuition dans la phénoménologie de Husserl*, 1930), mais c'est surtout le débat extrêmement controversé avec Heidegger qui l'orienta vers l'ébauche de sa propre œuvre. Si la célèbre anthologie *En découvrant l'existence avec Husserl et Heidegger (*1949, 1967, 1974) contenait des études, sous une forme apparemment classique, consacrées aux deux philosophes, la place de Heidegger (bien davantage que celle de Husserl) est effectivement bien visible dès ses premières élaborations personnelles (*De l'existence à l'existant*, 1947, et *Le temps et l'autre*, 1948). Levinas ne s'est jamais inscrit dans une simple continuité avec l'auteur de *Sein und Zeit*, mais il a adopté dès le départ une attitude critique. Conscient des engagements politiques de Heidegger durant sa période dite « du rectorat », Levinas n'a attendu ni les travaux de Farias, ni la publication des fameux « Cahiers noirs », pour mesurer l'importance fondamentale de cette œuvre tout en prenant des distances radicales. Levinas a reconnu en divers endroits de ses écrits sa dette envers Heidegger, mais dans le même mouvement, il a su expliciter philosophiquement, dès 1935, ce que signifiait pour lui s'évader d'une pensée de l'être en tant que structure inhérente au fait de « se poser ». Il ne s'agissait pas tant de fuir l'être en tant qu'être que de franchir les limites de l'être. Renouveler ce que Levinas appelle « l'antique problème de l'être »[1] s'accompagna dès lors d'une réflexion sur la possibilité de l'accomplissement d'une *excendance.*

Les rapports entre Levinas et Heidegger sont extrêmement complexes. D'un côté, Levinas engage avec Heidegger des discussions à propos de concepts ou problèmes « locaux » (le statut du temps, la place de l'altérité

1. *De l'évasion*, Montpellier, Fata Morgana, 1982, p. 74 (1re édition *Recherches Philosophiques*, 1935).

dans l'analytique existentiale, le rôle du « corps propre » et de l'« affectivité », la question de la sexuation, le problème de l'« entièreté » de l'existant, etc.). Mais d'un autre côté, il en va également – et surtout – de la question de l'être, plus exactement de la question de savoir « vers où » l'existant se « transcende » – le monde ? l'autre ? *l'autrement qu'être* ? Levinas découvre que cette question met en jeu le sort de la philosophie première : la métaphysique peut-elle prétendre à être « neutre », ou n'engage-t-elle pas fondamentalement une prise de position éthique ?

Ces questions, loin d'être épuisées, inscrivent la pensée de Levinas dans une perspective critique déjà présente dans l'herméneutique heideggérienne. Cet ouvrage collectif reprend pour l'essentiel les communications présentées lors du Colloque International « Heidegger et Levinas » qui s'est tenu les 13, 14 et 15 novembre 2014 à la Faculté des Lettres de l'Université Paris-Sorbonne[1].

Nos remerciements vont à Jérôme Watin-Augouard et à Mélanie Durman pour leur collaboration précieuse et leur relecture attentive des textes.

Danielle COHEN-LEVINAS et Alexander SCHNELL

Au moment où nous corrigions les épreuves de ce collectif, c'est avec une vive émotion que nous avons appris le décès de David Brézis, survenu à Jérusalem le 8 octobre 2020. Quelques jours avant, il corrigeait les épreuves de son texte qui figure dans ce recueil.

David Brezis était un chercheur d'exception, dans des domaines aussi divers que la métaphysique, la phénoménologie ou les études juives.

Nous lui dédicaçons les actes de ce colloque, en témoignage de notre amitié et de notre admiration.

1. Colloque organisé par le « Collège des études juives et de philosophie contemporaine – Centre Emmanuel Levinas (CEJPC) » (EA 3552) de l'Université Paris-Sorbonne, le Centre d'études de la philosophie classique allemande et sa postérité (CEPCAP) et les Archives Husserl de l'ENS-CNRS de Paris (Responsables : Danielle Cohen-Levinas et Alexander Schnell).

« LE SACRE FILTRANT À TRAVERS LE MONDE » LEVINAS CRITIQUE DE HEIDEGGER

« Heidegger – Levinas » : il s'agira ici de problématiser les modalités de leur rapport ou *différend* qui se concentre dans la formule « Levinas critique de Heidegger » au sens d'une exposition de certaines limites de Heidegger, du *paysage* de sa pensée à partir d'un point de vue extérieur. Nous ne suivrons pas dans leur développement les voies qui conduisent au-delà de ce paysage vers cet « en dehors » où est apparue la possibilité, pour Levinas, de mettre en question le primat de ce qu'il appelle l'ontologie au nom d'un « au-delà » de l'ontologie, c'est-à-dire la possibilité de substituer au « souci de l'être » le « souci pour l'autre homme ». Nous nous arrêterons au seuil où Levinas développera, « contre » Heidegger, toute sa phénoménologie du visage, « ma philosophie » comme disent les *Carnets de captivité*, philosophie élaborée, précisément, à partir d'un « point de vue nouveau »[1]. Le *Carnet* 5 énonçait clairement : « Un élément essentiel de ma philosophie – ce par quoi elle diffère de la philo. de Heidegger – c'est l'importance de l'Autre »[2].

La critique de Levinas à l'encontre de Heidegger a souvent été jugée polémique, superficielle, épidermique. Nous voudrions montrer que le contraire est vrai, car cette critique atteint, nous semble-t-il, une singulière profondeur, touchant l'un des nerfs névralgiques du projet heideggérien dans son ensemble. La critique levinassienne n'en demeure pas moins difficilement récupérable, par exemple par ceux qui voudraient s'en prévaloir pour ne pas se confronter au texte, car Levinas a toujours aussi, en même

1. *CC*, p. 467 : « Heidegger – prolongement de la pensée grecque – / Lui opposer le judaïsme ? / Mais sa pensée est entièrement christianisée [...] / Quels que soient les concepts à l'aide desquels on voudrait discuter avec Heidegger, Heidegger les dénoncerait comme dépourvus de pensée parce qu'encore non révisés à la lumière de sa pensée. – Ce qu'il faut, c'est un point de vue nouveau ».

2. *CC*, p. 134.

temps que sa barbarie potentielle, rappelé le génie de cette pensée, la grandeur et la puissance spéculative de son œuvre philosophique, grandeur et puissance qui obligent à une analyse minutieuse du corpus.

Levinas l'avait laissé entendre dans sa brève « réaction » à la controverse qui a suivi la publication du pamphlet de V. Farias (*Heidegger et le national-socialisme*, 1987) : « Le diabolique est intelligent. Il s'infiltre où il veut. Pour le refuser, il faut d'abord le réfuter. Il faut un effort intellectuel pour le reconnaître. Qui peut s'en vanter ? Que voulez-vous, le diabolique donne à penser »[1]. À l'autre bord, la défense « orthodoxe » de Heidegger nous semble, elle aussi, manquer l'essentiel du problème, mais autrement (et il faudrait par ailleurs interroger et analyser ce curieux et insistant « besoin » de défense). Il ne suffit pas de dire que Levinas aurait « mal compris » ou « déformé » tel ou tel théorème heideggérien, présupposant qu'on l'aurait mieux compris.

Il est vrai que la *déformation* que Levinas fait subir au deuxième Heidegger mérite d'être questionnée, car il y a incontestablement plus d'une analogie entre le *Sein* heideggérien et l'Autre levinassien ; c'est un thème déjà bien connu et étudié. Levinas a sans doute parfaitement conscience lui-même de cette analogie. Alors pourquoi cette mise à distance de Heidegger par la « déformation » ? Parce qu'à notre sens celle-ci procède, en dernière instance, d'une *décision*. Une décision portée, nourrie, configurée par une « attitude religieuse », avec tous les guillemets nécessaires : en l'occurrence, l'attitude du « judaïsme » contre l'attitude du « paganisme », qui indiquent les deux termes du différend[2].

Malgré les proximités structurelles, de type sans doute hénologique, néo-platonicien, la distance paraît incommensurable entre la pensée de l'être où l'Autre est absent et la pensée de l'Autre reliée à la tradition juive, l'Autre qui est « Dieu » en sa transcendance, mais aussi et d'abord sa trace sur le visage d'autrui. M. Zarader écrivait très justement à ce propos : « C'est cette immense absence que Levinas repère d'emblée dans l'œuvre heideggérienne, et qui le conduit à dénier à Heidegger tout droit à prétendre

1. E. Levinas, « Le diabolique donne à penser » [1987], *Le Nouvel Observateur*, 22-28 janvier 1988, p. 83.

2. Sur l'opposition paganisme / judaïsme, *cf.* S. Nordmann, « Judaïsme et paganisme chez Cohen, Rosenzweig et Levinas. Un "geste spéculatif" commun », *Archives de Philosophie*, t. 70, 2007/2, p. 227-247 et surtout D. Cohen-Levinas, « Un exister païen. Heidegger, Rosenzweig, Levinas », *in* P. Trawny (ed.), *Heidegger und die Juden – noch einmal*, Frankfurt-am-Main, Klostermann, 2015, p. 97 *sq.*

parler au nom de l'altérité, puisque le seul site possible de celle-ci s'y trouve décisivement méconnu, voire effacé »[1].

Levinas « déforme » Heidegger pour mieux en faire surgir l'essentiel qu'il ignore : l'Autre, oublié dans sa dimension « religieuse » et « éthique ». Or, cette méconnaissance de l'héritage vétéro-testamentaire, plus précisément hébraïque, est nouée à sa dénégation politique, comme avait pu le souligner J.-F. Lyotard dans *Heidegger et « les juifs »* (1988) : « Le nazisme de Heidegger et son silence répètent, dans leur essence et dans leur effet sur notre pensée, une forclusion qui est constitutive de la pensée occidentale comme philosophie et comme politique »[2].

Par sa critique de Heidegger à partir de son « point de vue nouveau », Levinas peut nous aider (mais nous a déjà aidés) à forcer le cercle de cette forclusion. Une aide d'autant plus précieuse aujourd'hui, pour « nous », lorsqu'il s'agit d'aborder le corpus heideggérien crevassé, fissuré, fracturé par l'impact brutal des *Cahiers noirs*, véritable coupure ou césure épistémologique dans la lecture et la réception de son œuvre.

Levinas peut nous aider à nous *évader* de l'immanence de cette œuvre, à ouvrir la possibilité de « sortir de l'être par une nouvelle voie », d'« aller au-delà de l'être » vers l'« autrement qu'être ». À ce titre, on peut suggérer que Levinas nous permet peut-être de mieux apercevoir l'un des impensés fondamentaux de Heidegger : le judaïsme comme sortie de l'être. « Judaïsme » que Heidegger ne voit pas, qu'il « oublie » en raison de son « paganisme » qui enferme dans l'être par une forclusion du besoin d'« excendance » (ou d'*évasion*) comme le formulait *De l'évasion*[3].

Le lieu de la critique levinassienne se concentre ainsi sur la question du « paganisme » formulée à partir du « judaïsme » : c'est « l'attitude religieuse » fondamentale, issue de la Bible, qui permet et justifie la critique levinassienne, laquelle, par sa charge hyperbolique même, est apte à accuser mieux qu'une autre les contours de l'« attitude religieuse » heideggérienne, « païenne », bien que Levinas lui-même qualifierait peut-être l'attitude fondamentale de Heidegger d'« irréligion » et d'« athéisme » ou de « religion

1. M. Zarader, *La dette impensée*, Paris, Vrin, 2013, p. 171. *Cf.* déjà P. Ricœur, « Note introductive », dans R. Kearney et J. S. O'Leary (éd.), *Heidegger et la question de Dieu*, Paris, Grasset, 1980, p. 17 : « Il lui est parfois arrivé de penser à partir de l'Évangile et de la théologie chrétienne ; mais toujours en évitant le massif hébraïque, qui est l'étranger absolu par rapport au discours grec ». Objection de l'« héritage hébraïque » soulevée par Ricœur dès 1955 à Cerisy en présence de Heidegger (*ibid.*, p. 22).

2. J.-F. Lyotard, *Heidegger et « les juifs »*, Paris, Galilée, 1988, p. 94. *Cf.* aussi J. Derrida, *De l'esprit. Heidegger et la question*, Paris, Galilée, 1987, p. 164 (« brutale forclusion »).

3. *EV*, p. 73.

à rebours »[1]. Le différend « Heidegger – Levinas » met en jeu deux attitudes religieuses comme moteurs spéculatifs de leur pensée. Ou faut-il dire : deux « théologies politiques » ? Nous reprendrons cette question difficile en fin de parcours.

Si Levinas n'est pas le seul, bien sûr, à avoir critiqué la pensée de Heidegger sous le titre de « paganisme », il l'a fait avec le plus d'insistance et de force, voire de « violence »[2].

Parmi les élèves de Heidegger, il faut ainsi songer au jeune Gadamer qui avait relevé cette dimension « païenne » dans la conférence de trois heures sur l'*Origine de l'œuvre d'art* que Heidegger avait donnée à Francfort, en se demandant, faussement naïf, si les termes de *Streit*, *Erde*, *Welt* qu'il venait d'entendre étaient des concepts ou s'il s'agissait de la « proclamation d'un mythe néo-païen (*Verkündigung eines neuheidnischen Mythos*) »[3]. L'une des critiques les plus virulentes émane de H. Jonas dans sa célèbre conférence *Heidegger und die Theologie* (1964). Interpellant son auditoire de théologiens chrétiens, Jonas demandait : « Ne sentez-vous pas le caractère profondément païen (*tief heidnischer Charakter*) de la pensée de Heidegger ? ». Ce « paganisme » prend nécessairement une forme polythéiste et anti-monothéiste : « Ce n'est pas par hasard si dans la philosophie de Heidegger, les dieux font retour. Mais là où il y a des dieux, Dieu ne peut pas être »[4]. Ce « paganisme qui divinise le monde »[5] implique la neutralité du sacré (*das Heilige*) qui n'est pas le saint (*der Heilige*), dimension morcelée et immanentiste du sacré qui seule permettrait, d'après Jonas interprétant Heidegger, de penser l'essence de la déité (*Gottheit*)[6].

1. « La philosophie et l'idée de l'infini » [1957], *EDE*, p. 237.

2. *Cf.* J. Derrida, « Violence et métaphysique », dans *L'écriture et la différence*, Paris, Seuil, p. 213, qui accusait Levinas d'« accuser cette pensée de l'errance interminable d'être un nouveau paganisme du Lieu » dans le « violent article » de 1961 (« Heidegger, Gagarine et nous »). Nous verrons dans ce qui suit que l'affirmation de Derrida, dans ce même texte, que « la pensée de l'être est donc aussi proche que possible de la non-violence » (p. 218) nous paraît devoir être récusée à son tour.

3. H.-G. Gadamer, « Martin Heidegger – 85 Jahre » [1974], in *Gesammelte Werke*, t. 3, Tübingen, Mohr Siebeck, 1987, p. 267 (trad. fr. M. de Launay dans *Cahiers de l'Herne. Martin Heidegger*, Paris, L'Herne, 2016, p. 142).

4. H. Jonas, « Heidegger und die Theologie » [1964] *in* G. Noller (ed.), *Heidegger und die Theologie. Beginn und Fortgang der Diskussion*, München, Kaiser, 1967, p. 327.

5. *Ibid.*, p. 327.

6. Dans cette lignée critique il faut citer, plus récemment, J.-L. Marion, « La double idolâtrie », dans R. Kearney et J. S. O'Leary (éd.), *Heidegger et la question de Dieu*, *op. cit.*, p. 64 (« idolâtrie d'autant plus radicale qu'elle joue avec plus de subtilité ») ou J.-Y. Lacoste, *Expérience et absolu*, Paris, Puf, 1994, p. 25 (« paganisme existential ») ; *Le monde et l'absence d'œuvre*, Paris, Puf, 2000, p. 11 (« phénoménologie de l'expérience païenne »), mais aussi J. Habermas, *Der philosophische Diskurs der Moderne*, Frankfurt-am-Main, Suhrkamp, 1985, p. 214 *sq.* ; *Nachmetaphysisches Denken II*, Frankfurt-am-Main., Suhrkamp, 2012, p. 144 (« néo-paganisme mythologisant »).

Or l'une des particularités de la critique levinassienne du « paganisme » de Heidegger réside dans la jonction qu'elle opère entre la dimension « politique » et la dimension « religieuse » (ou « irréligieuse »), au point qu'il serait possible de parler d'une équation levinassienne qui pourrait s'énoncer ainsi : « paganisme = hitlérisme = heideggérianisme ». Cette équation s'esquisse principalement dans les « Quelques réflexions sur la philosophie de l'hitlérisme » (1934), « De l'évasion » (1935) et « L'actualité de Maïmonide » (1935). Après la guerre, après la Shoa, ces esquisses des années 1930 sont comme prolongées, précisées et complétées dans « La philosophie et l'idée de l'infini » (1957) et dans l'article, déjà cité, « Heidegger, Gagarine et nous » (1961). Autour de ces deux textes centraux, il faut prendre en compte certains développements de *Totalité et infini* (1962), ainsi que certains articles et entretiens donnés plus tard dans les années 1980 et 1990 : autant de textes qu'il faut lire ensemble, car ils sont comme la récapitulation et la précision de l'équation « paganisme = hitlérisme = heideggérianisme », équation qui pour Levinas vient résumer et « exalter » tout un courant, « toute une évolution de la philosophie occidentale »[1] : la « philosophie du Même », Heidegger étant alors le représentant éminent d'une « philosophie de l'injustice » comme « aboutissement d'une longue tradition de fierté, d'héroïsme, de domination et de cruauté »[2]. Et l'on peut ajouter que ces textes s'inscrivent sans doute dans la courbe « autobiographique » que décrit Levinas lorsqu'il dit à la fin de *Difficile liberté* que sa « biographie » est « dominée par le pressentiment et le souvenir de l'horreur nazie »[3].

C'est à partir de cette équation critique « paganisme = hitlérisme = heideggérianisme », à partir de ce point de vue levinassien extérieur au paysage heideggérien, que nous voudrions prendre en vue le corpus heideggérien des années 1930, pour vérifier si cette équation y est opératoire et pour mieux apercevoir le relief de certains problèmes, comme depuis quelque vaisseau satellisé, si l'on ose dire. En survolant ce paysage, nous indiquerons ainsi quelques aperçus macroscopiques qui sont autant de

1. « La philosophie et l'idée de l'infini », *EDE*, p. 237.

2. *Ibid.*, p. 236.

3. « Signature » [1968], dans *DL*, p. 374. À propos de cet ensemble de textes, on peut prolonger la suggestion de Samuel Moyn (« Judaism against Paganism. Emmanuel Levinas's Response to Heidegger and Nazism in the 1930s », in *History & Memory*, 10/1, 1998, p. 25-58) pour dire que si Levinas est resté relativement discret dans la sphère publique, même restreinte à l'espace académique, lors des controverses précédentes sur le nazisme de Heidegger, dans les années 1940, 1960 ou 1980, c'est qu'il avait amorcé une confrontation serrée avec cette question dès les années 1930, en interrogeant le lien profond entre heideggérianisme, hitlérisme et paganisme.

thèmes ou *reliefs thématiques* de l'équation « paganisme = hitlérisme = heideggérianisme », reliefs qui forment en vérité une seule et même *chaîne.*

1) *Premier relief thématique* : l'immanentisme de dieu au monde et le sacré morcelé au détriment du saint. Cette critique de l'immanentisme est formulée à partir de l'opposition structurante entre paganisme et judaïsme, opposition qui rend possible, on l'a dit, la description critique du paysage heideggérien et l'esquisse de son dehors. En termes phénoménologiques, l'opposition est celle entre « enfermement » (dans l'être) et « évasion » (hors de l'être). Dès 1935 dans « L'actualité de Maïmonide », Levinas écrit : « La civilisation judéo-chrétienne est mise en cause par une barbarie arrogante installée au cœur de l'Europe. Avec une audace encore inégalée, le paganisme relève la tête… »[1]. Plus loin il avance la définition, souvent commentée, du paganisme : « *Le paganisme est une impuissance radicale de sortir du monde.* Il ne consiste pas à nier esprit et dieux, mais à les situer dans le monde ». Dans le même mouvement, Levinas oppose le paganisme au judaïsme :

> Dans ce monde se suffisant à lui-même, fermé sur lui-même, le païen est enfermé. Il le trouve solide et bien assis. Il le trouve éternel. Il règle sur lui ses actions et sa destinée. Le sentiment d'Israël à l'égard du monde est tout différent. Il est empreint de suspicion. Le juif n'a pas dans le monde les assises définitives du païen. Au milieu de la plus complète confiance accordée aux choses il est rongé par une sourde inquiétude[2].

Cette opposition entre paganisme et judaïsme peut être reconduite à une certaine « attitude » à l'égard du monde, une certaine « manière de vivre ». C'est ce que suggérait Levinas en 1938 dans « L'essence spirituelle de l'antisémitisme (d'après Jacques Maritain) » : « Ce qui distingue en fin de compte le judéo-christianisme du paganisme, c'est, plus qu'une certaine morale ou une certaine métaphysique, un sentiment immédiat de la contingence et de l'insécurité du monde, une inquiétude de ne pas être chez soi et la force d'en sortir »[3]. C'est cette opposition que nous retrouvons dans « Heidegger, Gagarine et nous » (1961). Levinas écrit, directement

1. « L'actualité de Maïmonide » [1935], dans *Cahiers de l'Herne. Emmanuel Levinas*, Paris, L'Herne, 1991, p. 142.

2. *Ibid.*, p. 144.

3. *Ibid.*, p. 150. *Cf.* aussi « À propos de la mort du Pape Pie XI » (1939), *ibid.*, p. 152 : « car le judaïsme n'est, en fin de compte, que l'antipaganisme. Mais il ne s'oppose pas à des dogmes théoriques et son hostilité au polythéisme n'est pas son apport le plus original. La lumière naturelle arriverait sans le secours de la révélation à l'idée d'un Dieu un. L'antipaganisme juif est une manière de vivre et de sentir. Il rejette […] tout ce qui se rapporte à l'épanouissement naturel de l'être qui se complaît dans sa nature » (*Cahiers de l'Herne. Emmanuel Levinas, op. cit.*, p. 152).

rapporté à Heidegger : « *Le sacré filtrant à travers le monde*, le judaïsme n'est peut-être que la négation de cela »[1].

Pour vérifier la pertinence de ce schème critique du paganisme, il conviendrait alors de se pencher sur la figure du « dernier dieu » et des dieux chez Heidegger dans les années 1930 (à supposer que c'est bien à cette époque que Heidegger élabore toute sa pensée des dieux qui restera déterminante après-guerre) ; et il faudrait se demander si, en effet, la figure du dieu ou des dieux de Heidegger, et du sacré au sein duquel ces dieux sont censés apparaître, procèdent d'une opération d'immanentisation ou de mondanéisation de dieu. Nous ne donnerons ici qu'un indice qui reconduit à Nietzsche. Dans le cours de 1937 sur Nietzsche, où Heidegger réinvestit la doctrine de l'« éternel retour » et du « cercle vicieux de dieu », il relie la question du cercle vicieux de dieu (*circulus vitiosus deus*) à la question du « panthéisme »[2] ou de l'« immanentisme » de dieu au monde en demandant : « Dieu et le monde sont-ils le même ? », en se référant au § 150 de *Par-delà bien et mal* (« et autour de Dieu tout devient – comment ? "monde" peut-être ? »). Le *vitium* du *circulum vitiosus* est le terrible (*das Furchtbare* ; τό δεινόν), élément du tragique : c'est-à-dire la destruction, le Non, le Néant, et son affirmation, *Bejahung*. Ce cercle terrible (tragique) de l'éternel retour entoure le monde de son anneau, il définit « le monde » (*die Welt*), ce monde, dans sa temporalité propre : l'instant de l'éternité, toujours recommencé (*annulus aeternitatis*). Après la « mort de Dieu » comme absence ou privation du « Dieu moral et chrétien » (a-théisme, *Gott-losigkeit*), « dieu » devient pour Heidegger une question sous l'horizon tragique de l'« éternel » retour, un devenir-question qui entend éviter l'objectivation onto-théologique de « Dieu ».

2) *Deuxième relief thématique*, enchaîné au premier : la question du mythe, c'est-à-dire du langage ou du régime de langage qui doit dire cet immanentisme païen du dieu et des dieux heideggériens. Dans « Heidegger, Gagarine et nous », Levinas notait :

> Le mythe se parle dans la nature elle-même. La nature est implantée dans ce langage premier qui, en nous interpellant, fonde seulement le langage humain. Il faut que l'homme puisse écouter et entendre et répondre. Mais entendre ce langage et y répondre, ne consiste pas à se livrer à des pensées logiques érigées en système de connaissances, mais à habiter le lieu, à être là. Enracinement. [...] La fable que dit le langage premier du monde suppose des liens plus fins, plus nombreux et plus profonds. / La voilà

1. « Heidegger, Gagarine et nous » [1961], dans *DL*, p. 301.
2. *GA* 6.1, p. 286. *Cf.* aussi *GA* 44, p. 69 et p. 242.

> donc l'éternelle séduction du paganisme, par-delà l'infantilisation de l'idolâtrie, depuis longtemps surmontée[1].

Dans « Être occidental » (1951), Levinas opposait déjà à ce paganisme du mythe le judaïsme : « Le judaïsme lui aussi en appelle à une humanité sans mythes. Non pas que le merveilleux répugne à son âme étriquée ; mais parce que le mythe, fût-il sublime, introduit dans l'âme cet élément trouble, cet élément impur de magie et de sorcellerie et cette ivresse du sacré et de la guerre qui prolongent l'animal dans le civilisé »[2].

Il est difficile d'intervenir sur la question du mythe chez Heidegger sans dérouler de longues analyses. Contentons-nous d'indiquer que dans l'hypothèse critique d'une opération implicite de « remythologisation » chez Heidegger, il faut préciser d'emblée que cette opération ne saurait simplement coïncider avec une restauration « irrationnelle » ou « idéologique » du mythe, mais que cette « remythologisation » procède d'abord d'une rigoureuse « déconstruction », non moins problématique, de la dualité supposée entre μῦθος et λόγος au fil conducteur d'une réélaboration radicale de la notion de mythe comme *Sage* à partir du poème de *Hölderlin* censé préfigurer les dieux à venir et culminant dans ce qu'une note des années 1950-1960 appellera elliptiquement la « mytho-logie de l'événement appropriant (*Mytho-logie des Ereignisses*) »[3].

Lorsque Heidegger évoque un possible rattachement (*Rückbindung*) du peuple allemand à ses dieux dans le cours de 1934-1935, il semble partager la surinterprétation hellingrathienne du poème de *Hölderlin* comme mythe ou *Sage*, annonçant les dieux nouveaux. Cette réactualisation du mythe à partir de la *Dichtung* de Hölderlin requiert deux conditions ou présuppositions opératoires.

D'une part, l'association du thème hölderlinien de la « fuite des dieux » au mot de Nietzsche « Dieu est mort », association qui structure le diagnostic heideggérien de l'époque moderne comme « nihilisme » et « oubli de l'être » ; de l'autre, le fantasme de l'« autre commencement », ou d'une « Renaissance » allemande, sous l'égide de Hölderlin qui formule le mythe du peuple allemand.

Le besoin de remythologisation qui paraît ainsi s'imposer à Heidegger est comme stimulé, intensifié par l'exclamation nietzschéenne au § 19 de l'*Antichrist* : « Bientôt deux millénaires et toujours pas un seul nouveau dieu ! ». À ce besoin de remythologisation, qui implique une exhortation

1. « Heidegger, Gagarine et nous », *DL*, p. 300-301.
2. « Être occidental » [1951], *DL*, p. 72.
3. *GA* 73.2, p. 1277.

à la création de dieux nouveaux, lesquels, on s'en doute, sont censés être post-judéo-chrétiens, s'oppose alors diamétralement le « besoin d'évasion » ou « besoin d'*excendance* »[1] de Levinas vers un au-delà de l'être, qui est aussi et en même temps un mouvement d'excendance vers le Dieu biblique. Ce Dieu biblique, ou « Dieu judéo-chrétien » comme Heidegger l'appelle dans *Besinnung*[2], est un Dieu objet de l'onto-théologie ; à ce titre, Il est un obstacle à écarter pour ouvrir l'espace d'apparition du « dernier dieu » et des dieux. C'est ici que peut se poser alors la question du polythéisme heideggérien inspiré de Nietzsche qui rêve d'un « nouveau paganisme allemand » dès la *Naissance de tragédie*, mais aussi de Hölderlin et de son polythéisme qui puise au panthéisme du Portique.

3) *Troisième relief thématique* : le paganisme de la Terre (*die Erde*). Cette terre est moins un relief qu'un gouffre, un abîme béant (*Ab-grund*), c'est-à-dire un chaos considéré comme sacré (*heiliges Chaos*, comme dit Hölderlin) : la Nature. La notion de terre rassemble tout ce qui a trait au « chthonisme », au « tellurisme » fondamental de Heidegger, à la place centrale et obscure de la « maternité de la terre » selon l'expression de Levinas dans « La philosophie et l'idée de l'infini » (1957), où il évoquait cet « *exister* païen » que l'Être « ordonne bâtisseur et cultivateur, au sein d'un paysage familier, sur une terre maternelle »[3].

a) Sur un premier versant plus « politique » de ce relief thématique du paganisme de la terre, source pour Levinas de toute « tyrannie politique et de guerre »[4], se situe la question de l'enracinement, de la « racine », c'est-à-dire aussi du racisme, donc de l'hitlérisme et de l'antisémitisme. Dans « Simone Weil contre la Bible » (1952), nous lisons : « Le paganisme – c'est l'enracinement, presque au sens étymologique du terme ». Levinas ajoute : « Le paganisme, c'est l'esprit local : le nationalisme dans ce qu'il a de cruel et d'impitoyable »[5]. Enracinement rapporté au « Lieu » dans « Heidegger, Gagarine et nous » : « L'implantation dans un paysage, l'attachement au *Lieu*, sans lequel l'univers deviendrait insignifiant et existerait à peine, c'est la scission même de l'humanité en autochtones et en étrangers »[6].

Pour arpenter ce versant selon ce fil conducteur levinassien, il faudrait alors s'intéresser au réseau conceptuel de la « terre » et du « sol », bien sûr,

1. *EV*, p. 73.
2. *GA* 66, p. 29.
3. « La philosophie et l'idée de l'infini », *EDE*, p. 236-237.
4. *Ibid.*, p. 237.
5. « Simone Weil contre la Bible » [1952], *DL*, p. 183.
6. « Heidegger, Gagarine et nous », *DL*, p. 301.

mais aussi de la « souche » (*Stamm*, voire *Geschlecht*), de la « race » et du « sang » impliquant une certaine notion de « noblesse » dans un contexte politique hautement surchargé. C'est sans doute ce que visait Levinas au détour d'un entretien en 1992 : « Il y a chez Heidegger le rêve de noblesse du sang et de l'épée »[1]. On pouvait lire déjà dans « La philosophie et l'idée de l'infini » (1957) : « Il n'est pas sûr que le national-socialisme provienne de la réification mécaniste des hommes et qu'il ne repose pas sur un enracinement paysan et une adoration féodale des hommes asservis pour les maîtres et seigneurs qui les commandent »[2].

b) La notion d'enracinement nous conduit ainsi à un deuxième versant de ce même relief : le paganisme comme paysannerie. Selon Levinas, le motif de la racine qui enchaîne l'esprit, contre la lettre qui en assure la liberté, se concentre en effet dans la figure du païen comme homme-forêt et paysan. Toujours dans « Simone Weil contre la Bible » (1952), il note : « Une humanité enracinée qui possède Dieu intérieurement avec les sucs qui lui montent de sa terre, est une humanité forêt, une humanité pré-humaine. Il ne faut pas être dupe de la paix des bois »[3]. Ailleurs, Levinas parle de la « poésie de la naïveté, des champs de blé, des vertus guerrières et des vertus d'enracinement, de l'homme-plante, de l'humanité-forêt aux noueuses articulations de racines et de tronc magnifiées dans la rudesse de la vie paysanne »[4].

Laissons de côté ce motif de l'humanité-forêt, motif qui pourrait nous reconduire jusqu'à… Tacite (lu par Hölderlin lu par Heidegger). Dans le cours de 1942 en effet, Heidegger citait et traduisait le passage de *La Germanie* où Tacite, dans sa description du pays sylvestre qu'est la Germanie, évoque Nerthus, la *terra mater* vénérée par certaines tribus germaniques. Heidegger soulignait alors dans ce contexte que la terre (*Erde*) de Hölderlin est « divine », qu'elle est une « divinité »[5].

Retenons plutôt, brièvement, la figure du païen comme paysan (*paganus*, *pagus*, *pacus*…), voire de Heidegger en paysan, figure de laquelle on s'est volontiers moqué. Le surinvestissement de la figure du paysan par Heidegger

1. *IH*, p. 209. *Cf.* aussi « Mourir pour… », *EN*, p. 219 : « virilité d'un libre pouvoir-être, telle une volonté de race et d'épée ».

2. « La philosophie et l'idée de l'infini », *EDE*, p. 236.

3. « Simone Weil contre la Bible », *DL*, p. 183.

4. « Le lieu et l'utopie » [1950], *DL*, p. 134. *Cf.* aussi « Une religion d'adulte » [1957], *DL*, p. 40 : « L'homme, après tout, n'est pas un arbre et l'humanité n'est pas une forêt ». Sur ce motif de l'homme-arbre, de l'homme-plante, *cf.* J.-F. Courtine, « Levinas face au théologico-politique », dans *Levinas. La trame logique de l'être*, Paris, Hermann, 2012, p. 123.

5. *GA* 53, p. 36 et p. 195-196.

procède sans doute, là aussi, de Nietzsche, d'*Ainsi parlait Zarathoustra* où il est question d'une « nouvelle aristocratie » (*neuer Adel*)[1] que nous retrouvons sous le syntagme d'« aristocratie de l'être » (*Adel des Seyns*) dans les *Beiträge zur Philosophie*. Or le représentant idéal de cette « aristocratie » est précisément le « paysan » (*Bauer*) selon Nietzsche : « Le meilleur et le favori pour moi est aujourd'hui un paysan bien portant, rude, rusé, tenace, persévérant : aujourd'hui c'est la manière la plus noble. / Le paysan est aujourd'hui le meilleur; et la manière du paysan devrait dominer ! »[2].

4) *Quatrième relief thématique* : la critique heideggérienne de la technique, commandée par la prééminence de l'enracinement. C'est ce que Levinas avait noté dès « La philosophie et l'idée de l'infini » : « Quand Heidegger signale l'oubli de l'Être voilé par les diverses réalités qu'il éclaire, oubli dont se rendrait coupable la philosophie issue de Socrate, lorsqu'il déplore l'orientation de l'intelligence vers la technique, il maintient un régime de puissance plus inhumain que le machinisme et qui n'a peut-être pas la même source que lui »[3]. Propos prolongés dans « Heidegger, Gagarine et nous » : « la technique est moins dangereuse que les génies du *Lieu*. / La technique supprime le privilège de cet enracinement et de l'exil qui s'y réfère. Elle affranchit de cette alternative [...] La technique nous arrache au monde heideggérien et aux superstitions du *Lieu* »[4]. Or, le « régime de puissance plus inhumain » propre au paganisme du « Lieu » réfère directement à l'hitlérisme.

5) *Cinquième relief thématique* : le paganisme comme dimension barbare de l'hitlérisme ou du national-socialisme. L'hitlérisme, dès ses débuts, est conçu par Levinas comme « effroyablement dangereux »[5], car menaçant

1. Nietzsche, *Also sprach Zarathustra, Kritische Studienausgabe*, 4/246. Ce qu'E. Alloa dans son article « Gagarine et la Forêt-Noire. Métapolitiques du déracinement chez Heidegger, Levinas et Blanchot » (*in* A. Bodenheimer, M. Fischer-Geboers (eds.), *Lesarten der Freiheit. Zur Deutung und Bedeutung von Emmanuel Levinas*, Difficile Liberté, Fribourg im Breisgau, Alber, 2015, p. 163 *sq.*) appelle la « mise en scène auto-biographique » de Heidegger en paysan n'est guère intelligible sans cette notion nietzschéanisante d'*Adel des Seyns* dans les *Beiträge*, notion corrélée à la supposée souveraineté (*Herrschaftlichkeit*), fort platonicienne, de la pensée *seynsgeschichtlich* enracinée dans la terre (*Erde*).

2. *Ibid.* Rappelons que cette figure aristocratique du « paysan » fut l'une des sources pour les sinistres fantasmagories *Blut und Boden* des disciples les plus indignes de Nietzsche, le ministre de l'agriculture du NSDAP, W. Darré (*Neuadel aus Blut und Boden*, 1930) et A. Rosenberg (*Der Mythos des 20. Jhts*, 1932[3], p. 550 *sq.*, p. 585).

3. « La philosophie et l'idée de l'infini », *EDE*, p. 236.

4. « Heidegger, Gagarine et nous », *DL*, p. 301.

5. *Quelques réflexions sur la philosophie de l'hitlérisme* [1934], Paris, Payot, 1997, p. 7.

la « civilisation ». Ne rappelons pas ici la description phénoménologique de l'hitlérisme conduite dans *Quelques réflexions sur la philosophie de l'hitlérisme* (1934), où Levinas déploie l'intentionnalité spécifique de l'hitlérisme à partir de la *Stimmung*, de l'« attitude première » de son âme analysée à partir du « réveil des sentiments élémentaires »[1] et de l'idée de force comme expansion et propagation (c'est-à-dire comme volonté de puissance). Relevons simplement ce qu'il écrit dans le post-scriptum ajouté en 1990, où il souligne explicitement le lien avec Heidegger pour ceux qui ne l'auraient pas aperçu entre les lignes dans le texte de 1934 :

> L'article procède d'une conviction que la source de la barbarie sanglante du national-socialisme n'est pas dans une quelconque anomalie contingente du raisonnement humain, ni dans quelque malentendu idéologique accidentel. Il y a dans cet article la conviction que cette source tient à une possibilité essentielle du *Mal élémental* où bonne logique peut mener et contre laquelle la philosophie occidentale ne s'était pas assez assurée. Possibilité qui s'inscrit dans l'ontologie de l'Être, soucieux d'être – de l'Être "*dem es in seinem Sein um dieses Sein selbst geht*", selon l'expression heideggérienne[2].

Ce lien était déjà clairement affirmé dans *De l'évasion* par cette phrase qui nouait de façon indéfectible la question heideggérienne de l'être à l'hitlérisme : « Toute civilisation qui accepte l'être, le désespoir tragique qu'il comporte et les crimes qu'il justifie, mérite le nom de barbare »[3]. *Totalité et infini* ne fera qu'entériner ce constat, en présentant « l'ontologie heideggérienne », par son « obédience à l'anonyme », comme menant fatalement à la « tyrannie », laquelle remonte à des « "états d'âme" païens, à l'enracinement dans le sol, à l'adoration que des hommes asservis peuvent vouer à leurs maîtres »[4].

Dans cette question du lien entre pensée de l'être et hitlérisme loge ce que Levinas appelait dans la « réaction » de 1988 « comme un consentement à l'horrible »[5]. Ce « consentement » n'est pas étranger à une certaine disposition à la violence de la pensée de Heidegger dans les années 1930 et 1940. Il faudrait alors interroger par exemple ce que Heidegger autour de 1936-1937 appelle dans sa correspondance avec K. Bauch, ou dans le

1. *Quelques réflexions sur la philosophie de l'hitlérisme*, *op. cit.*, p. 7.
2. *Ibid.*, p. 26.
3. *EV*, p. 98.
4. *TI*, p. 38.
5. E. Levinas, « Le diabolique donne à penser », *op. cit.*, p. 83. *Cf.* aussi « Mourir pour… », *EN*, p. 220 : « Malgré toute l'horreur qui vint un jour s'associer au nom de Heidegger – et que rien n'arrivera à dissiper… ».

Cahier *Überlegungen und Winke III*, le « principe barbare » : « Le national-socialisme est un *principe barbare.* C'est là ce qui lui est essentiel et sa possible grandeur »[1].

Ce « principe barbare » (syntagme schellingien) est réinscrit dans la pensée heideggérienne du tragique à l'intérieur de laquelle le national-socialisme est revêtu d'une fonction de catalyse ou dissolution du réel (de l'étant), la « barbarie » véhiculée par le national-socialisme étant considérée comme une promesse de déclin et de destruction pour faire advenir le « nouveau monde », tel que cela apparaît dans les *Beiträge* et ailleurs dans les textes des années 1930, puisque selon le Cahier *Überlegungen XI* (1939), Heidegger considérait le national-socialisme (c'est-à-dire l'interprétation qu'il en avait donnée) comme « la possibilité d'une transition (*Übergang*) vers un autre commencement »[2].

Cette dissolution « barbare », accomplissant le renouveau par le déclin, en bonne logique tragique, doit opérer en vue de l'anéantissement (*Vernichtung*) de l'« animal historique » comme *animal rationale*[3], sujet de la « modernité » sous lequel Heidegger subsumait pêle-mêle « judéo-christianisme », « américanisme » ou « bolchévisme » selon sa géographie *seynsgeschichtlich*, ou, comme l'avait nommée Levinas en 1982, selon sa « géo-politique »[4]. De ce paysage étrange et inquiétant de la pensée de Heidegger, paysage parcouru de fissures, de gouffres, de forêts, de clairières et de marécages, interprété par lui-même comme Allemagne des penseurs et des poètes (*Deutschland der Dichter und Denker*) et Allemagne secrète (*geheimes Deutschland*), le « noyau incandescent » (*Glutkern*), selon la formule de Hellingrath, est la langue tragique de Hölderlin comme mythe du peuple enraciné dans sa terre sacrée, peuple qui attend ses dieux pour faire monde.

Si l'on entend solliciter l'équation critique « paganisme = hitlérisme = heideggérianisme », suggérée par Levinas, pour circonscrire ce paysage, il faut en préciser la définition et en prolonger la portée en direction d'une problématisation théologico-politique. Levinas a saisi le « climat » de la pensée heideggérienne des années 1930-1940 et l'a résumé par le terme

1. *GA* 94, p. 194. *Cf.* aussi *Lettre à K. Bauch*, 7 juin 1936, *in* M. Heidegger, K. Bauch, *Briefwechsel 1932-1975*, Freiburg im Breisgau, Alber, 2010.

2. *GA* 95, p. 408.

3. *Ibid.*, p. 293 ; p. 320 *sq.*

4. *Cf.* « Philosophie, Justice et Amour » [1982], *EN*, p. 137 : « On dit que c'était violent mon article sur Gagarine et Heidegger. Il y a chez Heidegger des textes sur la place de l'homme dans l'Europe Centrale. C'est pour lui central, l'Europe et l'Occident allemand. Il y a toute une géopolitique chez Heidegger ».

de « paganisme », d'emblée relié à l'hitlérisme, et il l'a saisi avant même de connaître les textes qui permettent de comprendre et reconstruire en détail que, par exemple, cette « théologie politique » opère par un double retour à la pensée du tragique selon Nietzsche et Hölderlin. La pensée de l'histoire de l'être à partir du début des années 1930 se veut une pensée essentiellement tragique, car l'être est pensé comme primitivement tragique : *das Seyn ist tragisch*, une phrase que Heidegger comme Levinas, pour des raisons foncièrement divergentes peuvent ratifier.

Au « climat », à la disposition fondamentale de ce qu'on peut donc peut-être appeler la « théologie politique » de Heidegger, Levinas aura opposé sinon une autre « théologie politique », du moins un autre « monothéisme politique », « foyer secret » de sa pensée[1].

Théologie politique, au sens où il s'agit pour Heidegger de penser le « dernier dieu » et les dieux, d'une part, et le peuple institué dans son État, d'autre part : double dimension concentrée dans le projet, énoncée en 1934-1935 d'une *Rückbindung*, *re-ligio* du peuple à ses dieux censée faire événement[2]. Il importe à cet égard de voir la *volonté* heideggérienne, théologico-politique, de rendre hégémonique une autre source (ou principe historial, *Anfang*), par-delà Athènes et Jérusalem : à savoir une source germanique et « païenne ». Le caractère problématique de cette théologie politique, que la critique levinassienne permet de mettre en relief, n'est pas qu'elle néglige simplement l'« héritage hébraïque », qu'elle l'oublie comme on oublierait un parapluie, mais qu'elle en efface la trace[3], et ce dans le contexte historique sombre des années 1930-1940 où une telle forclusion ne peut que s'associer, fût-ce le temps d'une illusion, et selon des modalités qui restent à interroger, à l'« horreur » dont parle Levinas.

Ce qui alors est vrai du nom de Paul Celan, comme l'a formulé J.-F. Lyotard, est vrai aussi, mais d'une autre manière, du nom d'Emmanuel Levinas qui est peut-être ce qui manque à Heidegger, ce qu'il manque, et dont le manque lui manque. Et c'est ce qu'il faudrait ne pas oublier lorsqu'il est question du rapport « Heidegger – Levinas ».

Christian SOMMER

1. C'est ce que semble suggérer J.-F. Courtine, « Levinas face au théologico-politique », dans *Levinas*, *op. cit.*, p. 122, p. 147, p. 156.

2. *GA* 39, p. 146-147.

3. *Cf.* M. Zarader, *La dette impensée*, *op. cit.*, p. 198.

L'HUMAIN ET LE NON-HUMAIN EN MARGE DES CRITIQUES LEVINASSIENNES DE HEIDEGGER

Le débat avec Martin Heidegger a joué un rôle clé dans la formation de la philosophie d'Emmanuel Levinas en général, et notamment pour ce qui est de sa conception de l'homme, de l'humain. C'est là, précisément, où il se confronte avec Heidegger, que Levinas entreprend une interrogation radicale, une réduction « phénoménologique » *sui generis* à la signifiance éthique. Par là, Levinas se profile aussi et d'une manière de plus en plus décisive – à une époque qui proclame la « mort du sujet » – comme un défenseur de l'irréductibilité et de la pertinence de la subjectivité. Il ne s'agit pas, bien évidemment, d'un retour au sujet souverain, moderne, de la rationalité, dont l'écho retentit encore dans certaines théories husserliennes, telle que sa conception de la téléologie de l'histoire humaine comme progrès dans l'autodétermination de la raison, encore trop liée à l'esprit des Lumières et qui fut l'objet d'une critique justement chez Heidegger qui dès le début, dès ses premiers cours à Freiburg, mettait l'accent sur une autre conception de l'historicité de l'homme, partant de la relativité historique et de la finitude radicale de la compréhension. L'accent que Levinas mettra sur la pertinence de la subjectivité est instruit de cette destruction herméneutique du sujet autonome, mais il ne cherchera pas, comme nombreux de ses contemporains de l'école phénoménologique, un milieu, une réconciliation entre ces deux issues, mais il essaiera d'échapper et à l'absolutisation et à la relativisation de la raison et de la compréhension comme cadre de sa philosophie, qui pourra en partie suivre dans sa propre conception de la subjectivité un autre Husserl que le penseur de la raison des Lumières, « le » Husserl, cette fois, qui observe avec beaucoup d'attention et de finesse, dans la reconstruction de la genèse du monde humain, la sensibilité pré-active, pré-égoïque même, qui sous-tend toutes les activités dites supérieures de la conscience dont la compréhension. La subjectivité à laquelle Levinas tentera de s'approcher dans ses textes tardifs, tels que, notamment, *Autrement qu'être ou au-delà de l'essence*, constitue une instance qui répond à l'exigence éthique déjà en tant que sensible, en tant que sentir corporel, vulnérabilité arrachant l'homme et à la causalité de la Nature et à la téléologie de l'Histoire, ce qui, dans le contexte phénoménologique, correspond à la soustraction de la subjectivité à la domination de l'apparaître, de l'être, et à l'historialité de sa donation, dont elle ne devient nullement un serviteur ou un intermédiaire. Et c'est cet aspect de sa philosophie de la subjectivité corporelle-affective comme noyau de l'humain échappant à la téléologie phénoménologique et à l'histoire de l'être que nous voulons rappeler dans cette intervention. S'il n'y a rien de non-historique dans l'humain, rien qui ne relèverait du dynamisme de la tendance à l'évidence, à l'auto-éclaircissement, chez Husserl, et qui ne relèverait de l'historialité de la compréhension de l'être chez Heidegger, chez Levinas par contre, l'humain aurait un noyau anarchique dans la sensibilité vulnérable de la chair du corps.

Et il est évident qu'à travers l'accent mis sur l'irréductibilité de la subjectivité il ne s'agit pas pour Levinas de réhabiliter un sujet idéaliste : Levinas ne peut que poursuivre les leçons de la pensée de Heidegger, ce qu'il avoue lui-même d'ailleurs à maintes reprises. Or il s'oppose avec d'autant plus de vigueur aux conceptions du sujet comme élément de structures neutres, auxquelles il compte celle de Heidegger. Cette opposition est une des lignes directrices de son recueil *Humanisme de l'autre homme*, de 1972. Mais déjà dans *Totalité et infini* et avant, il critiquait la conception de l'essence de l'homme que Heidegger développa dès le début des années 30, postérieure à *Être et Temps*, et qu'il résuma par exemple dans sa *Lettre sur l'humanisme*, pensée de l'homme selon laquelle le sujet humain ne pourrait se défaire de sa position illusoire de centre de l'étant qu'en retrouvant son appartenance à la vérité de l'être, et qu'il ne peut réaliser que par l'exposition questionnante à cette vérité de l'être lui-même afin de (re)devenir son gardien dévoué.

Il s'agit là, avec ce concept de Heidegger, selon les mots de Levinas, écrits à la fin de *Totalité et infini*, de l'exaltation de « l'obéissance qu'aucun visage ne commande »,[1] de l'obéissance à un « Logos qui n'est verbe de personne »[2] ce qui, comme le résume Levinas, revient au matérialisme. Le « matérialisme » qui « n'est pas dans la découverte de la fonction primordiale

1. *TI*, p. 332.
2. *Ibid.*, p. 333.

de la sensibilité »,[1] ce que Levinas lui-même exploitera d'ailleurs abondamment dans sa propre conception de la subjectivité, mais un matérialisme consistant « dans la primauté du Neutre » : « Placer le Neutre de l'être au-dessus de l'étant que cet être déterminerait en quelque façon à son insu, placer les événements essentiels à l'insu des étants – c'est professer le matérialisme »[2]. On dira : matérialisme onto-historial, pour le distinguer du matérialisme historique marxiste dont Heidegger dans la *Lettre sur l'humanisme* soulève et estime l'idée de l'*Entfremdung* chez Marx, qui seule semble à Heidegger digne d'un débat sérieux.

Mais quand on lit ce passage conclusif de *Totalité et infini* on a l'impression que Levinas exagère, qu'il opère une simplification, et un court-circuit gratuit, culminant ici dans le jugement trop sévère selon lequel la philosophie tardive de Heidegger « devient ce matérialisme honteux »[3].

HEIDEGGER SUR LE SUJET, L'HUMANISATION ET L'HOMME

L'intérêt pour cet accent-là sur le matérialisme a été éveillé pour moi par la lecture d'une source nouvelle, actuelle et authentique, des *Cahiers noirs*, où Heidegger, le penseur de la vérité de l'être, tel qu'on le connaît à travers ses autres écrits et conférences publiés, s'exprime parfois plus ouvertement sur la dimension onto-historiale (*seinsgeschichtlich*) de l'appartenance de l'homme à la vérité de l'être dans le moment historique actuel, dominé par le mouvement nazi. Dans cette perspective Heidegger constate : plus l'homme succombe à l'illusion qu'il dirige son histoire, qu'il est le maître de cette dernière, plus il s'installe dans ce qu'il considère comme l'être véritable et qu'il le manipule selon ses représentations, plus il fait défection à la vérité de l'être comme telle. Pour évoquer de manière un peu plus précise l'idée de Heidegger, qui prépare la position résumée dans la *Lettre sur humanisme*, je me réfère brièvement aux quelques passages d'une considération, *Überlegung*, noté en 1938, publiée dans le cadre du volume 95 de la *Gesamtausgabe*. Je cite un passage introductif de cette considération :

> Si d'aventure c'était la *prétention de l'homme* – du gardien encore indécis et sans ancrage de la vérité de l'Être – de ne pas être aussi mesquin et

1. *Ibid.*
2. *Ibid.*
3. *Ibid.*

> timoré *pour aborder l'Être lui-même*, à le combler si aisément et à peu de frais par l'étant, si d'aventure le combat pour la vérité de l'Être était un feu ardent et non une étincelle jaillie d'une braise couvant sous la cendre, si l'homme ne trouvant pas dans l'étant et ce qu'il tient pour tel une protection face à l'Être, alors il faudrait que l'homme fût depuis longtemps sorti victorieux sur une cime de la marche à l'abîme qui le consume. Au lieu de quoi ne se découvre comme perspective qu'une pérennité de plus en plus assurée et une uniformité de ses prétentions, une absence de buts dont il se passe fort bien. La menace extérieure permanente qui s'est installée depuis longtemps sous des allures martiales et économiques pour y atteindre des proportions colossales ne s'inscrit pas contre cette durée, bien au contraire : des « catastrophes » prenant une telle tournure [...] ne représentent qu'une forme transitoire en vue de la perpétuation de toutes les autres formes de plus en plus dérisoires[1].

Ce que Heidegger attend de ce moment historique, c'est évidemment une rupture avec cette continuité que les guerres prolongent, étant seulement la menace extérieure. Ce qui ne veut pas dire que cette chute dévorante et la conversion espérée vers la vérité de l'être contre son oubli, rupture dans l'oubli de l'histoire de l'être, ne peuvent s'opérer de l'intérieur de ce devenir ontique lui-même, qui garde sa continuité des œuvres de l'homme, mais qui dans sa dégénération peut aboutir à une autodestruction réelle de ces institutions humaines, de ce que les hommes prétendent instituer eux-mêmes. Or, la question se pose : quelle catastrophe de la « chute dévorante » peut convertir l'homme et le faire sortir de son attachement exclusif à l'étant qu'il croit dominer par la technique, la culture, l'économie, etc. ? On ne sait pas ce que Heidegger attend à ce moment-là, qui était celui d'une nouvelle mobilisation totale, d'une préparation de guerre. Quoiqu'il en soit, ce n'est que par là, par une telle rupture catastrophique seulement que l'homme individuel, coupé par l'oubli de l'être de son origine, peut aussi

1. M. Heidegger, *Réflexions VII-XI* : *Cahiers noirs (1938-1939)*, trad. fr. P. David, Paris, Gallimard, 2018, p. 51 ; *GA* 95, p. 38 : « Wäre der *Anspruch des Menschen* – des noch unentschiedenen und ungegründeten Wächters der Wahrheit des Seyns – *an das Seyn selbst* nicht so niedrig und klein und deshalb so leicht und billig je durch das Seiende zu erfüllen, wäre der Kampf um die Wahrheit des Seyns ein Feuer und nicht ein verlorener Funke einer noch verborgenen Glut, würde der Mensch nicht durch das Seiende, und was ihm dafür gilt, vor dem Seyn geschützt, dann müsste der Mensch schon längst in eine Höhe des verzehrenden Untergangs sich hinauf gekämpft haben. Stattdessen finden wir die Aussicht auf eine immer mehr gesicherte Dauer und Gleichförmigkeit seiner Ansprüche und Zielunbedürftigkeit. Die fortgesetzte äußere Bedrohung, die sich kriegsmäßig und wirtschaftlich längst ins Riesige eingerichtet hat, spricht nicht gegen diese Dauer, sondern "Katastrophen" *dieser* Gestalt ... sind nur eine Übergangsform in das Fortdauern ... ».

redevenir unique, atteindre l'ouverture de son essence et en même temps de son soi, redevenir soi-même.

Car à la question formulée ici ensuite par Heidegger, à savoir : « Mais qu'est-ce à dire que l'homme – appartenant à l'Être – se désiste toujours davantage de sa prétention à l'égard de celui-ci ? Lui faut-il être entraîné vers lui à mesure qu'il s'arroge de manière toujours plus inconditionnée la place centrale au sein de l'étant ? Et si c'est bien le cas – pourquoi en est-il ainsi ? L'homme en tant que centre vêcu de l'étant en son entier se tient lui-même pour cet étant central pour l'estre – et cela de manière d'autant plus inconditionnée que l'homme individuel ne se vise plus comme un individu, d'autant plus que le caractère communautaire de sa communauté fait incursion dans le secteur de ce qui est immédiatement compréhensible, sans jamais en décoller dans ce qu'il fait et endure quotidiennement »[1].

Heidegger se distancie du subjectivisme qui produit la perte de soi, de l'unicité de l'individu. Sa critique du subjectivisme a donc aussi cette dimension : ce n'est pas un rejet de la signification de l'individu, de l'individualité. Lorsque Heidegger écrit « que l'homme individuel se pense peu unique » sa critique est dirigée, comme dans ses textes des années 1920, contre l'auto-interprétation publique, à laquelle l'homme est soumis d'abord et la plupart du temps et à la merci de laquelle il est livré. Il ne s'agit donc pas d'une critique de toute forme de ce qu'on pourrait encore appeller la subjectivité, mais plutôt d'un subjectivisme qui, dans la réflexion de Heidegger, se rapproche du matérialisme, comme on peut le lire dans la suite de cette considération, *Überlegung*.

Notons que Heidegger refuse – et cela de manière non ambiguë – dans ce texte et dans d'autres considérations, la variante actuelle du « subjectivisme inconditionnel » qui fait « du corps et du sang un sujet absolu », le subjectivisme du peuple défini par la race et de la lutte idéologique pour la pureté raciale. Heidegger explique l'origine de ce subjectivisme-là comme une réaction contre le « subjectivisme » de l'idéalisme classique, auquel s'oppose d'une part le marxisme qui absolutise la « matière » au sens du « sensible (de l'immédiat) » et d'autre part précisément ce troisième subjectivisme raciste, absolu ou inconditionné qui veut dépasser les deux

1. M. Heidegger, *Réflexions VII-XI : Cahiers noirs (1938-1939)*, trad. fr., p. 52 ; *GA* 95, p. 38 : « Was bedeutet dies aber, dass der Mensch – dem Seyn zugehörig – seinen Anspruch an dieses mehr und mehr zurücknimmt ? » ; « ... Der Mensch als *Erlebnismitte* des Seienden im Ganzen hält sich selbst als dies mittehafte Seiende für das Seyn – und zwar umso unbedingter, je weniger der einzelne Mensch als einzelner sich meint, je mehr die Gemeinsamkeit seiner Gemeinschaft in den Bezirk des unmittelbaren Verständlichen rückt und ihm ständig und ohne Besinnung nahe bleibt im alltäglichen Tun und Leiden ... ».

conceptions du sujet mentionnées, idéaliste et matérialiste, pour les relier par « la voix du sang et la nécessité de l'élevage » qui tend « à la "survie" et à la communauté des compagnons d'élevage ». Heidegger touche par cette remarque critique l'idéologie actuelle du nazisme, il ne voit pas derrière sa mise en place et son développement « l'essor créateur de la transformation des hommes », tel que proclamé par l'idéologie national-socialiste, et espéré par Heidegger lui-même, mais il y voit plutôt le pouvoir « d'une pression de forces tirant vers le bas », donc de « forces » qui, « lorsqu'elles sont en présence », conduisent « l'homme installé dans sa présence » vers la diminution de ses capacités. Lorsqu'il évoque cependant cette force qui « nivelle vers le bas », et qui ne peut venir que de l'être lui-même, il ajoute tout de suite qu'il parle quant à lui (et sans doute pour se protéger contre les agents de la police qui peuvent venir fouiller dans ses papiers) « seulement en termes métaphysiques..., mais pas dans le sens d'une dévaluation morale ou culturelle »[1].

Heidegger constate ainsi de manière métaphysique la bassesse à laquelle l'homme est poussé sans en être clairement conscient et sans le ressentir ouvertement; on dirait en simplifiant Heidegger : en conséquence de l'oubli de l'être mais toujours au sein de l'histoire de sa donation s'auto-occultante. Et, la conclusion de cette considération, que je cite, n'est pas équivoque : « C'est seulement si nous nous apprêtons à regarder ce que donne ce règne du *subjectum*, tel qu'il vient s'installer au beau milieu de l'étant en s'interposant en quelque sorte devant l'estre et sa vérité, que nous pourrons savoir quelle est l'urgence dans laquelle l'homme doit d'abord être projeté afin de s'y retrouver en son essence plenière – la sauvergarde de la vérité de l'Être »[2].

D'où l'intérêt pour le moment historique réel qui peut donner lieu à la chute. Mais Heidegger s'intéresse surtout, si ce n'est exclusivement, – et là je cite une autre considération dans le même volume de la *Gesamtausgabe*

1. M. Heidegger, *Réflexions VII-XI : Cahiers noirs (1938-1939)*, trad. fr., p. 53; *GA* 95, p. 40 : « der Stimme des Blutes und der Notwendigkeit der Züchtung bis zum "Erleben" und zur Gemeinschaft der Zuchtgenossen » ... « keinen schöpferischen Aufschwung des sich verwandelnden Menschen », ... die Macht « eines Druckes niederziehender Mächte », also « Mächte, die im vorhandenen, auf sein Vorhandenes sich einrichtenden Menschen zur Niedrigkeit führen » ... die Macht, die « niederzieht » ... « nur metaphysisch ..., nicht in der moralischen oder "kulturellen" Abwertung ».

2. *Ibid.*, trad. cit. p. 54; *GA* 95, p. 41 : « Erst wenn wir uns aufmachen, an *dieser* Herrschaft des Subjektums zu ersehen, wie dies als Mitte des Seienden sich gleichsam völlig vor das Seyn und dessen Wahrheit bringt, vermögen wir die Not zu wissen, in die erst der Mensch geworfen werden muss, um in sein Wesen – der Wächterschaft der Wahrheit des Seyns – zu finden ».

– à la question de savoir : « … où et comment l'homme des Temps modernes parvient-il à une métamorphose de son essence qui soit susceptible de l'arracher à sa réduction à lui-même et de le rendre mûr pour les fonds abyssaux de l'Être ? »[1]. L'expression selon laquelle il faut « ôter » l'homme « à son humanisation » signifie « que si l'homme est ici essentiel – ce n'est pas en vue de lui-même mais « pour » et à dessein de l'Être … »[2]. En d'autres termes : « Que *Lui*, l'homme, s'enquière de l'Être, quitte à en déterminer l'« essence » à partir de *lui*, ce n'est pas là une façon d'anthropomorphiser l'être et par là tout étant *si* toutefois l'homme lui-même détermine précisément chaque fois d'emblée et toujours de manière plus originale *sa* propre essence à partir de l'estre lui-même, au lieu de se ramener, dans la réduction de l'homme au sujet et dans l'animalisation au « vivant », comme quelque chose de déjà tranché. Mais comment procède ce questionnement ? »[3].

L'homme ne peut éviter d'anthropologiser l'être qu'à condition de se laisser déterminer dans son essence par l'être lui-même, ce qui se fait par l'opposition et par une destruction de la détermination de l'essence de l'homme par la corporéité où même l'animalité. C'est un motif à retenir. Mais on peut remarquer aussi une certaine circularité inévitable de cette exigence de sortir de la subjectivité. Pour être *hineingehalten in das Nichts*[4], il faut y être jeté par la chute ontico-ontologique qui ne peut venir que de l'être lui-même.

Le dernier passage cité témoigne du refus heideggérien répété de prendre en compte le caractère subjectif corporel, donc charnel et vivant comme ayant trait à l'essence de l'existence et de l'être humain ; puisqu'il s'agit là pour lui d'une autre manifestation de la défection de l'essence propre de l'homme – de la mise en place du subjectivisme. Mais le passage que je viens de citer n'ouvre pas seulement sur une opposition de fond de

1. *Ibid.*, trad. cit, p. 307 ; *GA* 95, p. 300 : « wo und wie kommt der neuzeitliche Mensch in eine Verwandlung seines Wesens, die ihn der Vermenschung entreißt und reif macht für die Abgründe des Seyns ».

2. *Ibid.*, trad. cit, p. 324 ; *GA* 95, p. 319 : « der Vermenschung entreißen » : « dass der Mensch hier – nicht seinetwegen, sondern "umwillen" und zuwillen des Seyns – wesentlich ist ».

3. *Ibid.*, trad. cit, p. 325 ; *GA* 95, p. 320 *sq.* : « Daß *Er*, der Mensch, nach dem Seyn fragt und von *sich* aus dessen "Wesen" bestimmt, ist *dann* keine Vermenschlichung des Seins und damit alles Seienden, wenn der Mensch selbst in diesem Fragen gerade je zuvor und ständig ursprünglicher *sein* Wesen aus dem Seyn selbst bestimmt und nicht sich selbst in der Vermenschung zum Subjekt und in der Vertierung zum "Lebewesen" schon mitbringt als ein Entschiedenes ? ».

4. *Was ist Metaphysik ?*, 7e édition, Frankfurt-am-Main, Klostermann, 1955, p. 35, p. 38 (trad. fr. R. Munier, *Questions I et II*, Paris, Gallimard, 1968, p. 62, p. 67).

Heidegger contre les philosophes de la chair ou de l'incarnation, mais sur une figure de la transcendance qui lie Levinas à Heidegger plutôt qu'il ne le sépare de lui, par la manière dont il faut saisir l'unicité de l'individu. La réponse commune, s'il y en a une, serait à situer au niveau très formel, à savoir : l'individu humain n'est unique et humain que dans un rapport à l'autre, établi grâce à l'autre, et porté par l'autre.

RAPPORT ESSENTIEL DE L'HOMME À L'AUTRE

Malgré des différences essentielles dans les principes de la conception de l'homme chez Heidegger et Levinas, notamment quant au statut de cet autre, on pourrait entrouvrir une possibilité d'analogies structurelles entre l'exigence à un tel dépassement du subjectivisme chez Heidegger et Levinas. Le désir de l'autre n'est pas possible sans ouverture par l'autre, chez Levinas. Et pour Heidegger : la pensée, selon les premières lignes de la *Lettre sur l'humanisme*, consiste en ceci : « se laisser revendiquer par l'Être pour dire la vérité de l'Être »[1]. Structurellement l'humanité de l'homme, son essence, est conçue de manière analogue chez Levinas. À une grande différence près, à savoir, que pour Heidegger « *das Wesentliche ist nicht der Mensch, sondern das Sein* », selon l'expression de la *Lettre sur l'humanisme*[2].

La détermination de l'essence de l'homme par l'autre est cette figure de pensée que Levinas pouvait emprunter à Heidegger. Or, chez Levinas l'homme devient humain en tant que « l'un-pour-l'autre » *homme*, qui est l'étant, et cela ne s'opère que de manière « ontique » ou « empirique » si bien que les deux expressions sont inadéquates, car il s'agit plutôt ici de la dimension quasi-transcendantale de l'exposition corporelle affective, « matérielle » comme le dit Levinas, du corps à corps pour ainsi dire, qui est pour Levinas une relation éthique, bon gré mal gré, comme illustré par la figure de l'un dans l'autre du corps maternel. Mon humanité s'opère à même la matérialité du corps affectif, elle est cette sensibilité responsive, relationnelle, « pour l'autre », à laquelle je ne peux pas échapper vivant, mais qui n'a rien à voir avec l'oubli de l'être et l'histoire de sa donation.

1. *GA* 9, p. 313 : « Das Denken dagegen läßt sich vom Sein in den Anspruch nehmen, um die Wahrheit des Seins zu sagen. » (trad. fr. R. Munier, *Questions III et IV*, Paris, Gallimard, 1966, p. 68).

2. « So kommt es denn bei der Bestimmung der Menschlichkeit des Menschen als der Ek-sistenz darauf an, daß nicht der Mensch das Wesentliche ist, sondern das Sein als die Dimension des Ekstatischen der Ek-sistenz. », *ibid.*, p. 333 *sq.* (trad. fr., p. 91).

Ce à quoi l'homme sensibilisé profondément par l'autre échappe donc, croit Levinas, c'est le cercle de la compréhension de l'être avec sa logique de l'objectivation et de la technisation, qui pour Heidegger reste « *das Wesentliche* » à penser. Or, pouvons-nous nous contenter de cette comparaison et de cette explication de la différence ? Est-ce aussi simple que cela ? Sans doute non. Mais il me semble au moins que Levinas veut situer l'humanité de l'homme non pas dans la compréhension du dit qui ne peut jamais se soustraire du cercle du sens donné, mais qu'il veut la situer dans un dire charnel-affectif qui est en deçà de tout dit.

Il exprime cette idée de la manière suivante dans *Autrement qu'être ou au-delà de l'essence* :

> Le sujet dit incarné ne résulte pas d'une matérialisation, d'une entrée dans l'espace et dans les rapports de contact et d'argent qu'aurait accomplis une conscience – c'est-à-dire une conscience de soi, prémunie contre toute atteinte et préalablement non-spatiale. C'est parce que la subjectivité est sensibilité – exposition aux autres, vulnérabilité et responsabilité dans la proximité des autres, l'un-pour-l'autre c'est-à-dire signification – et que la matière est le lieu même du pour-l'autre, la façon dont la signification signifie avant de se montrer comme Dit dans le système du synchronisme – dans le système linguistique – que le sujet est de chair et de sang, homme qui a faim et qui mange, entrailles dans une peau et, ainsi, susceptible de donner le pain de sa bouche ou de donner sa peau[1].

En revanche Heidegger, dans sa philosophie, telle qu'il la résume dans sa *Lettre* sur l'humanisme, dit clairement, tout au début de son texte : « L'Histoire de l'Être porte et détermine toute condition et situation humaine. »[2] Si la métaphysique pense l'essence de l'homme à partir de l'animalité, comme le constate Heidegger un peu plus loin dans ce texte – idée reprise également dans d'autres textes – il faut reconnaître selon lui en même temps que l'animalité de l'homme est fondée, elle-aussi, dans l'essence de l'ek-sistence,[3] donc dans l'appartenance de l'homme à la vérité de l'être qui se retire au profit de l'étant. D'où une conclusion déjà évoquée, selon laquelle ce qui importe, quant à la détermination de l'humanité de l'homme en tant qu'ek-sistence, c'est que l'essentiel n'est pas l'homme, mais l'être en tant que dimension de l'eksatique de

1. *AE*, p. 124.

2. *GA* 9, p. 314 : « Die Geschichte des Seins trägt und bestimmt jede *condition et situation humaine*. », (trad. fr., p. 68).

3. « So gründet auch das, was wir aus dem Vergleich mit dem "Tier" dem Menschen als animalitas zusprechen, selbst im Wesen der Ek-sistenz. Der Leib des Menschen ist etwas wesentlich anderes als ein tierischer Organismus ». *Ibid.*, p. 324 (trad. fr., p. 80).

l'ek-sistence[1]. Ce n'est pas l'homme qui est essentiel, malgré le fait qu'il ne peut pas être l'homme sans que cette dimension essentielle, celle de l'essence, le laisse être, c'est-à-dire se comprendre d'une manière ou d'une autre, historiquement, en tant que quelqu'un ou quelque chose. Et cet auto-compréhension est de telle façon déterminée que l'homme par principe n'en décide pas. Il lui est délivré par la compréhension de l'être, dont il ne peut pas être libéré, tellement elle est profonde et cachée.

D'où, en fin de compte, l'idée de « l'obéissance à l'être », que Levinas désigne dans *Totalité et infini* comme une obéissance « à l'anonyme »[2] et à laquelle il oppose une autre relation essentielle. Et il part de cette relation alternative quand il écrit : « Affirmer la priorité de l'être par rapport à l'étant, c'est […] subordonner la relation avec quelqu'un qui est un étant (relation éthique) à une relation avec l'être qui, impersonnel, permet la saisie, la domination de l'étant […] (et qui) subordonne la justice à la liberté »[3]. Contrairement à ce que dirait sans doute Heidegger lui-même, pour Levinas l'être est un tel appel à la subjectivité où l'étant perd « sa face »[4]. Levinas présente ainsi les choses, mais comme l'accès à la vérité de l'être est aussi précaire voire impossible selon Heidegger lui-même, et comme l'homme qui cherche un tel accès reste sur le chemin, et ne peut jamais y arriver, pourquoi faut-il lui reprocher « un matérialisme honteux » ? La transcendance du Dasein et le Désir de l'infini ont une structure analogue, un rapport à l'autre. Levinas n'exagère-t-il pas quand il fait ce reproche dans *Totalité et infini* et quand il situe – dans l'*Humanisme de l'autre homme* – la pensée de Heidegger parmi et en tête des pensées qui font de l'homme un moment de la structure anonyme? On se souvient que dans *Sein und Zeit* encore on trouve l'appel de l'être à la subjectivité ou au Dasein au sens d'un impératif : deviens toi-même, accent mis sur le moment de l'individu singulier, authentique, contre l'anonymat, justement, de l'auto-compréhension du « On ». Motif prôné par l'existentialisme. Mais Levinas voit bien ce que Heidegger avoue dès les années 30, et ce qu'il dit clairement dans sa *Lettre sur l'humanisme* face au danger d'être mis encore en proximité avec un existentialisme. Non : Heidegger voulait dès le départ arriver à une autre pensée. L'essentiel n'est pas et n'était jamais l'homme mais l'être, car quant à l'essentiel, l'homme ne décide rien, c'est l'histoire de l'être qui « porte et détermine toute condition et situation humaine ».

1. *GA* 9, p. 333 *sq.* (trad. fr., p. 91 *sq.*).
2. *TI*, p. 38.
3. *Ibid.*, p. 36.
4. *Ibid.*

D'où peut-être cette idée un peu étrange du matérialisme dans *Totalité et infini*, et la critique de la pensée du Heidegger tardif comme pensée non-humaine, dans l'*Humanisme de l'autre homme.*

LE SUJET DE L'INCARNATION ÉTHIQUE

Dans ce recueil, il s'agit d'un essai *sui generis* pour prendre position par une « considération inactuelle »[1] sur des questions d'actualité, dont celles de « la mort de l'homme »[2] au sens de la fin du sujet, de sa dissolution dans les structures, dans l'histoire, dans l'être. Comme c'est le cas dans les autres textes philosophiques de Levinas, ce cadre est une nouvelle occasion de s'acquitter de la pensée heideggérienne qui constituait l'inspiration déterminante pour sa pensée, de même que pour son entourage philosophique, dès les années 1920. Or, selon Levinas, les thèses sur la « subordination du sujet aux structures ou à l'être anonymes, se sont dessinées dans la pensée occidentale bien avant la crise actuelle de l'humanisme »[3] et ont conduit d'une part à la naturalisation de l'existence humaine dans les sciences de la nature et dans les sciences sociales, et d'autre part, à la pensée qui conçoit l'homme comme un « moment nécessaire à la manifestation de la structure de l'Être », la pensée pour laquelle le rôle de l'homme se détermine et s'épuise dans les filets des structures universelles ou du dévouement à l'Être.

> Même si l'existence de l'homme – l'être-là – consistait à exister en vue de cette existence même, c'est au gardiennage, ou à l'illumination, ou à l'occultation, ou à l'oubli de l'être – qui n'est pas en étant – que cette ek-sistence se voue, tous ces mouvements et revirements suscitant et situant l'humain. La subjectivité apparaîtrait en vue de sa propre disparition, moment nécessaire à la manifestation de la structure de l'être, de l'Idée[4].

Levinas parle ici explicitement de l'« ordre non-humain auquel convient le nom – qui est l'anonymat même – de matière »[5].

Et il s'agit de savoir comment retrouver l'homme dans cette matière – « contre l'universalité des structures et l'impersonnelle essence de l'être –

1. *HAH*, p. 7.
2. *Ibid.*, p. 95.
3. *Ibid.*, p. 118, n. 2.
4. *Ibid.*, p. 76.
5. *HAH*, p. 77.

contre la relativité réciproque des points dans un système »[1]. C'est dans ce contexte que la référence, un peu surprenante, à Husserl suit le texte de Levinas :

> C'est sur ce point que la phénoménologie husserlienne se trouve en opposition radicale avec toute la philosophie qui, pour une bonne part, lui doit sa naissance. C'est sur ce point qu'elle demeure foncièrement humaniste. La subjectivité, irréductible aux conditions transcendantales, purement logiques, de l'école de Marbourg, si semblable au psychique humain, même après l'époché phénoménologique, est l'Absolu. Contre les ressorts des systèmes s'affirme l'implication intentionnelle : thèmes, horizons, mémoire, sédimentation de l'histoire attendant réactivation dans une subjectivité vivante. Le sujet n'est pas un moment dans un ordre non humain ou idéal. … Il est certes loisible d'interroger Husserl sur le sens d'être de la subjectivité. Mais alors on a supposé que la question sur le « sens d'être » est l'ultime et que l'interrogation est recherche de l'ultime. Remonter au concret de la subjectivité historique, à l'intention, est, peut-être une interrogation d'un tout autre type, par-delà le thématisable et l'ultime – et cela, quelles que soient les voies que la phénoménologie husserlienne a suivies en fait[2].

J'ai cité ce texte car il montre une perspective qui, par l'accent sur la subjectivité vivante de la sensibilité, ouvre des voies alternatives au sein et au-delà de la phénoménologie. Une de ces voies alternatives est le concept de l'humain en tant que subjectivité dans le dernier grand écrit systématique de Levinas, *Autrement qu'être ou au-delà de l'essence*, où il s'agit de penser la possibilité de s'arracher à l'essence de l'être en tant que subjectivité ou humanité, le sujet étant l'unique, l'un, au-delà des catégories permettant de le comparer, telles que le genre ou la forme, mais aussi celui qui ne peut plus se replier dans son noyau sensible, athée, selon l'expression et le concept de *Totalité et infini.* L'unicité in-quiète qui n'est pas coïncidence avec soi, mais qui est au-delà de soi et dont le décalage avec soi est non-indifférence, cette unicité-là constitue désormais le noyau de la subjectivité. Ces caractéristiques sont résumées dans la phrase suivante, qui est également une définition de l'homme dans la philosophie tardive de Levinas : « Unicité sans lieu, sans l'identité idéale […] du moi coïncidant avec soi – unicité se retirant de l'essence – homme »[3].

Le noyau sensible et affectif de la subjectivité n'est pas en soi ou pour soi, n'est pas égoïsme, n'est pas un atome, sans ouverture, sans être exposé,

1. *HAH.*
2. *Ibid.*, p. 118.
3. *AE*, p. 21.

il est au contraire exposé malgré soi, toujours déjà, de manière diachronique, car il est toujours déjà inquiet, atteint dans sa chair affective par l'exigence éthique, et donc jamais jouissance contente, satisfaite en elle-même sans être vulnérable au sens éthique du terme, c'est-à-dire sans qu'il souffre de la souffrance de l'autre homme.

Levinas parle à ce propos de la « Nécessité d'un service sans esclavage » :

> Nécessité, puisque cette obéissance est antérieure à toute décision volontaire qui l'aurait assumée, et nécessité débordant le Même du repos, de la vie jouissant de la vie – puisque nécessité d'un service, mais, dans ce non-repos, dans cette inquiétude, meilleure que le repos. Antinomie qui est le témoignage même du Bien[1].

Conclusion

Le sujet levinassien n'a pas le temps d'attendre et de se préparer contemplativement à l'événement qui va l'arracher à la clôture de l'étant et à l'égoïsme de l'étant subjectif, il n'a pas le temps d'attendre le souffle de la vérité de l'être qui se cache,[2] pour devenir un individu authentique, gardien de sa vérité. Le sujet levinassien est toujours déjà exposé à des exigences qui sont plus que l'être, qui viennent de l'au-delà de l'être et ces exigences s'imposent toujours déjà dans la chair de sa corporéité affective, directement atteinte par la souffrance de l'autre, par et pour l'autre. Le sujet advient dans l'inévitable exposition corporelle-affective à la socialité avec ses exigences, qui ne sont pas cachées, mais qui touchent directement, qui taillent dans le vif. Dans toute la passivité de cette vulnérabilité essentielle, dans laquelle il ne s'agit pas, de prime abord, de moi, de mon être, mais de l'autre homme dont la souffrance me blesse, malgré toute la dimension sacrificielle de cette exposition à autrui au profit du bien, et malgré une certaine « inhumanité » de l'exigence éthique absolutisée à ce bien, le sujet est saisi chez Levinas comme la vivacité propre de l'humain, qui toujours déjà se produit dans la chair du corps en tant qu'accomplissement

1. *Ibid.*, p. 91.

2. Allusion aux formules de Heidegger dans la *Überlegung* dont nous sommes partis au début de cet article. *Cf.* M. Heidegger, *Überlegungen VII-XI* (Schwarze Hefte 1938-1939), *Gesamtausgabe*, v. 95, Frankfurt-am-Main, Klostermann, 2014, p. 38 : « *Geschichte* – wer möchte entscheiden, ob die Wahrheit des Seyns sich nicht einigen Verborgenen nur verbirgt und wie ein verlorener Windstoß in einem abseitigen Talgrund über der Erde verweht und einmal alle Zugehörigkeit einen Blick lang sich ereignen läßt und den Gott dem Menschen erinnerbar und den Menschen dem Gott brauch-bar sein läßt ».

de la subjectivité, en deçà des téléologies de la raison, et bon gré mal gré de l'histoire de l'être.

Peut-être que « le dit » de ses écrits trahit l'indicible et tombe sous le règne de l'ontologie, de l'histoire de l'être, aucun dit ne pouvant échapper aux limites des cercles herméneutiques de la compréhension. La question reste ouverte, et que Levinas pose lui-même, à savoir si la réduction de cette trahison est possible. Mais telle est « probablement la tâche même de la philosophie » de non seulement maintenir cette question ouverte, faire une *époché* du Dit, un geste sceptique, mais aussi de pratiquer cette réduction du Dit au Dire. Réduction éthico-phénoménologique, une re-conduction à la subjectivité comme noyau de l'humanité de l'homme, tentée par Levinas : « L'essence prétend recouvrir et recouvrer toute ex-ception … Il faudra dès lors montrer que l'ex-ception de l'« autre que l'être » … signifie la subjectivité ou l'humanité, le soi-même qui repousse les annexions de l'essence »[1]. Ce livre se termine ainsi par ce motif de la philosophie en tant que réduction du Dit au Dire, mais Levinas y ouvre aussi un autre discours sur « la passivité et l'obéissance » de l'homme « dans l'inspiration par l'Autre pour l'autre »[2] homme, en commentant ce que les sages d'Israël disent. Le scepticisme n'a pas le dernier mot. Mais la réduction phénoménologico-éthique à l'incarnation, en tant qu'une métaphysique de la subjectivité, n'a non plus le dernier mot.

Karel NOVOTNÝ

1. M. Heidegger, *Überlegungen VII-XI*, *op. cit.*, p. 21.
2. *Ibid.*, p. 278, n. 1.

« CRISE DE L'HUMANISME, INCONSÉQUENCE DE L'ANTI-HUMANISME » *HUMANISME DE L'AUTRE HOMME*, UNE RÉPLIQUE À LA *LETTRE SUR L'HUMANISME* ?

Humanisme de l'autre homme paraît en 1972 chez Fata Morgana et rassemble trois essais : « La signification et le sens » et « Humanisme et an-archie » parus précédemment dans la « Revue de métaphysique et de morale » respectivement en 1964 et 1968 ; et « Sans identité », paru dans « L'éphémère » en 1970. Un court – mais riche – Avant-Propos, daté du 12 mars 1972 – précède l'ensemble.

Rappelant ces dates, on « situe » bien sûr le propos dans une constellation historique, intellectuelle, déterminée : c'est un livre qui intervient, qui vient après un moment d'intense *contestation de* l'humanisme, en France, dans la décennie 1960-1970. Il suffit de citer quelques jalons dans ce qui a été désigné comme « l'anti-humanisme théorique » qui s'est déployé alors, depuis *La Pensée sauvage* de Lévi-Strauss, paru en 1962 (où Lévi-Strauss déclare que « le but ultime des sciences de l'homme n'est pas de constituer l'homme, mais de le dissoudre »), relayé – en 1966 – par *Les Mots et les choses* de Foucault (qui citait d'ailleurs, dans ses dernières pages, cette formule de Lévi-Strauss, et qui annonçait, sur un mode partiellement cryptique, la « mort de l'homme », c'est-à-dire son effacement de l'espace du savoir) en passant aussi par les développements consacrés par Althusser au doublet « anti-humanisme théorique / humanisme pratique » dans *Pour Marx (*1965), jusqu'à l'article de Derrida, « Les fins de l'homme », prononcé – et daté : « le 12 mai 1968 », paru en 1968, et repris dans *Marges de la philosophie* l'année même où paraît *Humanisme de l'autre homme* : en 1972.

Datant, lui aussi, son propos, ou son Avant-propos, Levinas « n'ignore » pas, n'ignore nullement ce contexte, mais il présente ses études comme relevant d'une « considération inactuelle ». C'est bien sûr à une figure tutélaire d'un des courants de cet anti-humanisme contemporain – Nietzsche – qu'il emprunte cette « forme », la considération inactuelle, en soulignant néanmoins aussitôt que « l'inactuel » où il se place « ne se confond pas avec une inattention quelconque à l'endroit des opinions dominantes de notre temps, défendues avec tant de brillant et de maîtrise »[1]. Formule où résonne, d'ailleurs, quelque chose d'une ironie inactuelle, dans l'hommage même, nécessairement ambigu pour un philosophe, aux « opinions dominantes » et brillantes de notre temps : l'anti-humanisme, en France, alors, dans cette décennie assurément brillante, éclatante même, serait-il devenu « opinion dominante » ?

C'est ce que Levinas disait plus crûment et plus durement, dans le dernier essai, « Sans identité » : « Fin de l'humanisme, de la métaphysique – mort de l'homme, mort de Dieu (ou mort à Dieu !) – idées apocalyptiques ou slogans de la haute société intellectuelle. Comme toutes les manifestations du goût – et des dégoûts – parisiens, ces propos s'imposent avec la tyrannie du dernier cri, mais se mettent à la portée de toutes les bourses et se dégradent »[2]. Le discours antihumaniste n'aura-t-il été alors qu'un effet de mode parisien, « dernier cri » pendant un temps, avant d'être recouvert ou balayé par un prévisible « retour à l'humanisme » dans les années 1980 ? Levinas ne s'en tient pas à ce soupçon et à ce verdict critique. Car il reconnaît à ces considérations sur la dissolution de l'homme une « vérité première [...] d'ordre méthodologique », liée à la détermination de conditions de rigueur des « sciences humaines ». Tentatives de formalisation, dévoilement de déterminations de classe, mise au jour de fantasmes et de névroses latentes, de « structures » agissantes à l'insu des acteurs : tout cela relève du programme des sciences humaines, et tout cela met en crise un certain humanisme classique. Levinas, en un sens, veut prendre acte de cette « crise de l'humanisme », qui a des ressorts multiples, mais il entend aussi montrer « l'inconséquence de l'anti-humanisme ». On reviendra sur ces deux formules, qui figurent à quelques pages d'intervalle. Pour la seconde, elle vise notamment le passage entre, d'un côté, un parti pris méthodologique légitime (ne pas faire appel au sujet, à la conscience, etc., pour mettre au jour certaines dimensions du social, de l'inconscient, des règles, etc.) – et de l'autre, « des affirmations sur le fond des choses ». Prendre des principes de méthode pour des affirmations concernant les choses mêmes est l'erreur qui, pour Levinas, conduit à l'inconséquence de l'anti-humanisme : l'homme s'exclut de l'ordre des raisons, en oubliant le fait qu'il est lui-même au

1. *HAH*, p. 7.
2. *Ibid.*, p. 95.

principe de la recherche des raisons. « C'est la vérité qui suscite et tient l'homme (sans tenir à lui !) » s'exclame Levinas[1]. Par là, allusion est faite au philosophe qui, lui, est bel et bien discuté explicitement, nommément, longuement, pied à pied, celui dont Dufrenne discernait, avant et après d'autres, l'influence sur la plupart des représentants français de l'anti-humanisme : Heidegger. C'est à cette seule confrontation directe, qui contraste avec l'absence de débat direct et explicite avec les autres représentants de l'anti-humanisme, que je vais m'attacher ici.

Inactuel, *Humanisme de l'autre homme* l'est aussi parce que le livre constitue également une réplique à un livre paru vingt-cinq ans plus tôt : *Brief über Humanismus*, la *Lettre sur l'humanisme* de Heidegger. Mon sentiment, ou ma thèse, est que les critiques adressées par Levinas à Heidegger sont aujourd'hui considérablement confirmées dans leur bien-fondé par des textes qu'il ne connaissait pas (les « Cahiers noirs »), mais qui semblent illustrer plus nettement encore que la *Lettre* les aspects attaqués par Levinas.

Celui-ci annonce d'emblée que les trois textes réunis dans *Humanisme de l'autre homme* « marquent les étapes d'une "considération inactuelle" que le mot humanisme n'effraie pas encore ou n'effraie plus ». Or la *Lettre sur l'humanisme* était une réponse à plusieurs questions adressées par Jean Beaufret à Heidegger, et la question centrale portait sur le *mot* humanisme, et sur la possibilité de lui redonner un sens authentique. Heidegger s'attache ainsi à dégager plusieurs sens du mot, et à historiciser la notion. Plus exactement, Heidegger approche la notion en s'appuyant sur la distinction entre un plan d'analyse « historique » au sens de la discipline historique traditionnelle (*historisch*) et un plan qui vise l'essence même de ce qui advient dans l'histoire, *geschichtlich* – ce que l'on a coutume de rendre en français par « historial ».

Une « historicisation » classique ou restreinte de « l'humanisme » réfère l'origine de celui-ci à Rome. La compréhension romaine de l'*humanitas* démarque celle-ci d'une « barbarie » *(l'homo barbarus*)[2] et conçoit l'accès à l'*humanitas* comme un processus de culture, une incorporation de la culture philosophique, scientifique, pratique des Grecs. L'*homo humanus* est celui qui a acquis les humanités. À côté de cette compréhension restreinte, Heidegger fait place à un « humanisme » compris « au sens large »[3], et

1. *Ibid.*, p. 97.

2. *Lettre sur l'humanisme* [1946], trad. fr. R. Munier, édition bilingue, Paris, Aubier-Montaigne, 1964, p. 46-47.

3. *Lettre sur l'humanisme*, *op. cit.*, p. 48-49.

dont il donne, me semble-t-il, une *double* détermination : d'abord, une détermination apparemment neutre, où les figures de Marx, de Sartre, du christianisme sont abordées comme autant de variantes de « l'humanisme ». Celles-ci présentent un schéma commun : la vision d'une « liberté » essentielle de l'homme qu'il s'agirait de faire advenir[1], que ce soit en tant qu'*Erlösung*, salut-délivrance, en tant que dés-aliénation et révolution, en tant que compréhension de la liberté radicale d'un être dont l'existence précède l'essence. Toutes ces variantes présentent néanmoins une différence importante avec l'humanisme au sens romain ou avec l'humanisme de la Renaissance : par exemple chez Sartre, à la différence de l'humanisme de Cicéron ou des philosophes de la Renaissance, de Machiavel, l'humanisme n'implique aucun « retour » aux Anciens[2], aux Grecs. L'humanisme ne s'inscrit donc pas nécessairement dans la logique d'une reviviscence du modèle antique. Qu'est-ce donc qui constituerait, serait « l'essence » véritable et commune à ces formes très variées d'humanisme, peut-être à l'essence métaphysique de l'humanisme ? Heidegger en donne une caractérisation nettement *négative* : « l'humanisme dans sa détermination de l'*humanitas* de l'homme, ne se pose pas la question de la relation de l'Être à l'essence de l'homme ».

On trouve ici la pointe de la *Lettre sur l'humanisme* : il ne s'agit pas de redonner un sens au mot « humanisme », mais de penser l'essence de l'homme plus profondément que ne le fait l'humanisme. Ainsi, l'humanisme romain repose-t-il sur une détermination de l'homme comme *animal rationale*, traduction appauvrie du *zoon logon ekhon* d'Aristote. Cette détermination, en pensant l'homme à partir de l'*animalitas*, en y adjoignant une âme ou une « raison », pense ainsi avec une insuffisante profondeur l'essence de l'homme.

Il est frappant de constater que ce qui est ici attribué à (l'essence de) l'humanisme est exactement ce que Heidegger, dans *Sein und Zeit*, au § 10, attribuait à « l'anthropologie traditionnelle », de provenance antique-chrétienne. Démarquant l'analytique du *Dasein* des anthropologies philosophiques contemporaines, celle de Dilthey ou de Scheler, Heidegger faisait valoir que ces anthropologies modernes s'appuyaient sans question sur un ensemble de catégories élaborées dans le cadre de ce qu'il désigne comme « l'anthropologie antico-chrétienne » : la définition de l'homme comme vivant doué de logos, de provenance aristotélicienne, elle-même réinterprétée par le prisme latino-chrétien de l'*animal rationale* et par le

1. *Lettre sur l'humanisme*, *op. cit.*, p. 48-49.
2. *Ibid.*

prisme proprement chrétien de l'homme-à-l'image-de-Dieu, etc. L'axe de la critique que Heidegger développe alors de l'anthropologie est le suivant : il ne suffit pas d'insister, comme le fait Scheler et tout un courant d'anthropologie philosophique chrétienne, sur l'irréductibilité de la « personne » aux « choses de la nature », pour rendre compte du mode d'être spécifique du *Dasein*, du fait essentiel, à savoir le fait qu'il y va dans son être de son être même, – soit la compréhension de l'être à partir d'un être fini, la temporalisation à partir de la mort. Pas plus qu'il ne suffit de croire avoir « déthéologisé » (c'est le terme qu'utilise Heidegger[1]) la définition chrétienne pour être quitte du complexe anthropologico-théologico-ontologique qui articulait la compréhension de l'homme comme *ens finitum* à l'*ens infinitum* divin, par exemple en adjoignant à l'être humain une « transcendance » tenant à son statut de « personne » (l'homme n'est plus dit à l'image de Dieu, mais il garde la transcendance). Or cette thématique (la transcendance comme reprise déthéologisée de « l'homme à l'image de Dieu ») plonge ses racines dans la dogmatique « dont, souligne Heidegger, nul ne dira qu'elle se soit jamais fait un problème ontologique de l'être de l'homme »[2].

Dans la *Lettre sur l'humanisme* encore, il est dit que tout humanisme se fonde sur une métaphysique ou s'en fait le fondement[3] ; et la déconstruction de l'*animal rationale* est poursuivie, en remontant vers la source grecque, le *zoôn logon ekhon*, qui devient la détermination de l'homme implicite dans tout « humanisme ». Mais inversement, il est noté que toute métaphysique, méconnaissant la question de la relation de l'Être à l'essence de l'homme, est « humaniste » et ne parvient pas à poser la question de l'essence de l'homme à son juste niveau.

Il faudrait analyser en détail comment Heidegger effectue une série de glissements ou d'identifications, de l'humanisme à « l'anthropologie », de l'anthropologie à l'anthropologisme, l'anthropocentrisme, un anthropocentrisme considéré comme fondamentalement lié à la métaphysique. Heidegger suggère en effet que ce qui fait de la métaphysique une « anthropologie » et un « humanisme », c'est qu'elle place l'homme au centre de l'étant et qu'elle ramène tout étant à la « mesure » de sa signification pour l'homme ; mais il précise que cela n'implique pas que l'homme soit placé d'emblée au rang d'étant suprême, ou qu'il occupe lui-même directement le centre. Il doit cependant faire face à une objection évidente :

1. *SuZ*, p. 49, trad. fr., p. 58.
2. *Ibid.*
3. *Lettre sur l'humanisme*, *op. cit.*, p. 51.

la métaphysique, en son instauration par Platon, récusait très explicitement le mot de Protagoras : « l'homme est la mesure de toutes choses »; la métaphysique ne saurait être dite d'emblée « humaniste » ni « anthropocentrique ». On peut répondre à l'objection en relevant que Platon place bien l'être tout entier « en deçà » de ce qui est posé comme son au-delà : le Bien. *Epekeine tes ousias*... Mais le bien à son tour n'est pas « humain », il est même un quasi synonyme... du divin. On répliquera encore que la structure onto-théologique de la métaphysique, qui pose que le fondement de l'être et de la valeur de l'être réside en Dieu, n'est nullement incompatible avec une forme d'humanisme, qu'elle est peut-être un humanisme indirect, larvé, qui sera « déployé » et avoué dans l'histoire ultérieure de la métaphysique, lorsque « l'homme » sera placé à la place structurelle de « Dieu ».

C'est bien ce que suggère Heidegger : ce qui fait de la métaphysique un humanisme *n'est pas* qu'elle place l'homme directement au rang d'étant suprême, c'est qu'elle met en place la structure dans laquelle l'homme pourra peu à peu venir au centre.

Et occulter d'autant plus la question de l'être, d'emblée « manquée » par la métaphysique. Sans doute, suivant une vision qu'on trouvera déployée dans les cours de la seconde partie des années 1930 sur Nietzsche ou dans l'essai *Die Zeit des Weltbildes*, cette centralité du *subjectum* humain n'éclate pleinement que dans la métaphysique *moderne*. Là, la volonté humaine ne cherche plus qu'à assurer partout sa certitude d'elle-même, et « l'anthropologie » triomphe en tant qu'interprétation de l'étant qui ramène tout étant à l'homme tout en empêchant toute interrogation radicale sur l'homme. « L'anthropologie », écrit alors Heidegger, « est une interprétation qui, au fond, sait déjà ce qu'est l'homme et ne peut par conséquent jamais se demander qui est l'homme. Par une telle façon de poser la question, elle devrait, en effet, se reconnaître elle-même comme ébranlée et dépassée. Or, comment pourrait-on attendre une telle chose de l'anthropologie, alors que celle-ci n'a expressément pour tâche que la consolidation après-coup de la certitude de soi du *subjectum ?* »[1].

Corrélée à la domination technique de l'étant, cette apparente « humanisation » ou « subjectivation » de toute chose culmine ou se renverse dans le nihilisme du jeu de la puissance avec elle-même. De même, la *Lettre sur l'humanisme* met en cause l'oubli de l'être attaché à la détermination métaphysique de l'homme, aboutissant « aux courants dominants qui

1. « L'époque des “conceptions du monde” », dans *Chemins qui ne mènent nulle part*, trad. fr. W. Brokmeier, Paris, Gallimard, 1980, p. 145.

s'asphyxient dans le subjectivisme métaphysique et [qui] ont sombré dans l'oubli de l'Être »[1]. Ces « courants » se présentent comme autant d'« ismes », parmi lesquels on peut compter l'existentialisme comme l'humanisme. L'humanisme laisserait ininterrogée la décision métaphysique fondamentale, latente dans les Temps modernes, de placer le *subjectum* humain au centre de l'étant. Or la description des effets de cette métaphysique subjectiviste achevée, dans les cours et essais des années 1930 comme dans les *Cahiers noirs* de la même période, est celle d'une dévastation, d'un « arrachement de tout étant hors de l'être » par la constitution d'une expérience où le sujet est privé de « pays » ou de « patrie », – un motif noue ainsi le comble de l'humanisme avec le triomphe de l'*Heimatlosigkeit*, concept récurrent des écrits sur Hölderlin comme des *Cahiers noirs* de la fin des années 1930. Or ce thème réapparaît sous une forme modifiée et atténuée dans la *Lettre sur l'humanisme.* À propos de Marx, Heidegger écrit ceci : « ce que Marx [...] a reconnu en un sens important et essentiel comme *die Entfremdung des Menschen* [l'aliénation de l'homme] plonge ses racines dans *die Heimatlosigkeit des neuzeitlichen Menschen* [l'absence de patrie de l'homme moderne] »[2]. Plus profonde, donc, que l'aliénation diagnostiquée par Marx serait l'absence de patrie, où Heidegger voit un destin mondial : « *die Heimatlosigkeit wird ein Weltschicksal* ». Le recours contre ce « dé-paysement » était clairement, pour le Heidegger des commentaires de Hölderlin, un ré-enracinement « natal » qui faisait suite aux déceptions des espoirs investis par Heidegger dans la « révolution nationale-socialiste ». S'il n'est plus pensé ni présenté comme l'instituteur du peuple allemand, Hölderlin reste présent dans la *Lettre sur l'humanisme*, pour inciter à penser l'*Heimatlosigkeit* « à partir de l'Être » et l'aspiration à un retour à l'*Heimkunft* comme autre chose que comme l'expression d'un « nationalisme » (lequel, comme tous les « ismes », est présenté par Heidegger comme un dérivé du subjectivisme moderne). Heidegger se tient là dans la continuité, en partie euphémisée, de thématiques qu'il avait développées dans les années 1930, pendant et après le Rectorat : le poète qui « institue » le peuple, où Hölderlin doit être pour les Allemands ce que Homère a été pour les Grecs, suivant ce schéma d'un « nouveau commencement » qui est lui-même « répétition » du « premier commencement » grec. Il a été souvent noté que, dans la *Lettre sur l'humanisme*, Heidegger substitue à la caractérisation et à la définition classique de l'homme comme *animale rationale*, une « autre » détermination, comme « berger de l'Être » ; cette détermination

1. *Lettre sur l'humanisme*, *op. cit.*, p. 119.
2. *Ibid.*, p. 102-103.

d'une essence de l'homme a pu faire dire, sur le mode parfois d'une surenchère dans la déconstruction, que Heidegger était « encore » humaniste, comme s'il s'agissait surtout de ne plus l'être du tout.

Mais le geste de Heidegger pourrait effectivement, au premier abord, être décrit comme « humaniste » dans l'autre sens (historique) qu'il rappelle lui-même : le détour-retour aux Anciens, aux Grecs, pour donner une nouvelle impulsion au présent. Or Heidegger *ne cache pas* que sa propre manière de faire, sur ce point, diffère profondément de l'humanisme de l'*Aufklärung*, d'un Goethe, d'un Schiller, dont l'horizon est bien cosmopolitique ; et, en un sens, il persiste et signe dans la *Lettre sur l'humanisme* : c'est contre le « cosmopolite » Goethe qu'il s'agit de penser un autre « rapport » à l'hellénité, pour mieux penser le « retour au natal » poétisé par Hölderlin. L'opposition continue d'irriguer le propos de Heidegger : Hölderlin est posé, y compris dans la relation essentielle qu'il cherche entre les Grecs anciens et les Allemands, comme le poète qui *ne doit pas* être compris comme relevant de « l'humanisme » allemand, où Heidegger inclut cette fois Goethe, Schiller, Winckelmann[1]... Une dimension de cet écart de Hölderlin tient encore explicitement, dans la *Lettre sur l'humanisme*, à l'orientation cosmopolitique de l'humanisme d'un Goethe, là où Hölderlin est le penseur du « retour au natal » : Heidegger oppose en effet le « cosmopolitisme de Goethe » (*das Weltbürgertum Goethes*) au « rapport de Hölderlin à la grécité » (*der Bezug Hölderlins zum Griechentum*)[2]. Une page plus haut, il a été précisé que quand Hölderlin chante le « retour à la patrie » (*Heimkunft*), il se soucie de faire accéder « ses compatriotes (*Landesleute*) à leur essence »[3]. Toute interprétation « égoïste » ou « nationaliste » est bien sûr écartée par Heidegger, mais on entend là les échos des débats sur l'avènement d'un « troisième humanisme », qui ne serait plus l'humanisme romain ni l'humanisme renaissant prolongé par les Lumières universalistes, mais un humanisme « germanique » nouant un nouveau rapport avec les Grecs, dénouant les attaches judéo-chrétiennes, tel qu'un Werner Jaeger l'avait promu. Et Heidegger ne renonce nullement à ce qu'on peut appeler une forme de sublimation ontologique de l'*Heimat*, et de description de l'*Heimatlosigkeit* comme d'une errance ontologique : « C'est seulement à partir de l'Être que commence le dépassement de

1. *Lettre sur l'humanisme*, *op. cit.*, p. 100-101.
2. *Ibid.*
3. *Ibid.*, p. 96-97.

l'absence de patrie, dans laquelle non seulement les hommes, mais l'essence de l'homme s'égarent »[1].

Les échos politiques que suscite ce rejet constant du cosmopolitisme d'un Goethe ou d'un Schiller, au profit d'une « patrie » et d'un accès des Allemands à « leur » essence unique, sont assurément sinistres. Il faut néanmoins remarquer que sur la place de l'étranger, les « Cahiers noirs » renferment des notations et remarques assez complexes, comme le note Peter Trawny dans *Heidegger et l'antisémitisme*, au chapitre « Deux figures de l'étranger »[2]. D'un côté, Heidegger associe incontestablement la « perte de patrie », la perte de « sol », « l'auto-aliénation des peuples », « l'étranger privé de racines », etc., au *Weltjudentum*, au « judaïsme mondial », et intègre par là à sa pensée des clichés antisémites ; d'un autre côté, dans les séminaires consacrés à Hölderlin comme dans différentes Remarques des « Cahiers noirs », Hölderlin, au côté de Nietzsche, de Kant et d'Héraclite sont décrits positivement comme des « étrangers complets », d'« étranges étrangers au sein de l'étant, aux yeux de tout le monde », alors même – ou parce – qu'ils ont pensé la vérité du *Seyn* (avec un « y »), de « l'estre ». L'*Heimkunft* de Hölderlin lui-même, le retour au pays « passe » par l'étranger que sont les « Grecs », qu'il faut maintenir dans leur « étrangeté » et non chercher à ramener naïvement au présent, au connu, etc.

Les figures de l'étranger, de l'*Entfremdung*, de l'étrangeté à l'être sont au cœur de la critique levinassienne de Heidegger. « L'explication » de Levinas avec Heidegger, dans *Humanisme de l'autre homme*, est à la fois directe et incisive. Le chapitre « L'étrangeté à l'être » s'ouvre par cette exhortation – « Osons enfin poser des questions à propos de Heidegger » – et poursuit en ces termes : « Nous autres occidentaux [...] nourris de Bible au moins autant que de présocratiques – ne sommes-nous pas étrangers au monde, mais d'une manière qui ne doit rien à la certitude du cogito [...] ? »[3]. La *valorisation* de « l'étrangeté au monde », est clairement référée à « une tradition et une expérience » dont « les versets bibliques » sont le « témoignage ». « N'ont-ils pas droit à la citation au moins égal à celui dont bénéficient Hölderlin et Trakl ? » demande Levinas[4]. La formule même du « droit à la citation » pourrait faire l'objet d'une lecture politique, rappelant la pratique mise en vigueur sous le IIIe Reich de ne citer un auteur juif qu'en faisant précéder son nom de la mention « juif ». Mais l'essentiel

1. *Ibid.*, p. 99.

2. P. Trawny, *Heidegger et l'antisémitisme. Sur les « Cahiers noirs »*, trad. fr. J. Christ et J.-C. Monod, Paris, Seuil, 2014, p. 101-112.

3. *HAH*, p. 108.

4. *Ibid.*

est bien sûr dans la leçon éthique fondamentale que Levinas entend tirer de ces versets, comme du psaume 19 : « Je suis étranger sur la terre, ne me cache pas tes commandements ». Étrangeté ou étrangèreté qu'aucun « bâtir » ni aucune « possession d'une terre » ne permettront de « surmonter », commente Levinas : il y va d'une « différence entre moi et le monde » qui se traduit en « non-indifférence à l'égard des hommes », une non-indifférence qui détourne de la terre pour tourner vers les autres, *d'où qu'ils soient.* Selon une remarquable expression, Levinas parle de « condition » puis immédiatement d'« incondition » d'étranger : l'incondition, c'est le fait qu'être étranger n'est pas une condition parmi d'autres, un statut, mais bien ce qui échappe aux conditions, ce qui ouvre à des obligations inconditionnées. Levinas cite le chap. 25, verset 23 du Lévitique, parole divine : « vous n'êtes que des étrangers, domiciliés chez moi ». Il le commente ainsi : « La condition – ou l'incondition – d'étrangers [...] rapproche l'homme du prochain. [...]. Personne n'est chez soi. Le souvenir de cette servitude rassemble l'humanité »[1]. En ce sens, on peut parfaitement admettre que l'homme n'a pas d'essence, pas d'assise, pas de repos, mais Levinas (s'appuyant sur un texte de Blanchot) trouve précisément là le « mode » sous lequel il est « le moins trompeur » de « reconnaître » l'humanité de l'homme, non pas dans la « culture et la magnificence héroïque », mais dans la vulnérabilité, dans « l'irréelle réalité d'hommes persécutés dans l'histoire quotidienne du monde »[2]. Ne fondant pas l'humanisme sur la culture, on évite aussi de le fonder subrepticement sur *une* culture, une identité. Levinas le soulignait au chapitre « Avant la culture » de l'essai « La signification et le sens » : « avant la Culture [...] la signification se situe dans l'Éthique »[3]. Levinas entend peut-être « accueillir », là aussi, l'ébranlement des sciences humaines, et en particulier de l'ethnologie, dans leur mise en cause d'une hiérarchisation des cultures et de la prétention de l'Occident à incarner *la* culture ; mais il suggère qu'il ne faut pas en conclure à un relativisme éthique insurmontable, les normes morales ne sont pas pour lui entièrement immergées dans les significations culturelles et dépendantes d'elles : « le regard de l'homme visant un homme précisément comme homme abstrait, dégagé de toute culture, dans la nudité de son visage »[4] – c'est là, note Levinas, « la naissance de la morale ».

1. *HAH*, p. 108.
2. *Ibid.*, p. 110.
3. *Ibid.*, p. 58.
4. *Ibid.*, p. 59.

Primat de l'éthique sur la culture, donc, et récusation de tout « humanisme » qui s'identifierait à l'apologie d'*une* culture, voire de *la* culture même, de la *paideia*, si cette « fondation » culturelle de l'humanisme – gréco-latin, classique – devait conduire à bloquer le regard porté sur l'homme qui ne relève pas de cette culture classique occidentale ou à le « minorer », le mépriser, le traiter en « barbare » comme contre-figure du « civilisé ». L'autre source, ici, ne fonctionne justement pas comme source ou ressource *culturelle*, principe d'un partage culturel entre « eux » et « nous » ; elle est ce qui décroche l'homme de toute culture pour le rendre à « la nudité de son visage ».

Est-il question ici de placer l'homme au centre de l'étant, comme Heidegger l'impute à l'anthropologie et à l'humanisme ? Levinas, très délibérément je crois, « écrit », décrit, réécrit l'apparition-visitation de l'Autre (homme) en termes de « différence » et d'absence, où résonne quelque chose de l'écriture heideggérienne de la différence ontologique et de l'*Ab-grund*, de « l'abîme » qui serait le « fond sans fond » de l'être. Je cite l'Avant-propos, très dense, d'*Humanisme de l'autre homme* : « Entre l'un que je suis et l'autre dont je réponds, bée une différence sans fond, qui est aussi la non-indifférence de la responsabilité »[1].

Réponse, responsabilité : terminons par là. La *Lettre sur l'humanisme* était, littéralement, une lettre, une réponse à une lettre de Jean Beaufret. Celle-ci était porteuse d'une question : la question de Beaufret portait sur le mot « humanisme » et sur la possibilité de lui (re)donner un sens « Comment redonner un sens au mot humanisme ? » – implicitement, en 1946, après les expériences d'inhumanité radicale de la Seconde guerre mondiale. Est-ce que cela devait, pouvait être, pour Heidegger, une occasion de mise en question de ses propres « engagements » – sur fond de l'appel sartrien à l'engagement, évoqué par Beaufret ? La portée éthique de la question était soulignée par Beaufret lui-même, à travers une autre question. Or Heidegger réinscrit ces questions dans le cadre d'interrogations qu'il avait développées dès la fin des années 1920 sur « l'anthropologie » et ses fondements métaphysiques. Par ce rabattement de l'humanisme sur l'anthropologie, Heidegger évite ou contourne une compréhension éthico-politique de l'humanisme comme reconnaissance de l'universel humain, de l'humanité de l'homme en tant qu'homme. La question éthique est reformulée en jouant sur le grec *ethos*, en faisant valoir sa graphie avec un etha et non un epsilon : l'*èthos* comme « séjour », habitation… Toute ouverture cosmopolitique est ainsi de nouveau refusée, au profit d'une

1. *Ibid.*, p. 10-11.

poursuite de la quête d'une « patrie » qui doit se dissocier de tout nationalisme, mais qui reste hantée par la recherche d'une essence de l'Allemand.

Par contrecoup, c'est la dimension éthique universelle qui vient au premier plan de la méditation de Levinas – lequel, en un sens, répond positivement, tardivement, à la question de Jean Beaufret : redonner un sens au mot humanisme, mais non comme humanisme du même, de la maîtrise, de la culture – comme humanisme de l'autre, du dépouillement et de l'étranger.

Jean-Claude MONOD

LEVINAS ET HEIDEGGER : ÉTHIQUE OU ONTOLOGIE ?[1]

Quelle est la relation de l'éthique à la philosophie ? L'éthique est-elle seulement une partie de la philosophie, ou, comme Spinoza le suggérait en donnant le nom « Ethica » à l'ensemble de son système philosophique, ce qui constitue la philosophie comme telle ?

Pour répondre à cette question, il est nécessaire de rappeler la définition traditionnelle de la philosophie, comme le fait Kant au début de sa Préface au *Fondement de la métaphysique des mœurs*, où il reprend la division grecque de la philosophie en trois sciences, physique, logique et éthique. Mais ce qui doit être ajouté à cette définition, qui est conforme à la définition aristotélicienne de la philosophie, est son fondement, à savoir cette « science de l'être en tant qu'être » qu'Aristote nommait « philosophie première » et qui a reçu à l'époque moderne l'appellation de « métaphysique ». Cette définition complète de la philosophie a été reprise par Descartes qui, dans la Préface aux *Principes de la philosophie*, déclare que la philosophie est comme un arbre dont les racines sont la métaphysique, le tronc la physique, et les branches toutes les autres sciences, à savoir la médecine, la mécanique et la morale, cette dernière science présupposant toutes les autres et constituant « le stade ultime de la sagesse ».

Il est clair à partir de là que l'éthique, considérée ainsi comme la finalité de cet amour de la sagesse qu'est la philosophie, présuppose la métaphysique, c'est-à-dire l'ontologie[2], comme ce qui constitue sa base même. Spinoza

1. Une première version, plus longue, de ce texte (« Levinas and Heidegger : Ethics or Ontology ? »), a paru dans *Between Levinas and Heidegger*, J. E. Drabinski, E. S. Nelson (eds.), Albany (N. Y.), Suny Press, 2014, p. 133-158.

2. Il faut ici rappeler que ni le mot « ontologie », ni le mot « métaphysique » ne peuvent être trouvés dans la philosophie grecque. Le terme « ontologie » a été forgé par le théologien et philosophe Johannes Clauberg en 1664 et devint un terme philosophique fondamental avec la publication en 1730 par Wolff d'un traité intitulé « Ontologia ». Et comme Heidegger

ne pouvait considérer qu'elle constituait l'ensemble de la philosophie que parce que pour lui il n'y a nulle différence entre Dieu ou la nature et l'homme et donc pas de nécessité de suivre pas à pas le développement de l'arbre de la philosophie afin d'atteindre à sa plus haute branche. Alors que la philosophie, depuis son tout premier commencement avec Parménide et Platon, se comprend elle-même comme constituant le chemin *humain* menant à la vérité, l'*Éthique* de Spinoza commence d'emblée par la source même de la vérité, par Dieu, car pour lui l'être humain est déjà en possession de la vérité, il ne s'agit que de faire en sorte qu'il en devienne conscient, ce qui est rendu possible si l'esprit humain procède *ordine geometrico.* Le but de l'éthique en tant que science pratique étant, comme l'expliquait Aristote, la possession de ce qui est pour l'être humain le bien suprême, à savoir le bonheur en conformité avec la vertu, l'*Éthique* de Spinoza peut être considérée comme la science géométrique de la béatitude absolue, celle-ci pouvant être atteinte par l'être humain dans la mesure où il est un être rationnel.

L'exemple de Spinoza peut nous aider à comprendre la position de Levinas à l'égard de l'éthique puisqu'il procède lui aussi à un renversement de toute la tradition philosophique lorsqu'il déclare à la fin de *Totalité et infini* : « La morale n'est pas une branche de la philosophie, mais la philosophie première »[1]. Pourtant le but de Levinas n'est pas seulement de donner une autre définition de l'être humain que celle qu'en donne traditionnellement la philosophie, qui insiste sur la finitude de ce dernier, mais de questionner de manière radicale le postulat philosophique qui demeure encore celui de Spinoza selon lequel toute relation à l'être en général est comprise comme une *relation de connaissance.* Déjà dans le premier livre publié en 1930 par Levinas, *La théorie de l'intuition dans la phénoménologie de Husserl*, il est possible de trouver une critique de la définition husserlienne de l'intentionnalité en tant qu'elle est fondée, conformément à la définition brentanienne des actes de conscience, sur l'acte théorique de représentation[2]. Pour Levinas, c'est là ce qui donne son

l'explique dans *Kant et le problème de la métaphysique* (Paris, Gallimard, 1953, p. 66-67) l'expression *meta ta physica* a d'abord été utilisée par les disciples d'Aristote pour désigner les traités faisant suite à sa *Physique*, *meta* signifiant ici « après », et a servi par la suite à désigner la science qui se situe au-delà du domaine de la physique, *meta* signifiant ici *trans*, au-delà.

1. *TI*, p. 340.
2. *TIH*, p. 86.

caractère intellectualiste au concept husserlien d'intuition en dépit du fait que la vie pratique et esthétique soit considérée par Husserl comme appartenant aussi à la sphère de l'intentionnalité[1]. La philosophie de Husserl est ainsi marquée pour Levinas d'une forte ambivalence, dans la mesure où d'un côté elle demeure un idéalisme et de l'autre constitue cependant une tentative pour comprendre la vie concrète du sujet. Cela explique les différentes inflexions de la lecture qu'en fait Levinas dans les années qui suivent[2], l'accent étant mis tantôt sur « la ruine de la représentation » dans la phénoménologie de Husserl et sur sa capacité à s'ouvrir à la sphère éthique de l'absolue altérité de l'autre[3] ou, à l'opposé, sur la critique du parallélisme noético-noématique, lequel ne permet pas d'extraire la relation à l'autre de la sphère monadique du sujet, au contraire de Descartes qui « laisse la porte ouverte » à la pensée de la relation à l'autre comme relation éthique en découvrant dans le sujet l'idée d'une infinité qu'il ne constitue pas lui-même[4].

Bien qu'ayant traduit en français dès 1931 la première version des *Méditations* de Husserl, Levinas ne prend pas en considération l'analyse de « l'intersubjectivité monadologique » de la 5e Méditation, précisément parce qu'elle se fonde sur la structure théorique de l'intentionnalité, laquelle ne permet pas d'accorder la priorité à l'autre dans la relation du moi à l'autre. C'est pourtant la définition leibnizienne de la monade comme étant une avec soi qui constitue pour lui le point de départ de son analyse de l'existence dans *Le temps et l'autre*, une série de quatre conférences datant des années 1946-1947[5]. L'absence de communication ne vient pas du fait que le moi est une substance particulière, mais du pur fait d'exister en tant qu'être séparé, dans la mesure où tout peut être échangé entre humains sauf l'exister lui-même, ce qui implique que le moi est complètement isolé du fait même qu'il existe[6]. Alors que pour Heidegger exister signifie avoir une relation *avec* les étants intramondains et avec soi-même en tant qu'être dans le monde, pour Levinas il y a au contraire d'emblée une solitude de

1. *Ibid.*, p. 141.

2. Voir à ce sujet, F. Dastur, « Intentionnalité et métaphysique », dans *Emmanuel Levinas, Positivité et transcendance*, J.-L. Marion (dir.), Paris, Puf, 2000, p. 125-142.

3. « La ruine de la représentation » [1959], *EDE*, p. 135.

4. *TI*, p. IV.

5. *TA*, p. 21 : « Je suis monade en tant que je suis. C'est par l'exister que je suis sans portes ni fenêtres, et non par un contenu quelconque qui serait en moi incommunicable ».

6. *Ibid.*, p. 22 : « L'exister se refuse à tout rapport, à toute multiplicité. Il ne regarde personne d'autre que l'existant. La solitude n'apparaît donc pas comme un isolement de fait d'un Robinson, ni comme l'incommunicabilité d'un contenu de conscience, mais comme l'unité indissoluble entre l'existant et l'œuvre d'exister [...]. La solitude est dans le fait même qu'il y a des existants ».

l'exister qui ne peut pas être considérée, comme le fait Heidegger, à partir d'une relation première avec autrui, de sorte que pour lui la proposition « avec » ne peut pas décrire la relation à l'autre[1]. Cela veut dire que lorsque le moi entretient une relation intentionnelle avec le monde et veut acquérir une connaissance de ce qui est à l'extérieur de lui, il continue à exister en tant qu'être séparé[2]. Levinas refuse en effet l'idée d'une possible participation à l'être de l'autre, d'une « fusion extatique » qui pourrait délivrer le moi de sa solitude. Il tient à demeurer au niveau de la dualité du moi et de l'autre et n'accepte pas l'idée d'une possible unification : « Nous en arrivons au monisme si nous quittons la monadologie »[3]. La relation de connaissance avec l'objet n'est pas une manière de dissoudre le lien entre l'existant et son exister, car en sortant de lui-même vers l'objet, le sujet ne trouve pas quelque chose d'autre que lui-même, il se retrouve au contraire lui-même dans l'objet, et c'est là ce qui rend la connaissance possible, à savoir l'éclaircissement, le processus de connaissance étant traditionnellement compris comme une « clarification », une sortie hors de la caverne de Platon[4]. À travers le processus de clarification, je peux avoir l'impression de devenir autre que moi-même, mais en fait la connaissance ne me fait pas sortir de la solitude, au contraire j'y fais l'expérience que je suis pour tout « le seul et unique point de repère »[5], de sorte que pour Levinas, le niveau de la rationalité est et demeure celui du solipsisme et non de l'intersubjectivité, comme Husserl l'a montré.

Levinas est ici en opposition diamétrale avec Heidegger pour lequel la solitude est seulement un mode déficient de l'être avec les autres, de sorte qu'elle constitue plutôt une preuve d'une communauté originelle avec les autres que sa négation. Pour Levinas, la solitude n'est pas un mode de la socialité, mais au contraire, le mode d'être fondamental du soi. La solitude ne signifie pas l'absence des autres, ou l'impossibilité de la communication, mais simplement « l'attachement irrémissible du moi au soi »[6], son incapacité à sortir de lui-même. C'est ce qui explique qu'il puisse considérer le

1. *TA*, p. 19.

2. *Ibid.*, p. 21 : « Tout élargissement de ma connaissance, de mes moyens de m'exprimer demeure sans effet sur ma relation avec l'exister, relation intérieure par excellence ».

3. *Ibid.*, p. 22.

4. *Ibid.*, p. 47 : « La lumière est ce par quoi quelque chose est autre que moi, mais déjà comme s'il sortait de moi. L'objet éclairé est à la fois quelque chose qu'on rencontre, mais du fait même qu'il est éclairé, on le rencontre comme s'il sortait de nous. Il n'a pas d'étrangeté foncière. Sa transcendance est enrobée dans l'immanence [...]. L'extériorité de la lumière ne suffit pas à la libération du moi captif de soi ».

5. *Ibid.*, p. 48.

6. *Ibid.*, p. 47.

solipsisme de manière positive : « Le solipsisme n'est ni une aberration, ni un sophisme, c'est la structure même de la raison »[1]. Il y a ainsi une universalité de la connaissance, fondée sur « l'illimité de la lumière et l'impossibilité pour aucune chose d'être en dehors »[2]. La différence entre le sujet et l'objet, l'ego et les choses, n'est pas en fait une différence réelle, puisque par la connaissance le sujet devint capable de se rendre maître du monde extérieur de telle manière que son objectivité devient alors l'extension du sujet lui-même[3]. Le monde n'est par conséquent pas réellement autre que le moi, il est au contraire un mode d'existence du moi et constitue tout ce qui n'est pas réellement autre et qui demeure intérieur au moi en tant que le champ de son auto-identification. Le champ de l'être ne possède ainsi aucune altérité véritable, ce qui veut dire que le discours sur l'être est en fait un discours sur le moi. Cela implique que, s'il y a réellement un autre, il doit être trouvé hors et au-delà de l'être. La connaissance n'est pour Levinas qu'un mode de cette manière fondamentale d'exister qu'il nomme identité ou lumière, de sorte que la raison et la connaissance rationnelle doivent être considérées comme les manifestations du processus d'identification. La relation à la lumière implique cependant d'autres relations que la relation de connaissance, telles que celles du besoin et de la jouissance, ou encore celle du pouvoir, qui ont la même structure que la relation de connaissance, du fait qu'en elles toutes il s'agit de s'approprier quelque chose ou quelqu'un afin de consolider ou d'étendre sa propre identité.

Il est maintenant possible de comprendre le discours que tient Levinas sur l'autre. Les philosophies qui prennent comme point de départ le phénomène de la conscience, et même de la conscience *intentionnelle*, comme le fait Husserl, continuent à considérer l'autre dans la perspective de l'identité et de la lumière. L'autre peut alors être défini comme un *alter ego* puisqu'il est considéré comme un être semblable à moi. Mais si l'autre est réellement autre, il ne peut être compris à partir d'une similarité avec moi. Ce que Levinas recherche, c'est simplement à approcher l'autre sans préconception, dans le respect de son altérité. L'autre n'est pas autre à partir d'une commune appartenance à une espèce ou à l'être en général, car il n'y a pour Levinas aucune identité préexistante entre lui et moi, il est absolument autre et son être consiste précisément en cette absolue altérité.

1. *Ibid.*, p. 48.

2. *Ibid.*

3. *Ibid.* « L'objectivité du savoir rationnel n'enlève rien au caractère solitaire de la raison ».

Pour Levinas, l'identité n'est en effet jamais donnée, mais résulte toujours d'un acte d'identification. Cela veut dire que je ne suis pas un, mais que je me *fais* un, être voulant dire *être un.* En d'autres termes, l'identité n'est pas un caractère de l'être parmi d'autres, mais la définition même de l'être. Il n'y a par conséquent pas de place dans l'être pour une quelconque altérité et l'autre ne peut donc être défini que comme un mode d'existence qui n'a rien à voir avec l'être.

A la fin de *Le temps et l'autre*, Levinas explique que son but principal dans cette série de conférences visait à montrer qu'afin de penser l'autre, il était nécessaire de surmonter la notion éléatique de l'être qui constitue le commencement même de la philosophie, car cette notion réduit la multiplicité à l'un et ne peut donc rendre compte de la pluralité de l'exister. Il affirme de manière péremptoire, sans égard pour la réfutation de Parménide que Platon entreprend dans le *Sophiste*, que « la notion éléatique de l'être domine la philosophie de Platon »[1]. C'est la raison pour laquelle, selon lui, « à partir de Platon, l'idéal social sera cherché dans un idéal de fusion »[2], du fait qu'une communauté de ce type s'établit autour d'un troisième terme servant d'intermédiaire entre le moi et l'autre, lequel n'est autre chez Platon que le soleil intelligible de *La République.* Pour Levinas, c'est la même idée de la communauté que l'on trouve dans le *Miteinandersein*, l'être l'un avec l'autre heideggérien, auquel il veut pour sa part opposer la collectivité « moi-toi » qui est une communauté « sans communion », celle du « face à face sans intermédiaire »[3] où l'autre est en tant que tel présent au moi, lequel demeure le point de départ de tout accès possible à l'altérité de l'autre. Cela explique que, paradoxalement, le statut du moi a d'abord à être examiné, ce qu'entreprend Levinas dans *Totalité et Infini.*

Comme il le dit au début de ce livre, être un moi, c'est être identique à soi-même, non de manière statique, au sens de la pure tautologie « Je suis moi », mais de manière dynamique[4]. Cette identité première est un acte d'identification du moi et du monde, de sorte que « la *manière* du Moi contre l'"autre" du monde consiste à *séjourner*, à s'*identifier* en y existant chez soi »[5]. Pour Levinas habiter a un tout autre sens que pour Heidegger, il est la manière de se maintenir soi-même, de demeurer le même être, et

1. *TA*, p. 88.
2. *Ibid.*
3. *Ibid.*, p. 89.
4. *Ibid.*, p. 25 : « Le moi, ce n'est pas un être qui reste toujours le même, mais l'être dont l'exister consiste à s'identifier, à retrouver son identité à travers tout ce qui lui arrive. Il est l'identité par excellence, l'œuvre originelle de l'identification ».
5. *Ibid.*, p. 26.

donc de prendre possession du monde et de rendre semblable au moi ce qui lui est extérieur[1], de sorte qu'il y a un renversement de l'altérité du monde en auto-identification, lequel prend place d'abord dans ma relation à mon corps, puis à ma demeure, et se poursuit dans le travail, la possession d'objets et l'économie en général, lesquels constituent les différents degrés de l'auto-identification. À partir de là il devient possible de comprendre que cet acte d'identification du moi n'est ni une tautologie ni une opposition dialectique à l'autre, car cela voudrait alors dire que le moi et l'autre constituent ensemble une totalité. Il n'est que « le concret de l'égoïsme »[2]. Mais s'il n'y a pas de relation dialectique avec l'autre, comment le moi peut-il entrer en relation avec l'autre sans immédiatement le priver de son altérité ? Cela n'est possible que si la relation à l'autre est la relation à une altérité qui est « antérieure à tout initiative, à tout impérialisme du Même »[3], à savoir au moi. La priorité de l'autre à l'égard du moi doit être absolue, de sorte que le moi puisse entrer en relation avec l'autre sans former avec lui une communauté, ce qui signifierait pour Levinas la non reconnaissance de son altérité et sa domination par le moi. Il n'y a donc qu'une seule possibilité qui reste : autrui ne peut être que « l'absolument Autre », comme Levinas le souligne expressément[4].

Cela ne veut cependant pas dire que l'autre soit complètement inaccessible. Il est nécessaire ici de différencier l'accessibilité de la connaissance. L'autre ne peut pas être un objet de connaissance, puisque connaître consiste à identifier l'inconnu au déjà connu. Or la relation à l'autre n'est pas une relation de connaissance, mais une relation d'être qui demeure ignorée de la philosophie, dans la mesure où la philosophie est la pensée du même, laquelle ne peut s'ouvrir à l'extériorité de l'absolument autre. C'est la raison pour laquelle Levinas oppose ici la métaphysique à la philosophie, la métaphysique étant selon lui « tournée vers l'autre » du fait qu'elle est « un désir de l'invisible »[5]. Il voit ainsi dans le désir métaphysique la véritable relation à l'autre comme tel et distingue de manière radicale le besoin qui peut être satisfait du désir qui ne peut l'être et qui « désire l'au-delà de ce qui peut simplement le compléter », du fait que « le désiré ne le comble pas, mais le creuse »[6]. Avoir une relation de désir avec l'autre,

1. *Ibid.*, p. 27 : « La possibilité de posséder, c'est-à-dire de suspendre l'altérité même de ce qui n'est autre que de prime abord et autre par rapport à moi – est la *manière* du Même ».

2. *Ibid.*

3. *Ibid.*, p. 28.

4. *Ibid.*,

5. *Ibid.*, p. 21.

6. *Ibid.*, p. 22.

c'est donc avoir un accès à son absolue altérité, car le désir métaphysique est un désir « sans satisfaction qui, précisément, entend l'éloignement, l'altérité et l'extériorité de l'Autre »[1]. Selon Levinas c'est « la dimension même de la hauteur » qui est ainsi ouverte par le désir métaphysique, de sorte que l'Autre est compris comme étant plus haut que moi, comme le Très-Haut[2]. Il semble que l'Autre, désormais écrit avec une majuscule, prenne la place de Dieu lui-même, et cette analogie est encore renforcée lorsqu'il insiste sur le fait que le Moi et l'Autre ne constituent pas une totalité et demeurent dans une séparation absolue[3].

Il ne peut cependant y avoir un Autre absolu qu'en relation à un moi qui est de la même manière absolument le même. La métaphysique levinassienne de la séparation implique par elle-même un mode dualiste de pensée qui oppose de manière radicale le même et l'autre. C'est parce que le moi et l'autre n'ont rien en commun que l'autre ne peut apparaître que comme un étranger absolu, comme celui qui « trouble le chez soi »[4] et « échappe à ma prise par un côté essentiel, même si je dispose de lui », car « il n'est pas tout entier dans mon lieu »[5] et ne fait pas partie de mon monde. La seule relation que je puisse avoir avec lui est une relation de langage du fait que seul le langage rend possible une relation avec l'autre qui respecte sa transcendance et maintient la distance entre lui et moi. Cette relation de langage avec l'autre ne prend pas la forme d'un dialogue, mais d'un discours, par lequel le moi ne renonce pas à son égoïsme, mais reconnaît néanmoins à l'Autre un droit sur lui et tente de se justifier lui-même. L'essence du discours n'est donc pas le partage d'une signification commune, comme c'est le cas dans le dialogue, mais il est une « apologie », un discours partant du moi, dans lequel le moi s'affirme lui-même et en même temps s'incline devant l'autre transcendant[6]. Cette relation est néanmoins un face à face, qui va du moi vers l'Autre, mais sans réversibilité, car une telle réversibilité les accouplerait l'un à l'autre[7]. Entre le moi et l'autre, il y a une absolue séparation, ce qui veut dire qu'il est impossible d'échanger les places et de considérer la relation que j'ai avec l'autre du point de vue inverse de l'autre, car si c'était le cas, cela voudrait dire que le moi et l'autre constituent une totalité. Comme le dit Levinas : « L'altérité, l'hétérogénéité

1. *TA*, p. 23.
2. *Ibid.*, p. 23.
3. *Ibid.*, p. 28.
4. *Ibid.*
5. *Ibid.*
6. *Ibid.*, p. 24.
7. *Ibid.*

radicale de l'Autre, n'est possible que si l'Autre est autre par rapport à un terme dont l'essence est de demeurer au point de départ, de servir d'entrée dans la relation, d'être le Même non pas relativement, mais absolument »[1]. Un tel « terme » ne peut être qu'un moi, de sorte que pour Levinas, le point de départ demeure le cogito cartésien, l'altérité n'étant possible qu'à partir de moi, comme il le souligne lui-même[2].

La relation entre le moi et l'autre est ainsi pour Levinas un événement métaphysique dont le sens est la « rupture de la totalité », formule que Levinas emprunte à *L'Etoile de la rédemption*, un livre publié en 1927 par Franz Rosenzweig, dans lequel ce dernier prend position contre le système philosophique hégélien et définit la philosophie occidentale « d'Ionie à Iéna », en d'autres termes des Présocratiques à la *Phénoménologie de l'esprit* de Hegel, comme une philosophie de la totalité. Levinas reconnaît dans la préface à *Totalité et infini*, qu'il a été « frappé » par l'opposition à l'idée de totalité qu'on trouve dans le livre de Franz Rosenzweig « trop souvent présent dans ce livre pour être cité »[3]. Le nom de Rosenzweig n'apparaît en effet nulle part dans *Totalité et infini*, mais à la fin de la section intitulée « Rupture de la totalité » –, rupture qui est donc aussi une rupture avec la philosophie –, Levinas mentionne à sa place le nom de Kierkegaard qui fut le premier à critiquer le système hégélien du fait qu'il n'était pas en état de défendre les droits des individus. Mais le point de vue de Kierkegaard et le point de vue de Levinas ne sont pas exactement identiques, car si Kierkegaard veut préserver le droit de l'individu contre le mode de pensée totalitaire de Hegel, Levinas veut pour sa part préserver la transcendance de l'autre, car, affirme-t-il « ce n'est pas moi qui me refuse au système, comme le pensait Kierkegaard, mais l'autre »[4].

Mais si la relation à l'autre ne peut pas être pensée de manière philosophique, cela veut dire que cette relation métaphysique a un autre sens, religieux. Levinas propose en effet de nommer « religion le lien qui s'établit entre le Même et l'Autre, sans constituer une totalité »[5]. On retrouve ici la référence fondamentale qu'est pour Levinas la pensée de Descartes, car ce dernier a montré que l'idée d'infini que je découvre en moi ne peut pas être produite par l'être fini que je suis et a donc été mise en moi par un être infini, par Dieu lui-même. Il y a donc un « primat cartésien de l'idée du parfait par rapport à l'idée de l'imparfait », ce qui veut dire que cette

1. *Ibid.*, p. 25.
2. *Ibid.*, p. 29.
3. *Ibid.*, p. 14.
4. *Ibid.*, p. 30.
5. *Ibid.*, p. 30.

expérience de la transcendance n'est pas négative, comme pourrait le laisser penser le terme d'infini, qui est négatif, mais elle est l'expérience d'une « hauteur » et d'une « noblesse » qui demeurent toutefois séparées de moi[1]. Levinas ne suit cependant pas Descartes, lequel y voit une preuve ontologique de l'existence de Dieu, mais il maintient cependant que l'expérience de l'infini que nous faisons ne provient pas de nous, mais de la transcendance de l'autre. Il faut en effet souligner qu'il y a pour Levinas une identité entre la métaphysique et l'athéisme, car l'athéisme est nécessaire afin de rompre avec ce qu'il nomme « la violence du sacré »[2], la notion de sacré impliquant en elle-même l'idée d'une totalité au sein de laquelle le sacré peut se manifester de sorte qu'une relation de participation avec le divin est rendue possible pour l'être humain. Paradoxalement, la foi monothéiste, qui est une foi « purgée des mythes » et « dégagée des liens de la participation » implique un athéisme métaphysique, dans la mesure où c'est là la condition d'une véritable relation avec un Dieu *kath'auto*, un Dieu qui n'apparaît pas dans le monde et qui ne se révèle qu'au travers du discours[3]. Dans la mesure où Dieu est un Dieu personnel et invisible, on ne peut y avoir accès que dans l'attitude éthique, et donc seulement à travers la présence humaine : « La dimension du divin s'ouvre à partir du visage humain »[4]. Dieu n'est pas objet de connaissance, on ne peut donc dire de lui qu'il « est », puisque être signifie identité et non pas altérité : « Il ne peut y avoir, séparée de la relation avec les hommes, aucune "connaissance" de Dieu. Autrui est le lieu même de la vérité métaphysique et indispensable à mon rapport avec Dieu »[5]. Mais cela ne veut pas dire que l'Autre joue le rôle de médiateur, comme c'est le cas dans le christianisme où Dieu s'est lui-même fait humain dans la personne du Christ. L'Autre n'est pas l'incarnation sensible et mondaine de Dieu, mais « par son visage, où il est désincarné » il est « la manifestation de la hauteur où Dieu se révèle »[6]. Le visage de l'Autre peut être la révélation de Dieu parce qu'il n'appartient pas au domaine de la phénoménalité, au monde sensible. Il y a par conséquent une priorité de l'éthique, de la relation de l'homme à l'homme, sur le théologique : « Ce sont nos relations avec les hommes [...] qui donnent aux concepts théologiques l'unique signification qu'ils comportent »[7]. Et Levinas de

1. *TA*, p. 41.
2. *Ibid.*, p. 75.
3. *Ibid.*
4. *Ibid.*, p. 76.
5. *Ibid.*, p. 77.
6. *Ibid.*
7. *Ibid.*

conclure : « Tout ce qui ne peut se ramener à une relation interhumaine représente, non pas la forme supérieure, mais à jamais primitive de la religion »[1].

Ce qui doit par conséquent être opposé à la pensée philosophique de la totalité est la pensée métaphysique de l'infini, comme l'indique le titre du livre paru en 1961, où le « et » a clairement le sens d'une opposition. L'expérience métaphysique est l'expérience d'une transcendance, l'idée de l'infini étant, comme l'explique Levinas « la transcendance elle-même »[2], par laquelle le moi fait l'expérience de sa séparation avec l'autre. C'est à cette étrange relation à l'autre, qui est en fait une séparation – Levinas parle à ce sujet de manière paradoxale d'une « relation sans relation » – qu'il veut réserver le terme de « religion », dont la signification étymologique est souvent tirée du verbe latin *religare*, mettre en rapport, alors qu'il dérive en fait plutôt du verbe *relegere*, recueillir. Levinas ne dit pas que la relation à l'autre est religieuse, au sens usuel de ce terme, au contraire, il veut comprendre la relation sans relation à la transcendance de l'autre sous le mot de religion, qui prend ainsi un nouveau sens : « La religion, où le rapport subsiste entre le Même et l'Autre en dépit de l'impossibilité du Tout – l'idée de l'Infini – est la structure ultime »[3]. En d'autres termes, « le face à face demeure situation ultime », parce qu'« immanquablement l'Autre me fait face [...] à travers mon idée de l'infini »[4].

La relation sans relation à l'autre ne peut par conséquent pas être pacifique ou harmonieuse, puisque nul intermédiaire ne peut amortir le choc de la rencontre du même avec l'autre. Car ce que l'Autre met en question, c'est « l'exercice du Même », en d'autres termes le processus d'identification qui constitue le moi dans son égoïsme[5]. C'est donc cette expérience de l'interruption de l'œuvre d'identification qui est l'expérience éthique : « On appelle cette mise en question de ma spontanéité par la présence d'Autrui éthique »[6]. Il y a par conséquent une étroite relation entre la métaphysique et l'éthique pour Levinas, du fait que l'expérience métaphysique est l'expérience de la transcendance et l'expérience éthique la concrétisation de cette expérience dans la mesure où elle met en question la spontanéité égoïste du moi. La pensée occidentale n'a été capable de penser ni la métaphysique ni l'éthique parce qu'elle a été une ontologie, à

1. *Ibid.*, p. 78.
2. *Ibid.*, p. 80.
3. *Ibid.*, p. 79.
4. *Ibid.*, p. 80.
5. *Ibid.*, p. 33.
6. *Ibid.*, p. 33.

savoir la réduction du même à l'autre, dans la mesure où son but principal était la connaissance rationnelle, connaître signifiant toujours dépouiller l'être de son altérité. C'est ce qui explique que Levinas puisse définir la philosophie comme une égologie[1] et aller jusqu'à voir dans la philosophie moderne et dans la phénoménologie la domination d'un « impérialisme ontologique »[2] et de « l'égoïsme de l'ontologie »[3]. Parce que ce qui vient en premier est l'obligation éthique envers l'Autre, il faut donc renverser le rapport entre l'ontologie et l'éthique ou la métaphysique : la relation à l'Autre commande la compréhension de l'être et non inversement. Levinas en conclut que « l'ontologie présuppose la métaphysique »[4].

L'Autre est l'étranger, celui qui demeure à une distance infinie, mais dont le moi a néanmoins l'expérience, laquelle a lieu dans le discours. Elle n'en est pas moins cependant celle d'un face à face, l'expérience du visage de l'Autre. En tant qu'expérience métaphysique, elle ne peut donc être, comme c'est le cas pour Husserl, une expérience en premier lieu corporelle. Certes le visage sensible et corporel de l'Autre est bien perçu, mais sa présence en tant qu'Autre ne peut être saisie par les sens. Dans l'expérience du visage de l'Autre, qui « *n'est pas dévoilement, mais révélation* », le niveau de l'expérience sensible est surmonté. Le visage est une présence vivante qui ne peut être représentée dans le monde sensible, c'est une présence parlante[5]. L'Autre se présente lui-même en signifiant et il le fait par son regard. L'œil n'est pas pour Levinas ce qu'il est pour Platon, à savoir le moyen par lequel la lumière et la vérité peuvent nous être données, mais la manifestation de l'altérité[6]. Dans la troisième partie de *Totalité et infini* intitulée « L'extériorité et le visage », Levinas définit de la même manière l'expérience du visage de l'Autre comme « épiphanie », comme l'apparition de ce qui n'appartient pas au domaine sensible[7]. L'expérience de l'Autre n'est donc pas celle d'une forme, une expérience visuelle, en dépit du sens premier du mot « visage », mais une relation de langage, qui est une relation entre des termes séparés, de sorte que la transcendance de l'Autre ne peut se révéler que dans le discours[8]. Une telle relation n'est pas établie par le moi, au contraire la relation éthique met le moi en question

1. *TA*, p. 35.
2. *Ibid.*, p. 44.
3. *Ibid.*, p. 46.
4. *Ibid.*, p. 48.
5. *Ibid.*, p. 61.
6. *Ibid.*, p. 66.
7. *Ibid.*, p. 199.
8. *Ibid.*, p. 193.

et cette mise en question émane de l'Autre[1], ce qui veut dire que le face à face avec l'Autre ne peut pas être compris à l'image de ce qui se passe dans la connaissance, où c'est la conscience qui pose en face de soi l'objet, car ici c'est au contraire l'Autre qui pose le moi en face de lui-même[2].

L'éthique est par conséquent pour Levinas un domaine bien plus large que la morale au sens traditionnel de ce mot. Ce domaine est en fait métaphysique et concerne l'expérience métaphysique fondamentale du désir, lequel, dans son opposition au besoin, implique une passivité qui n'est pas un phénomène sensible, une passivité qui n'a rien à voir avec la sensibilité. Car le domaine de l'éthique inclut aussi la dimension de la signification et du langage : le visage parle, exhorte, lance un appel auquel j'ai à répondre. C'est ce qui constitue l'essence originairement éthique du langage, qui fait du discours non pas la communication d'un sens, mais une adresse à l'autre.

La définition levinassienne de l'éthique soulève un certain nombre de questions. Mais la première et la plus importante concerne l'appartenance de Levinas au mouvement phénoménologique. Lorsque Levinas déclare explicitement que « la relation métaphysique - l'idée de l'infini – relie au noumène »[3], cela implique que l'Autre ne peut en aucun cas appartenir au domaine de la phénoménalité. Il faut rappeler ici que la distinction que fait Kant entre le phénomène et le noumène, tout comme celle qu'il fait entre deux sortes d'intuition, l'une dérivée et humaine, l'autre originaire et divine, sont dépourvues de sens pour Husserl. Il explique en effet dans les *Idées directrices pour une phénoménologie* que considérer que la perception humaine sensible n'atteint pas la chose en soi est une « erreur fondamentale », car cela impliquerait que la chose perçue n'est qu'une image ou un symbole, ce qui ne peut nullement être le cas du fait qu'entre la perception et la représentation symbolique ou l'imagination, il y a « une différence eidétique infranchissable »[4]. Il n'y a donc pas de possibilité d'entrer en relation avec quoi que ce soit sans partir d'une perception sensible comme base et il n'y a donc pour Husserl nulle réalité absolue qui pourrait limiter de manière négative le domaine phénoménal. Dans la sixième *Recherche logique*,

1. *Ibid.*, p. 195.
2. *Ibid.*, p. 196.
3. *Ibid.*, p. 75.
4. E. Husserl, *Idées directrices pour une phénoménologie*, trad. fr. P. Ricœur, Paris, Gallimard, 1950, § 43, p. 139.

Husserl explique que, à côté de l'intuition sensible, il y a aussi une intuition catégoriale, en d'autres mots une intuition de l'intelligible, mais que l'acte catégorial d'idéation doit nécessairement être fondé sur une perception sensible, ce qui veut dire que l'idée d'un intellect indépendant de la sensibilité est absurde. Il est vrai (comme Levinas le dit non seulement de la phénoménologie, mais aussi de la philosophie occidentale en général) que pour Husserl la théorie du sujet transcendantal, l'égologie, inclut en elle-même la théorie de l'être, l'ontologie[1], mais cela implique une nouvelle sorte d'idéalisme, plus radical que l'idéalisme transcendantal de Kant, au sens où, pour Husserl, il n'y a pas de réalité absolue qui pourrait limiter de manière négative le domaine phénoménal de la connaissance. Pour Husserl comme pour Heidegger, il n'y a rien qui soit au-delà ou « derrière » les phénomènes, et c'est la raison pour laquelle Heidegger commence par distinguer, dans le § 7 de l'introduction à *Être et temps*, le phénomène de la phénoménologie de l'*Erscheinung* kantienne, précisément parce que « il n'y a essentiellement rien d'autre qui se tient "derrière" les phénomènes de la phénoménologie »[2]. Même si Husserl a pu déclarer qu'« en soi la phénoménologie n'est pas l'ontologie »[3], au sens où une radicale intelligibilité de ce qui est ontique et inclut en soi des éléments contingents n'est pas possible, il n'en admet pas moins que, même si un tel idéal demeure encore indéfiniment éloigné, il faut affirmer que « la phénoménologie transcendantale, systématiquement et pleinement développée, est *eo ipso* une authentique ontologie universelle »[4].

Quant à Heidegger, il définit le concept phénoménologique de phénomène comme ce qui a besoin d'être explicitement thématisé du fait qu'il ne se montre pas lui-même initialement et demeure dissimulé par contraste avec ce qui se montre de prime abord et le plus souvent, tout en en faisant partie néanmoins comme son sens et son fondement. Ce qui est donc pour lui le thème de la phénoménologie, c'est ce qui est certes dissimulé et peut même être oublié, mais n'est rien autre, de manière paradoxale à l'égard du concept traditionnel d'ontologie, que l'être lui-même, du fait que « l'être de l'étant peut moins que jamais être quelque chose "derrière quoi" se tient encore

1. *Cf.* E. Husserl, *Méditations cartésiennes*, trad. fr. G. Peiffer et E. Levinas, Paris, Vrin, 1953, § 41, p. 71 : « Tout sens et tout être imaginable, qu'ils s'appellent immanents ou transcendants, font partie du domaine de la subjectivité transcendantale, en tant que constituant tout sens et tout être ».

2. *SuZ* § 7, p. 36.

3. E. Husserl, *Idées directrices pour une phénoménologie et une philosophie phénoménologique pures, Livre troisième, La phénoménologie et les sciences*, trad. fr. D. Tiffeneau, Paris, Puf, 1993, Appendice I, § 6, p. 158.

4. *Méditations cartésiennes*, *op. cit.*, § 64, p. 132.

quelque chose qui “n’apparaît pas” »[1]. On comprend alors que Heidegger puisse en conclure que, quant à son contenu, la phénoménologie n’est rien autre que l’ontologie[2]. Par le terme d’« ontologie », Heidegger n’entend aucune discipline philosophique préexistante et il souligne expressément qu’il utilise ce mot dans le sens large et formel d’une discipline qui a à être constituée sur la base d’un questionnement partant des « choses elles-mêmes », c’est-à-dire sur la base de la phénoménologie. L’ontologie heideggérienne est donc aussi différente de l’ontologie traditionnelle que la métaphysique levinassienne l’est de la métaphysique traditionnelle. Levinas insiste sur l’identité de la métaphysique et de l’athéisme, ce qui donne à son concept d’infini un sens qui pourrait être caractérisé comme « anthropocentrique », dans la mesure où ce qui est au-delà du monde sensible est l’humain en tant que tel[3]. De manière analogue, Heidegger entreprend de montrer que ce que la philosophie occidentale a depuis son début nommé « être » a un sens temporal. *Ousia* est le terme fondamental qui, chez Platon et Aristote, désigne l’être de l’étant compris comme étantité, comme ce qui est commun à tous les étants. En grec, ce terme a le sens de « demeure », d’habitation ou de propriété, de ce qui est constamment disponible et présent. L’analyse par Heidegger de ce concept grec de l’être, à savoir l’*ousia*, pourrait être jusqu’à un certain point en accord avec la conception levinassienne de l’ontologie comme philosophie du pouvoir et de la possession[4]. Mais c’est précisément ce privilège attribué à la présence, en tant qu’il est fondé sur le sens temporal de l’être qui traverse l’histoire entière de la philosophie, qu’il s’agit de mettre en lumière dans ce que Heidegger nomme la « destruction de l’histoire de l’ontologie ».

Comme Heidegger le suggère lui-même, une telle déconstruction du concept traditionnel de l’être requiert un questionnement qui aille « au-delà » de l’être lui-même, en direction de ce que Platon désigne dans l’allégorie du soleil de *La République* comme l’*epekeina tes ousias*, qui est ce qui rend possible connaissance et vérité[5]. Ce passage de *La République* qui place l’idée du bien au-delà de l’être est considéré par Levinas comme le « plus profond enseignement, l’enseignement définitif, de la philosophie »[6],

1. *Ibid.*, § 7, p. 35-36.
2. *Ibid.*, § 7, p. 37.
3. Cf. *TI*, p. 53, où Levinas, commentant la thèse fameuse de Protagoras, affirme que « l’homme comme mesure de toute chose – c’est-à-dire mesuré par rien – comparant toutes choses » est « incomparable ».
4. *Ibid.*, p. 46.
5. M. Heidegger, *Les problèmes fondamentaux de la phénoménologie*, trad. fr. J.-F. Courtine, Paris, Gallimard, 1985, § 20 (b), p. 343.
6. *TI*, p. 104.

affirmation pourtant problématique dans la mesure où le Bien a ici pour symbole le soleil et où il est identifié à la lumière, laquelle n'est pour Levinas qu'un simple moyen de connaissance et d'appropriation. Plus encore, le fait de traduire *to agathon* par le Bien risque de le dépouiller de sa signification éthique puisque ce mot tout comme *gut* en allemand, *bonum* en latin, et « bien » en français ont le sens originaire de « possession ». Heidegger qui commente ce même passage dans *La doctrine platonicienne de la vérité*, fait montre de plus de prudence lorsqu'il souligne que *to agathon*, pensé de manière grecque, n'a pas de valeur morale et signifie simplement « ce qui est apte à quelque chose et qui rend apte à quelque chose »[1], ce qui permet de comprendre que l'*idea tou agathou* est ce qui rend possible l'apparition de toutes choses dans la lumière de leurs idées respectives. En tant que tel, cette idée est ce qui apparaît de manière suprême, comme le dit Platon, et cette définition de la suprême cause de toutes choses comme *idea*, comme un visible, implique pour Heidegger la domination de la vision et de la connaissance sur l'*aletheia*, la vérité comprise comme appartenant à l'être lui-même, comme *Unverborgenheit*, non dissimulation, c'est-à-dire comme ce qui constitue le commencement à la fois de la métaphysique et de l'humanisme[2].

Tout cela rend difficile d'accepter les jugements péremptoires que Levinas porte sur la pensée heideggérienne de l'être. Affirmer, comme le fait Heidegger que « l'être est inséparable de la compréhension de l'être », ce qui revient à penser la finitude de l'être[3], ne veut pas dire, comme le traduit Levinas, que « l'être est déjà appel à la subjectivité »[4], dans la mesure où le *Dasein* ne peut d'aucune façon être identifié à ce que la philosophie moderne nomme « sujet ». Levinas insiste sur le fait que le Moi et l'Autre ne « font pas nombre » et ne sont pas des « individus d'un concept commun »[5]. De la même manière le *Dasein* n'est pas pour Heidegger le nom de l'espèce « homme », mais doit au contraire être compris dans la perspective de la structure distributive de la *Jemeinigkeit*, de ce qui est à chaque fois mien, dans la mesure où « l'"essence" du *Dasein* réside dans son existence »[6], ce qui veut bien dire qu'il n'y a pas d'essence générale

1. M. Heidegger, « La doctrine de Platon sur la vérité », trad. fr. A. Préau, *Questions II*, Paris, Gallimard, 1968, p. 149.

2. *Ibid.*, p. 160.

3. M. Heidegger, « Qu'est-ce que la métaphysique ? », trad. fr. H. Corbin, *Questions I*, *op. cit.*, p. 69 : « l'Être est lui-même fini dans son essence et ne se révèle que dans la transcendance du *Dasein* ».

4. *TI*, p. 36.

5. *Ibid.*, p. 28.

6. *SuZ*, § 9, p. 40 [42]. Heidegger a d'abord parlé (en 1924) de *Jeweiligkeit*, c'est-à-dire du caractère « momentané » du *Dasein*. Cf. *Der Begriff der Zeit*, *GA* 64, p. 115.

du *Dasein.* Ce qui n'en implique pas moins la pluralité des *Dasein* et « la dispersion du *Dasein* comme tel, c'est-à-dire du *Mitsein*, de l'être-avec en général »[1]. Pour Heidegger, l'être-avec est une structure de l'existence ou un existential et ne requiert donc pas la présence de fait de l'autre. Cela permet de comprendre que *Jemeinigkeit* et *Mitsein* ne sont nullement incompatibles, du fait que la solitude, sous la forme extrême qu'elle prend dans l'être en vue de la mort, est précisément ce qui donne au *Dasein* son propre soi, de sorte que le processus d'individuation « individualise de telle manière qu'il rend tous les individus semblables » comme le dit Heidegger en 1928[2]. L'appartenance au « même » est ici fondée sur l'altérité, laquelle est comprise de manière fondamentale comme altérité temporelle dans la mesure où chaque existence est une portion inéchangeable de temps ou une *moira*, un destin, comme le disaient les Grecs. C'est donc précisément ce qui sépare chaque existant de tous les autres qui peut être partagé par chacun d'entre eux. C'est là ce qui oppose diamétralement la pensée heideggérienne en tant qu'ontologie de la participation à la métaphysique levinassienne de la séparation.

Du côté de Levinas il y a donc séparation absolue et impossibilité du partage et de la communion, et du côté de Heidegger séparation temporelle et partage des différences, sur la base de l'appartenance à quelque chose de commun. Mais le « Même » n'est ici rien autre que le temps, qui n'a nulle « essence », car il est le pur processus de la différentiation ou de la maturation, la pure *Zeitigung.* C'est le temps, ce *hen diapheron eautô*, cet « Un qui diffère de lui-même », selon l'expression que Hölderlin a repris de la lecture d'Héraclite par Platon[3], qui peut être le fondement de toute pensée possible, alors que l'un qui demeure en lui-même, sous la forme de cet Ab-solu qui n'a de rapport avec rien d'autre, constitue toujours le fondement de la métaphysique levinassienne. Par une sorte de réplique à l'ontologie temporale de Heidegger, Levinas a tenté, dans *Le temps et l'autre*, de voir dans le temps, « un mode de l'au-delà de l'être » et une relation avec ce qui est « inassimilable, absolument autre », au Tout Autre, au transcendant, à l'infini, dont il dit qu'elle est une relation ou religion qui n'est pas structurée comme la connaissance, à savoir une intentionnalité, de sorte que la thèse principale de cet essai consistait à penser le temps comme diachronie, non coïncidence et inadéquation, le temps signifiant

1. *Cf.* M. Heidegger, *Metaphysische Anfangsgründe der Logik* [1928], *GA* 26, § 10, p. 175.

2. *Ibid.*, p. 124.

3. *Cf.* Platon, *Le Banquet*, 187a et Hölderlin, « Hypérion », *Œuvres*, « Bibliothèque de la Pléiade », Paris, Gallimard, 1967, p. 203.

ainsi « ce toujours de la non-coïncidence, mais aussi ce toujours de la relation »[1]. La question n'est pas seulement ici celle de la possibilité effective de cette « relation sans relation » avec l'Absolu, avec ce qui est absolument séparé, complet en soi et formant une totalité parfaite, car c'est là le sens du mot latin *ab-solutus*, et celle de la nécessité de penser ne serait-ce qu'une coïncidence partielle avec lui, sinon l'identité de nature entre l'organe de la connaissance et ce qui est connu, entre l'œil et le soleil, ce qui est précisément la base de la métaphysique platonicienne de la lumière ; la question concerne plutôt la structure de la pensée de Heidegger, qui n'est précisément pas l'intentionnalité, c'est-à-dire un rapport de connaissance.

Comme il le déclare dans *Être et temps*, « Le connaître n'est pas l'origine créatrice du *commercium* du sujet avec le monde et ce *commercium* ne résulte pas davantage d'une action exercée par le monde sur un sujet », mais « connaitre est une mode d'être du *Dasein* fondé sur l'être dans le monde »[2]. La pensée fondamentale de Heidegger, c'est que la relation de connaissance, le rapport théorique, n'est pas premier, précisément parce que cette relation première n'est pas une relation avec un objet, mais avec le monde. Le monde qui n'est jamais purement objectif ni purement subjectif, est l'horizon, projeté dès que le *Dasein* existe, à l'intérieur duquel seul il peut y avoir une relation entre un sujet et un objet. C'est ce que Heidegger expliquait dans l'essai qu'il a dédié à Husserl en 1928 sous le titre *Vom Wesen des Grundes*, « De l'essence du fondement ». Pour lui, le « transcendant », ce n'est pas ce qu'il est pour Husserl, à savoir l'objet, mais le *Dasein*, auquel la structure de l'*epekeina* appartient originellement. La transcendance est ainsi comprise comme le fait d'aller au-delà de la totalité des objets en direction du monde, qui appartient à la structure d'être du *Dasein.* Cela explique, comme le souligne Heidegger, que l'intentionnalité, c'est-à-dire la relation à l'objet, n'est possible que sur le fondement de la transcendance, à savoir la projection de l'horizon du monde. Levinas pouvait encore objecter que la relation à l'autre, objet ou personne, « ne s'y accomplit qu'à travers un troisième terme que je trouve en moi »[3]. Mais ce troisième terme, le monde comme sol commun à l'objet et au sujet, n'est pas le résultat de l'opération du soi, mais le précède et il ne consiste pas en un acte théorique, mais dépend au contraire de ce que l'on a traditionnellement nommé « affectivité ». C'est le fait de se trouver soi-même dans

1. *TA*, p. 10.
2. *SuZ*, § 13, p. 69.
3. *TI*, p. 35.

une certaine tonalité, une certaine *Stimmung*, dans le monde, ce que Heidegger nomme *Befindlichkeit*, disposition, qui permet la rencontre des différents types d'étants. Afin d'avoir une relation avec un étant, ce dernier doit être manifeste comme un étant, ce qui implique qu'il doit être manifeste dans le contexte du monde. Dans *Être et temps*, Heidegger souligne que c'est la tonalité de la disposition qui constitue existentialement l'ouverture au monde du *Dasein*[1] et montre que c'est dans la disposition fondamentale de l'angoisse que « le monde en tant que tel » s'ouvre pour la première fois[2]. Il y a par conséquent un privilège de la *Stimmung*, qui par opposition au pur intellect, a le pouvoir de nous ouvrir à l'ensemble de l'être, c'est-à-dire au règne du monde, lequel ne peut jamais être identifié à la totalité des étants, mais constitue le *Grundgeschehen*, l'avènement fondamental du *Dasein.*

Heidegger a défini la manière fondamentale pour le *Dasein* d'être un « là » comme angoisse, ce qui implique une rupture avec la familiarité de l'être dans le monde quotidien et révèle un phénomène plus primordial qui est précisément le ne pas être chez soi dans le monde du *Dasein*[3]. C'est justement devant l'*Unheimlichkeit*, l'étrangeté de son propre être que, dans la déchéance, le *Dasein* se réfugie dans la familiarité du quotidien. On trouve la même thématique de l'être fondamentalement non chez soi du *Dasein* dans le cours que Heidegger a consacré en 1935 à l'*Introduction à la métaphysique*, où l'homme est défini, à partir du commentaire du chœur de l'*Antigone* de Sophocle, comme *to deinotaton*, le plus violent être sur terre. Heidegger insiste pour traduire le mot grec *deinon*, qui signifie à la fois terrifiant et merveilleux par *unheimlich*, au sens de ce qui jette l'être humain hors de ce qui est *heimisch*, familier et l'empêche de « rester dans son élément ». Dire que l'homme est ce qui est le plus *unheimlich* veut dire qu'il est à la fois le plus inquiétant et le plus privé de chez soi par rapport à tous les autres êtres. C'est là, selon Heidegger, la « vraie définition *grecque* de l'être humain »[4]. Être chez soi n'est donc jamais quelque chose de déjà donné, mais au contraire ce qui a toujours à être conquis. C'est ce que Heidegger a appris pendant les années 1930 de Hölderlin qui a écrit en 1801 à son ami Böhlendorff que « le familier doit être appris tout autant

1. *SuZ*, § 29, p. [137].
2. *Ibid.*, § 40, p. 175 [187].
3. *SuZ*, § 40, p. 177 [189].
4. M. Heidegger, *Introduction à la métaphysique*, Paris, Puf, 1958, p. 165. Voir à ce sujet F. Dastur, « La question de l'être de l'homme dans l'*Introduction à la métaphysique* », dans J.-F. Courtine (éd.), *L'Introduction à la métaphysique de Heidegger*, Paris, Vrin, 2007, p. 213-233.

que ce qui est étranger » de sorte que « le libre usage du propre est le plus difficile »[1]. Dans son cours de 1942 sur l'hymne de Hölderlin intitulé *L'Ister*, Heidegger explique que l'unique souci du poète était de parvenir à se sentir chez lui, ce qui impliquait qu'il ait d'abord à s'engager dans une explication avec ce qui est étranger[2]. De la même manière, Heidegger explique qu'un peuple historique n'est jamais lui-même chez soi dans sa langue et n'existe que par le dialogue avec les langues étrangères, de sorte que ce qui est propre et ce qui est étranger demeurent en relation étroite[3]. Il y a ainsi une relation négative au chez soi qui ne peut être ni éliminée ni surmontée, mais doit être endurée, ce que Hölderlin a bien compris, du fait que seul celui qui est sans chez soi peut avoir une vraie relation au chez soi. C'est dans la même période que Heidegger commence à voir dans la *Heimatlosigkeit*, l'absence de chez soi de l'homme moderne « le signe de l'oubli de l'être » et ce qui est en passe de devenir « le destin mondial », comme il l'écrit en 1946 à Jean Beaufret[4]. Car, comme il le dit dans un texte qui traite du nihilisme et qui date de la même année 1946, c'est précisément parce que, dans la modernité, à savoir l'époque du nihilisme, l'être humain est plus que jamais privé de chez soi qu'il tente de trouver une compensation à cette situation dans l'organisation de la conquête de la terre et son expansion dans l'espace cosmique[5]. C'est à la lumière de cette absence de chez soi qui caractérise l'homme moderne qu'il est possible de comprendre ce que pourrait être un habiter authentique, dont le nom est en grec précisément *ethos*, comme Heidegger le rappelle dans la *Lettre sur l'humanisme*[6]. Car, comme il l'explique dans son commentaire du fragment 119 d'Héraclite *ethos anthropôi daimon*, habiter ne signifie pas être en familiarité avec son *Umwelt*, son monde ambiant, ni ne peut être caractérisé comme un simple être chez soi dans la tranquillité et la jouissance d'une ferme possession, mais consiste au contraire, à être ouvert à l'étrangeté de l'être dans le monde et aux souffrances de la *Geworfenheit*, de l'être jeté dans l'existence.

C'est la raison pour laquelle l'éthique, comprise comme séjour et habitation, ne consiste pas seulement à jouir de la vie et à trouver plaisir dans la familiarité du chez soi, comme l'affirme Levinas, mais au contraire à s'exposer soi-même à l'étrangeté et à la douleur qui sont au fondement

1. F. Hölderlin, *Œuvres*, *op. cit.*, p. 1004.
2. M. Heidegger, *Hölderlins Hymne « Der Ister »*, *GA* 53, p. 67.
3. *Ibid.*, p. 80.
4. *Lettre sur l'humanisme*, Paris Aubier Montaigne, 1964, p. 101.
5. M. Heidegger, *Nietzsche II*, trad. fr. P. Klossowski, Paris, Gallimard, 1971, p. 316.
6. *Lettre sur l'humanisme*, *op. cit.*, p. 151.

de toute familiarité et toute jouissance. Habiter requiert en effet la capacité de voir dans le familier le non familier, le *daimon* dans l'*anthropos*, en d'autres termes le dieu dans l'être humain. Au sens propre du mot, habiter ne peut donc signifier que la capacité de maintenir la distance dans la proximité et d'ouvrir sa maison à l'étranger. C'est ce qu'Héraclite voulait dire, lorsque, dans l'histoire rappelée par Heidegger, il déclare à la foule des curieux qui sont venus le voir et l'ont trouvé se chauffant près d'un feu, semblable à n'importe quel être humain en quête d'abri : « *einai gar kai entautha theous* », « Ici aussi les dieux sont présents » au sein de la vie ordinaire, au niveau des besoins qui sont communs à tous les êtres humains. Ce qui constitue donc la vie humaine, c'est précisément le fait que la sphère des besoins les plus élémentaires n'est pas séparée de la sphère supérieure des aspirations les plus sublimes, de sorte qu'aucun être humain ne peut se satisfaire d'être simplement en vie, mais veut au contraire plus que la simple vie, veut ek-sister, c'est-à-dire être ouvert à l'étrangeté de ce qui est autre, à cet extra-ordinaire qui est toujours déjà présent au sein même de l'ordinaire.

Le but de Levinas était l'inversion de la hiérarchie établie dans la définition aristotélicienne de la philosophie entre l'ontologie et l'éthique. Heidegger, par son retour à la pensée présocratique, met en lumière le fait qu'une telle définition de la philosophie provient de la caractérisation de la pensée comme *theoria*, laquelle se produit à l'intérieur d'une interprétation technique de la pensée qui la transforme en instrument de formation, puis en exercice scolaire et enfin en entreprise culturelle[1]. Auparavant il n'y avait pas de distinction entre *theoria* et *praxis* ni entre les différentes disciplines philosophiques puisque pour les Présocratiques, « la pensée agit en tant qu'elle pense »[2]. On comprend alors qu'à la question de Jean Beaufret concernant la relation de l'ontologie à l'éthique, Heidegger puisse donner la réponse suivante : « Si donc, conformément au sens fondamental du mot *êthos*, le terme d'éthique doit indiquer que cette discipline pense le séjour de l'homme, on peut dire que cette pensée qui pense la vérité de l'Être comme l'élément originel de l'homme en tant qu'ek-sistant est déjà en elle-même l'éthique originelle »[3].

Françoise DASTUR

1. *Ibid.*, p. 31 et 39.
2. *Ibid.*, p. 29.
3. *Lettre sur l'humanisme*, *op. cit.*, p. 151.

SENS, ÉTHIQUE ET HISTORICITÉ

Zum Ekel find ich ewig nur mich in allem, was ich erwirke!
Das andere, das ich ersehne, das andre erseh ich nie
Richard Wagner, *Die Walküre*

Notre propos est ici de confronter Levinas et Heidegger, ou plutôt d'élucider la manière dont Levinas s'est confronté à Heidegger – non en envisageant cela comme un point d'histoire de la philosophie, mais afin de dégager les foyers de convergence et les oppositions essentielles entre leurs positions respectives[1].

Le premier enjeu d'une telle confrontation est herméneutique : si Levinas se dit encore phénoménologue, pour autant que le geste proprement phénoménologique consiste à ne pas supprimer les échafaudages qui étayent la formation des concepts fondamentaux en question dans le discours philosophique, il s'avère alors nécessaire de comprendre et de situer sa position philosophiquement par rapport à Husserl, mais également au premier et au second Heidegger[2]. S'agissant du premier, si « rien n'a pu défaire dans [son] esprit la conviction que *Sein und Zeit* de 1927 [était] imprescriptible »[3], quelle est la position fondamentale de Levinas vis-à-vis de l'ontologie fondamentale et de l'analytique existentiale ? Et quel rapport cette position entretient-elle avec la critique de fond qu'il formule à l'encontre de la phénoménologie husserlienne ? S'agissant du second, si Levinas déclare expressément s'être écarté de la pensée heideggérienne ultérieure pour des raisons essentiellement liées à l'engagement du philosophe dans le national-socialisme, cela signifie-t-il pour autant que Levinas ait interrompu

1. Notre propos est infiniment redevable à Didier Franck qui, plusieurs années avant la parution de son beau livre *L'un-pour-l'autre. Levinas et la signification* (Paris, Puf, 2008), nous a engagé vers une lecture de l'œuvre de Levinas au prisme de la question du sens.

2. Rappelons que loin de relever de notre initiative, ces appellations de « Heidegger I » et « Heidegger II » sont du philosophe lui-même, et désignent respectivement l'ontologie fondamentale coupée à l'analytique existentiale, et l'histoire de l'Être couplée à la pensée de l'*Ereignis*. *Cf.* M. Heidegger, « Brief an Pater Richardson », in *Identität und Differenz*, *GA* 11, p. 152 (trad. fr. J. Lauxerois et Cl. Roëls, « Lettre à Richardson », *Questions IV*, p. 188, *Questions III-IV*, p. 348).

3. *EN*, p. 205.

toute confrontation avec la pensée du second Heidegger ? L'autrement qu'être qu'est la signifiance du visage n'est-elle pas marquée par une opposition de fond au motif de la *Seynsgeschichte*, de l'historialité de l'Être et des explicitations époquales de son sens ?

Le deuxième enjeu réside dans la question du dire et du dit, dans le *problème de l'origine du langage ou de la provenance de la signifiance* : l'opposition du dire et du dit se situe-t-elle en effet dans le sillage de la critique platonicienne de l'écriture, de l'opposition husserlienne entre le dit sédimenté sous forme de document écrit et l'exigence de réactivation par le dire de la parole vive ? Bref, l'exigence de Levinas qui se manifeste à travers ce doublet conceptuel se réduit-elle à réclamer la régression depuis le système langagier des signes et le corpus des dits sédimentés vers le dire signifiant qui se situerait à leur source vive ? Ou la démarche de Levinas est-elle beaucoup plus radicale que celle d'une philosophie du langage centrée sur le rapport entre les idéalités linguistiques et les actes du vouloir dire ? Consiste-t-elle à revenir de la signifiance proprement langagière vers une origine non langagière de toute signifiance, qui constituerait la dimension originaire d'émergence de tout sens, la région-source de toute signifiance ?

Un troisième enjeu réside dans l'explicitation des conséquences essentielles des points précédents. D'une part, en métaphysique, le primat de la signifiance éthique n'implique-t-il pas la mise en question du primat de l'ontologie ou de la métaphysique générale, et son renversement en primat de la métaphysique spéciale – lequel se situerait dans le sillage du primat de la raison pratique de Kant ? D'autre part, relativement au langage, quelles sont les conséquences de cette provenance éthique de la signifiance et de l'élargissement corrélatif de la notion de sens ? Lorsque le logos philosophique est chargé de rendre compte de la signifiance éthique et de se déployer en adéquation avec cette dernière, quelles en sont alors les structures propres ? En d'autres termes, quelles sont les règles et normes qui régissent en philosophie cette nouvelle manière de passer d'une idée à l'autre ?

Enfin, en philosophie morale, le caractère *immémorial* de la révélation éthique, à titre d'inspiration qui ne trouve son origine dans aucun acte d'instauration temporel, n'a-t-il pas pour fonction essentielle de se prémunir contre les fluctuations époquales de la *Seynsgeschichte* et le danger qu'une telle histoire, en ses jeux d'occultation et de désoccultation du sens, soit susceptible de comporter des périodes d'anesthésie radicale de la conscience morale dont la nécessité serait fatale, et contre lesquelles il n'y aurait rien à faire ? Cependant, quel est le registre de la signifiance éthique : s'agit-il d'un registre descriptif, au sens où l'on tenterait de ressaisir la manière dont autrui se révèle à moi, et avec elle le mode d'une sensibilité éthique propre en tout homme ? Ou d'un registre normatif, qui s'attacherait à dégager la modalité que *devrait* adopter en tout temps et *hors être* la relation éthique, en dépit des variations susceptibles d'affecter le sens de l'être ?

CONFRONTATION AVEC LE PREMIER HEIDEGGER : SON ORIGINE DANS LA CRITIQUE DE HUSSERL PAR LEVINAS

Quel est le foyer à partir duquel peut se comprendre la position levinassienne vis-à-vis du premier Heidegger ? Un tel foyer réside dans la critique que fait Levinas de la pensée husserlienne, à savoir de l'intentionnalité comme thématisation et spontanéité donatrice de sens, ainsi que du primat de l'intention sur l'intuition.

En effet, *la critique levinassienne de l'intentionnalité husserlienne possède d'emblée, par elle-même et en dépit des différences entre les pensées de Husserl et de Heidegger, le sens d'une critique de l'ontologie fondamentale et de l'analytique existentiale.* Pour le mettre en évidence, parcourons tout d'abord ce passage révélateur du texte « Notes sur le sens » publié dans *De Dieu qui vient à l'idée* : « Présence de quelque chose : *Seinssinn*, sens d'être, d'après Husserl, qui deviendra chez Heidegger – à travers toutes les harmoniques de l'histoire de la philosophie – être de l'étant »[1]. En d'autres termes, la notion heideggérienne d'être de l'étant (*Sein des Seienden*) – c'est-à-dire, à la fois, de manière d'être et d'horizon de sens au sein duquel est susceptible de se manifester l'étant – est d'emblée envisagée comme une reformulation heideggérienne de la notion husserlienne de sens d'être (*Seinssinn*), entendu comme contenu noématique par la médiation duquel la conscience se rapporte à l'objet, et en vertu duquel ce dernier appartient d'emblée à une catégorie mondaine d'objets. Les deux notions doivent s'entendre dans l'horizon d'une philosophie du sens idéal et de sa compréhension. En effet, il existe pour Husserl un primat de la visée du sens sur la possibilité de l'être-objet : toute unité réale est réductible à une unité de sens (*Einheit des Sinnes*), la conscience ne peut se rapporter à un objet qu'en visant un sens intentionnel, et les données sensibles inertes requièrent à cette fin l'animation par une donation de sens (*Sinngebung*) de la conscience[2]. Parallèlement, il y a pour Heidegger un primat de la compréhension de l'être sur la possible donation de l'étant : ce dernier n'est guère susceptible d'une donation brute semblable à l'irruption d'un

1. *DQVI*, p. 234.

2. E. Husserl, *Ideen*... I, § 55 et § 85, Hua III/1, 120 et 192 (trad. fr. P. Ricœur, *Idées directrices pour une phénoménologie pure*, Paris, Gallimard, 1950, p. 183 et 288-289 ; trad. fr. J.-Fr. Lavigne, Paris, Gallimard, 2018, p. 171 et 256-257).

corps étranger dans l'expérience, mais ne peut se donner qu'au sein d'un horizon de sens préalable, lequel doit être accessible à une compréhension par le *Dasein* concerné. Or, ces deux formes d'antécédence convergent uniment dans la thèse du *primat du sens et de la compréhension instauratrice du sens sur la possibilité d'une relation ou d'un commerce avec l'étant* – en particulier, avec cet étant insigne qu'est autrui.

Tirons-en la conséquence méthodologique : il suffira de suivre les moments essentiels qui structurent la critique levinassienne de Husserl pour retracer les lignes de force de sa critique du premier Heidegger. Or la première se concentre dans un ensemble de questions essentielles gravitant toutes autour de la notion de sens :

> La pensée n'a-t-elle de sens que par la connaissance du monde – par la présence du monde et par la présence au monde [...] ?[1].
> La signifiance de la pensée n'est-elle que thématisation et, ainsi, re-présentation et, ainsi, rassemblement de la diversité [...] ?[2].
> L'intentionnalité est-elle le seul mode de la « donation de sens » ? Le sensé est-il toujours corrélatif d'une thématisation et d'une représentation ?[3].

Un argument complémentaire susceptible de justifier cette méthode est fourni par la *provenance heideggérienne de l'interprétation de l'intentionnalité husserlienne par Levinas* : quand ce dernier critique l'intentionnalité chez Husserl, il s'agit toujours de l'intentionnalité telle qu'elle est comprise par Heidegger – laquelle prête ses traits essentiels à ce qu'entend Levinas par intentionnalité kérygmatique ou déclarative.

En effet, certes Husserl énonce le principe du primat du sens sur l'étant (au niveau noématique), ainsi que de l'intention visant le sens sur l'intuition de l'étant (au niveau noétique corrélatif) : d'une part, toutes les unités réales, ou tous les objets mondains, sont réductibles à des unités de sens (*Einheiten des Sinnes*)[4] ; d'autre part, toute donation d'objet est médiatisée par la visée d'un sens noématique dont elle est le remplissement intuitif[5] – de sorte qu'il ne saurait y avoir de rencontre brute de l'étant transcendant qui ne soit médiatisée en sa possibilité par la visée d'un sens, ou ne soit obtenue par remplissement d'une intention préalable.

Cependant, cette thèse demeure chez Husserl contrebalancée par deux aperçus complémentaires qui en infléchissent le sens.

D'un côté, une thèse de fondation (*Fundierung*) des objectités et actes d'ordre supérieur sur ceux de niveau inférieur et, en dernière instance, sur

1. « Notes sur le sens », *DQVI*, p. 231.
2. *Ibid.*
3. « La conscience non-intentionnelle », *EN*, p. 136.
4. E. Husserl, *Ideen*... I, § 55, Hua III/1, 120 (trad. fr. Ricœur, p. 183 ; Lavigne, p. 171).
5. *Ibid.*, § 129, Hua III/1, 297 (trad. fr. Ricœur, p. 436 ; Lavigne, p. 384).

les archi-objets sensibles et les actes qui les visent : les actes intellectuels qui visent des significations idéales ou des généralités spécifiques sont fondés sur les actes ultimes d'appréhension sensible de singularités[1], ce qui signifie à la fois qu'ils présupposent ces derniers à titre de soubassement ultime et qu'ils ne peuvent s'édifier que sur eux[2] – et, sauf à assumer un évident cercle vicieux ou un *regressus in infinitum*, implique que les actes intentionnels visant des objets sensibles ne soient pas à leur tour médiatisés par la visée de significations idéales.

De l'autre, certes la notion de sens se laisse généraliser et appliquer à tous les actes intentionnels en général, y compris ceux qui visent des objets sensibles antérieurs à toute signification idéale[3] ; mais loin d'être univoque, les concepts de sens (*Sinn*) et de signification (*Bedeutung*) se scindent en deux acceptions bien distinctes, qui se réfèrent respectivement à l'ordre de la généralité idéale et des objets sensibles : la signification assimilable à une idéalité linguistique ou à une généralité spécifique ; et le sens pré-discursif ou infra-logique qui, précédant toute idéalité et toute généralité, rend possible la visée de singularités sensibles ultimes[4].

Or, l'interprétation que Heidegger donne de la phénoménologie husserlienne en 1925, dans les *Prolégomènes à l'histoire du concept de temps*, a ceci de remarquable qu'elle élude ces dernières thèses au profit de la seule première. Suivons en effet les lignes de force de l'exposé heideggérien.

D'une part, toute donation d'un étant transcendant (par exemple, d'une chose spatiale) est unilatérale, incomplète, inadéquate, de sorte que seul l'acte synthétique d'unification des aspects partiels et unilatéraux de l'objet rend possible sa donation comme un seul et même objet : toute conscience d'objet repose ainsi sur un acte d'identification (*Identifizierung*)[5]. D'autre

1. E. Husserl, *Logische Untersuchungen*, VI. Unters., § 46 et 48, Hua XIX/2, 674 et 681-685 (trad. fr. É. Kelkel-Schérer, *Recherches logiques*, t. III, Paris, Puf, 1974², p. 178-179 et p. 186-190); *Ideen*... II, § 8, Hua IV, 17 (trad. fr. É. Escoubas, *Recherches phénoménologiques pour la constitution*, Paris, Puf, 1982, p. 41).

2. E. Husserl, *Vorlesungen über Ethik und Wertlehre*, section C, § 3, Hua XXVIII, 252 : « Fondés en un double sens : 1) s'édifier sur quelque chose ; 2) le présupposer comme nécessaire. » (trad. fr. Ducat-Lang-Lobo, *Leçons sur l'éthique et la théorie de la valeur*, Paris, Puf, 2009, p. 334, note).

3. E. Husserl, *Ideen*... III, § 16, Hua V, 89 : « Le noème en général, quant à lui, n'est que la généralisation de l'idée de signification au domaine total des actes. » (trad. fr. D. Tiffeneau, *La phénoménologie et les fondements des sciences*, Paris, Puf, 1993, p. 106).

4. E. Husserl, *Ideen*... I, § 124, Hua III/1, 285 (trad. fr. Ricœur, p. 418-419 ; Lavigne, p. 366-367).

5. M. Heidegger, *Prolegomena zur Geschichte des Zeitbegriffs*, *GA* 20, § 6a.α, p. 66-67 (trad. fr. A. Boutot, *Prolégomènes à l'histoire du concept de temps*, Paris, Gallimard, 2006, p. 83-84).

part et surtout, Heidegger donne une interprétation très particulière de la relation entre perception simple et intuition eidétique, qui tend à renverser le rapport husserlien de *Fundierung* de la visée de la signification sur la visée ultime d'objet sensible : la perception sensible, prétendument simple et fondatrice pour tout acte intellectuel visant des généralités, est à l'inverse toujours déjà médiatisée par les actes du signifier, donc imprégnée de visée de généralité eidétique :

> [...] la perception simple, que l'on caractérise d'ordinaire comme perception sensible, est déjà imprégnée en elle-même d'intuition catégoriale[1].

Ce que Heidegger nomme ici *intuition catégoriale* n'est pas l'intuition catégoriale proprement dite, à savoir celle des catégories formelles apophantiques (et, ou, etc.) ou ontologiques (ensemble, nombre, groupe, etc.), mais l'intuition de généralité eidétique. Et sa thèse est la suivante : le caractère général de l'étant « *comme* ceci ou cela » est toujours d'emblée saisi comme ce qui fonde la possibilité de la perception de tel ou tel étant *en tant que* ceci ou cela; la compréhension du sens général de l'étant précède, fonde et rend possible la donation de l'étant singulier en sa teneur quidditive, en son appartenance à un genre ou une espèce. Ainsi la possibilité de percevoir une maison singulière comme maison est-elle fondée sur l'intuition de l'essence ou de la signification générale de maison. Bref, *tout rapport à l'étant singulier est fondé et possibilisé par la compréhension du sens d'être de l'objet, de l'être de l'étant*; il y a donc un primat de l'existential qu'est la compréhension de l'être de l'étant sur la possibilité de la venue à l'encontre de l'étant singulier. Ce primat de l'existential du *Verstehen* signifie que la compréhension est ouverture de l'horizon conjoint de sens, de visibilité et de donation au sein duquel un étant singulier peut venir à l'encontre du *Dasein* ou se manifester à lui.

Cette thèse générale se laisse en particulier appliquer à autrui : il y a un primat de la compréhension du sens ontologique d'autrui, de l'autre *Dasein* ou de l'autre homme, vis-à-vis de la possibilité de relation avec l'autre *Dasein*; le rapport à autrui est ouvert en sa possibilité par la compréhension du sens d'autrui comme tel, c'est-à-dire du concept d'autrui[2]. La structure existentiale de l'être-avec-autrui (*Mitsein*) doit fondamentalement s'entendre à partir de la « compréhension d'autrui », de ce qu'est un autre en général, c'est-à-dire en définitive à partir de l'ouverture du sens d'autrui, de l'être de l'autre au-delà ou en-deçà de l'étant qu'il est[3].

1. *GA* 20, § 6b.β, p. 81 (trad. fr., p. 98).
2. E. Levinas, « L'ontologie est-elle fondamentale ? », *EN*, p. 16.
3. *Ibid.*

TRANSPOSITION DES CRITIQUES DE L'INTENTIONNALITÉ HUSSERLIENNE À L'ANALYTIQUE EXISTENTIALE ET AU *MITSEIN*

La notion heideggérienne d'être de l'étant ayant été reconduite par Levinas à la notion husserlienne de sens d'être, et le primat de l'existential du comprendre à la fondation de l'intuition de l'étant singulier sur l'intention signitive visant un sens d'être général, il est légitime d'adopter le fil conducteur méthodologique suivant : partir des traits critiques que Levinas attribue à l'intentionnalité husserlienne afin de cerner dans un second temps, comment ces traits critiques se laissent ou non transposer à l'analytique existentiale, en particulier à la thématisation heideggérienne de l'être-avec-autrui – fût-ce au prix d'un changement de sens.

1) Le premier trait réside dans le *caractère kérygmatique*, c'est-à-dire *discursif, narratif ou déclaratif de l'intentionnalité*[1] – chose qui ne va nullement de soi. Il se résume dans la thèse suivante : la manifestation, le phénomène ou l'apparoir d'un étant quelconque n'est possible que sur le fondement de la visée (*Meinen*) de son sens, c'est-à-dire de l'idéalité d'un sens général qui le fait précisément apparaître comme ceci ou cela. Une telle assertion repose sur une compréhension particulière du concept de *Meinung* : loin de se réduire à la simple visée d'un pôle objectal dans l'unité duquel se rassemblent synthétiquement les apparitions, elle est assimilée par Levinas à un acte de signifier ou de vouloir dire ; pour appréhender un étant comme ceci ou cela (comme caillou, arbre, maison, table, animal, personne…), il faut que j'entende la signification idéale correspondante[2], de sorte que la perception de singularité sensible repose en effet sur le « *Meinen* premier » qu'est « l'entendement du sens »[3], et qu'au cœur de l'intentionnalité perceptive se loge la structure énonciative qu'est la déclaration de quelque chose comme étant ceci ou cela. Tout comme pour Heidegger, il se produit ainsi un renversement du primat fondateur des actes perceptifs sur les actes discursifs du vouloir dire ou du signifier, au

1. « Langage et proximité », *EDE*, p. 217 *sq.*

2. Cela explique une particularité notable de la traduction des *Méditations cartésiennes* par Levinas et G. Peiffer : ils rendent *Meinung* par *signification* et *meinen* (ou *vermeinen*) par *signifier*, avec pour résultat d'assimiler le sens objectal (*gegenständlicher Sinn*) à une signification générale : « tout *cogito*, en tant que conscience, est, en un sens très large, "signification de la chose qu'il vise" [*Meinung seines Gemeinten*], mais cette "signification" [*Vermeintes*] dépasse à tout instant ce qui, à l'instant même, est donné comme "explicitement visé" [*als explizit Gemeintes*]. […] Mais le fait que le "dépassement" de la signification actuelle se rapporte au "même" objet [*Daß es aber "Mehrmeinung" von demselben heißt und heißen muß*] […] » (Paris, Vrin, 1980, p. 40). Levinas a souvent mentionné la justesse de la traduction derridienne de *Bedeuten* par *vouloir dire* ; cette remarque est-elle cependant susceptible de s'étendre à la traduction de *Meinung* et *Meinen* ?

3. « Langage et Proximité », *EDE*, p. 219.

profit du primat inverse de la compréhension du sens, de l'intuition eidétique et de l'acte déclaratif vis-à-vis de la pure intuition d'objet individuel : toute intuition repose sur l'intention, la thématisation ou pré-tention de l'objet en tant que ceci ou cela, c'est-à-dire sur la pensée ou l'entendement du sens, la proclamation d'une signification idéale. La présence, même sensible, se fonde dès lors sur la compréhension, laquelle est un rapport au logos idéal permettant d'identifier un étant singulier par son appartenance à un type général ; il y a donc primat de la signifiance idéale du logos, du dire des idéalités sur l'expérience.

Il est aisé de saisir ce que peut être l'équivalent heideggérien d'un tel primat de la compréhension du sens d'être de l'étant sur la donation de ce dernier : nul étant ne saurait faire irruption dans l'expérience et venir à l'encontre du *Dasein* sans avoir été précédé par un horizon de sens ontologique au sein duquel un étant de ce type est susceptible de se manifester. Ainsi l'expérience d'un ustensile particulier n'est-elle possible qu'au sein de l'horizon de sens de l'ustensilité en général, ce qui suppose que le *Dasein* comprenne par avance le sens d'être d'un ustensile en général, c'est-à-dire l'ustensilité comme telle : pour que l'intentionnalité perceptive puisse appréhender quelque chose de tel qu'un ustensile, « il faut que l'*intentio* du percevoir implique déjà préalablement quelque chose comme la *compréhension de la subsistanc*e [Verständnis von Vorhandenheit] », que « l'*intentionnalité de la perception*, le dé-couvrir perceptif, implique quelque chose comme l'*acte de comprendre l'ustensilité* »[1]. En d'autres termes, la possibilité de manifestation de l'étant au *Dasein*, de la vérité ontique, présuppose la vérité ontologique, à savoir la compréhension de l'être de l'étant en question, « la compréhension de la manière d'être de ce qui est intentionné dans l'intentum »[2].

2) Le second trait de l'intentionnalité tient dans l'*assimilation de celle-ci à la spontanéité, à un vouloir ou une libre instauration* : « L'intentionnalité est ainsi une intention de l'âme, une spontanéité, un *vouloir*, et le sens prêté, lui-même, en quelque façon un *voulu* »[3]. Le sens discursif grâce auquel, et par la médiation duquel l'objet peut apparaître, est librement institué par une spontanéité signifiante ; c'est le foyer d'un *vouloir dire* qui

1. M. Heidegger, *Die Grundproblem der Phänomenologie*, *GA* 24, § 9c, p. 99 (trad. fr. J.-F. Courtine, *Les problèmes fondamentaux de la phénoménologie*, Paris, Gallimard, 1985, p. 96).

2. M. Heidegger, *Vom Wesen des Grundes*, trad. fr. E. Martineau, « De l'essence du fondement, § 9c, p. 96-101, ici p. 101 (trad. cit. p. 97) ; *cf.* *GA* 9, p. 131 : « L'être-dévoilé de l'être [*Enthülltheit des Seins*] est ce qui seul rend possible l'être-manifeste de l'étant [*Offenbarkeit von Seiendem*]. », (trad. fr. E. Martineau, Paris, Authentica, 1988, p. 32).

3. E. Levinas, « Notes sur le sens », *DQVI*, p. 234.

est un vouloir et « n'a à se justifier devant aucune instance »[1]. Toute réceptivité vis-à-vis de l'étant est ainsi précédée et rendue possible par une liberté ou spontanéité vis-à-vis du sens de l'étant : même si ce sens doit ensuite se légitimer par le remplissement intuitif qui fait passer la visée vide à l'état d'évidence donatrice (et corrélativement, le simple sens intentionné à l'état d'objet intuitionné), l'instauration du sens n'est pas soumise à cette contrainte d'intuitivité et demeure libre, suspendue à la seule spontanéité sémantique du sujet pur.

Une fois encore, il est aisé de saisir l'équivalent heideggérien d'une telle spontanéité intentionnelle : il tient dans le *projet* (*Entwurf*)[2], qui est une structure existentiale corrélative à celle du *comprendre*.

Le comprendre est en effet conjointement ouverture, par le *Dasein*, de ses possibilités propres (de l'en-vue-de-quoi) et du monde auquel il se rapporte – c'est-à-dire de la significativité et de l'étant disponible auquel il se rapporte sur le mode de la préoccupation pratique, et d'autrui auquel il se rapporte sur le mode du souci pour… Ainsi la compréhension est-elle ouverture conjointe de modalités possibles de l'être-à… (affairement pratique, souci pour…) et de sens possibles de l'étant intra-mondain (disponible comme ustensile, et objet de sollicitude ou de soin comme autre *Dasein*). C'est pourquoi le comprendre se caractérise par la *structure de projet*, à savoir de projection du *Dasein* dans ses possibilités propres d'être au monde, ainsi que de projection conjointe, par avance, du sens du monde et de l'étant intra-mondain auquel il peut se rapporter dans ces modalités possibles[3]. Or, *l'ouverture compréhensive se réfère au sens selon des modalités qui toutes relèvent de l'anticipation, de la visée préalable* : l'avoir préalable (*Vorhabe*), c'est-à-dire l'appropriation compréhensive qui se rapporte à une totalité de finalisation déjà comprise comme telle; la vision préalable (*Vorsicht*), qui dans une telle appropriation par avance se prépare à l'explicitation de l'étant comme doué d'un certain sens; enfin la saisie préalable (*Vorgriff*), qui encadre d'emblée l'étant par une conceptualité déterminée[4]. Ainsi, tout sens et toute signifiance au sein du monde sont à la mesure de l'institution ontologique qu'est le projet, l'ouverture préalable de dimensions de l'étant corrélatives aux possibilités existentiales dans lesquelles est susceptible de s'engager le Dasein.

1.« Langage et proximité », *EDE*, p. 220.

2. Ce glissement de l'intentionnalité husserlienne au projet heideggérien est patent dans ce passage de « La trace de l'autre » consacré à la trace : « elle signifie en dehors de toute intention de faire signe et en dehors de tout projet dont elle serait la visée » (*EDE*, *p.* 199).

3. M. Heidegger, *SuZ*, § 31, p. 144-146 (trad. fr, p. 119-120).

4. *SuZ*, § 32, p. 150-151, (trad. fr., p. 122-123).

3) *Le troisième trait de l'intentionnalité réside dans son orientation téléologique : sa tendance à l'adéquation, à la satis-faction.* De fait, Husserl pose que toute forme d'intentionnalité tend – par une nécessité téléologique intrinsèque, et non par quelque pulsion ancrée dans la nature humaine (volonté de savoir, désir de percevoir, de consommer, etc.) – vers le remplissement intuitif, qui donne véritablement l'objet au départ visé à vide[1]. Levinas interprète cette orientation téléologique de l'intention vers l'intuition comme une tendance vers l'adéquation : toute visée intentionnelle tendrait non seulement au remplissement, mais à la donation adéquate de l'objet, c'est-à-dire complète sous tous rapports[2]. Il fait ainsi subir à la pensée husserlienne un infléchissement majeur : car jamais Husserl n'écrit que l'intention tend toujours vers l'intuition *adéquate* de son objet, mais seulement vers le remplissement intuitif; il ménage ainsi la possibilité de principe d'une pluralité de modes d'évidence, qui sont déterminés par la pluralité des types d'objets : si l'intuition du vécu peut être adéquate, la perception d'une chose spatiale est en revanche essentiellement et structurellement inadéquate, et la visée d'autrui comme autre *ego* ne peut donner lieu qu'à un quasi-remplissement analogique sur fond de perception de l'autre corps. Or, cet infléchissement permet à Levinas d'interpréter l'aspiration à l'adéquation comme une tendance à la satis-faction, puis cette dernière en termes pratiques de prise, d'emprise, de main-mise, de possession et d'appropriation de l'étant[3].

Quelle est la transposition heideggérienne d'un tel motif?

Elle est assez aisée à saisir : la pensée de l'étant comme disponible (*Zuhandenes*) s'accomplit dans la prise en main, la main-mise ou l'appropriation que rend possible l'usage ou le maniement des ustensiles. Ainsi, c'est par l'acte de marteler que je comprends de quoi il retourne avec le marteau[4], donc grâce à un usage spécifique par lequel je me l'approprie; l'usage laisse advenir le marteau en tant que marteau, en tant qu'ustensile, et par conséquent rend possible la compréhension de l'ustensilité ou de la disponibilité comme telle. Par conséquent, même si le *Dasein* se caractérise par la structure du se-transcender (*Sichtranszendieren*), c'est-à-dire d'être au monde et auprès des étants autres que soi-même, quelque chose subsiste cependant en lui de l'intentionnalité interprétée comme emprise

1. E. Husserl, *Cartesianische Meditationen*, § 24, Hua I, p. 93 (trad. fr. Levinas-Peiffer, p. 49, de Launay, p. 103).

2. « De l'Un à l'Autre », *EN*, p. 149; *EPP*, p. 70-71 et p. 78-79.

3. « L'ontologie est-elle fondamentale? » et « La conscience non-intentionnelle », *EN*, p. 20, p. 134 et p. 140; « Notes sur le sens », dans *DQVI*, p. 235-236; *EPP*, p. 78-79.

4. M. Heidegger, *SSuZ*, § 18, p. 84 (trad. fr., p. 81).

ou appropriation : l'étant disponible (*Zuhandenes*) est en effet à la mesure du *Dasein*, de ses projets et des modes de comportement (*Verhaltungsweisen*) par lesquels il se rapporte à une totalité d'ustensiles ; l'étant intra-mondain est ustensile, donc instrument, moyen, ou bien nourriture consommable, donc fin pour nos projets qui se l'approprient[1]. De la sorte, le *Dasein* demeure la mesure de tout autre étant dont il est susceptible de faire l'expérience. Cette thèse a son fondement dans la structure de l'être-concerné (*Betroffenwerden*), qui caractérise en propre la manière dont l'affairement quotidien laisse venir à l'encontre l'étant intra-mondain[2] : le *Dasein* ne peut en effet être abordé que par de l'étant qui soit *à la mesure de ses préoccupations et de ses comportements* ; ces derniers *dessinent par avance un horizon de concernement qui limite d'emblée les possibilités de ce dont on peut faire l'expérience.*

4) Le quatrième trait de l'intentionnalité tient dans le *primat du savoir, de la connaissance, de l'intentionnalité théorétique* comme étant « l'origine ou le lieu naturel du sensé »[3], modalité originaire de toute signification.

Certes, décisive est la reconnaissance par Husserl de la pluralité des modalités non théorétiques de l'intentionnalité : outre ces dernières, il existe en effet des modes pratiques, axiologiques et esthétiques de l'intentionnalité, qui ouvrent une dimension de sens totalement nouvelle (*eine total neue Seinsdimensionen*)[4], irréductible à celles de l'étant connu. Cependant, en dépit de cet élargissement extra-théorétique du sens, Husserl maintient un double primat de la représentation, à la fois universel et fondateur : universel, dans la mesure où tout mode d'intentionnalité se laisse convertir en intentionnalité objectivante ou théorétique, ce qui fait de la représentation d'objet le paradigme de la relation du sujet à autre chose que soi[5] ; fondateur, dans la mesure où la pure et simple apparition d'un objet demeure le fondement de tout mode de comportement non théorétique vis-à-vis de lui, c'est-à-dire l'infrastructure constitutive de toute intentionnalité non théorétique – Husserl reconduit ainsi implicitement

1.E. Levinas, « L'ontologie est-elle fondamentale ? », *EN*, p. 20.

2. M. Heidegger, *SSuZ*, § 29, p. 137 (trad. fr., p. 115).

3.E. Levinas, « La conscience non-intentionnelle », *EN*, p. 133.

4. E. Husserl, *Ideen*... I, § 116, Hua III/1, p. 276 (trad. fr. Ricœur, p. 393 ; Lavigne, p. 346). L'importance de ce passage est relevée par Levinas dans sa *Théorie de l'intuition dans la phénoménologie de Husserl*, Paris, Vrin, 1978[4], p. 187 *sq.*, n. 190.

5. E. Husserl, *Ideen*... I, § 117, Hua III/1, 271-272 : « *tous les actes en général* [...] *sont des actes objectivants* » (trad. fr. Ricœur, p. 400 ; Lavigne, p. 352). E. Levinas, *EPP*, p. 72 ; « Herméneutique et au-delà », *DQVI*, p. 161.

la thèse de Brentano selon laquelle tous les jugements et prises de position présupposent à leur fondement une représentation[1].

En est-il de même pour Heidegger?

Il est, de prime abord, bien difficile d'attribuer à Heidegger la reconduction du primat brentanien de la représentation ou du primat husserlien de l'intentionnalité théorétique : ainsi Levinas reconnaît-il que l'ontologie heideggérienne s'oppose à l'intellectualisme classique ou à la « structure théorétique de la pensée occidentale », vu que la connaissance est pour Heidegger un mode déficient de la préoccupation[2] et que le *Dasein* est toujours déjà engagé, englobé, embarqué dans ce qu'il pense[3]. Malgré cela, ces dimensions existentiales s'effacent devant le primat de l'ontologie : même si l'être-au-monde est irréductible à la connaissance d'un objet par un sujet, et que la connaissance est à l'inverse un mode dérivé et fondé dans la structure de l'existence, « cette existence s'interprète comme compréhension »[4]; et, bien qu'irréductible au rapport théorétique à un objet subsistant, tout comportement pratique vis-à-vis de l'étant se dépasse vers « l'intelligence de l'étant », vers une compréhension qui consiste à « aller au-delà de l'étant [...] et à l'apercevoir à l'horizon de l'être »[5]. De la sorte, même le comportement non théorétique vis-à-vis de l'étant est fondé dans..., et rendu possible par une compréhension de l'être de cet étant : toute modalité existentiale se voit ainsi absorbée dans un mode de compréhension ontologique, de la même manière que pour Husserl tout trouvait son expression dans la sphère purement logique; la structure de l'ouverture-à..., par la médiation de la compréhension, se trouve paradoxalement reconduite à la connaissance : « T*oute transcendance se pense comme savoir* »[6].

5) Au-delà de ces prolongements heideggériens de la pensée husserlienne, qui permettent à Levinas d'adresser à Heidegger les mêmes critiques que celles qu'il objectait à Husserl, on trouve un cinquième trait, propre cette fois au seul Heidegger.

1. E. Husserl, *Ideen...* I, § 37 et 116, Hua III/1, p. 76-77 et 276 (trad. fr. Ricœur, p. 120-121 et 393; Lavigne, p. 109-111 et 346); F. Brentano, *Psychologie vom empirischen Standpunkt*, Buch II, Kap. I, § 3 et Buch II, Kap. IX, § 2, 1874, p. 111, et 1911, p. 120 et 127 (trad. fr. M. de Gandillac rév. J.-F. Courtine, *Psychologie du point de vue empirique*, Paris, Vrin, 2008, p. 93, 98 et 280); E. Levinas, *EPP*, p. 78; « Herméneutique et au-delà », *DQVI*, p. 164.

2. M. Heidegger, *SuZ* § 13, p. 60-62 (trad. fr., p. 65-67).

3. E. Levinas, « L'ontologie est-elle fondamentale? », *EN*, p. 14.

4. *Ibid.*, p. 15.

5. *Ibid.*, p. 16.

6. « Langage et Proximité », *EDE*, p. 226.

Certes, le *Dasein* comme être-au-monde implique les structures existentiales de l'être-avec… (*Mitsein*) et de l'être-l'un-avec-l'autre (*Miteinandersein*), c'est-à-dire la socialité, l'être avec autrui en un monde partagé ou commun ; et cet être-avec… se décline selon les deux modalités du souci-pour… (ou de la sollicitude, *Fürsorge*) que sont l'assistance prêtée à autrui et la remise à autrui du poids de son être propre[1]. Cependant, l'importance de l'être-avec-autrui et de l'assistance prêtée à l'autre est fondamentalement relativisée par le primat de l'être-au-monde ou de l'être-le-là, c'est-à-dire de l'ouverture-à… en général : « Dans le projet philosophique de Heidegger […], la relation à autrui est conditionnée par l'être-au-monde et, ainsi, par l'ontologie, par l'entendement de l'"être de l'étant" »[2]. En effet, d'une part, autrui ne peut se dévoiler qu'au sein de l'ouverture préalable de l'être et du projet de monde pris dans toute leur universalité : loin d'être une dimension où s'originerait en son ensemble le rapport au monde et à l'étant, l'être-avec-autrui n'est que *l'une* des structures existentiales du *Dasein*, la *Fürsorge* une déclinaison de la *Sorge* ; et, étant une modalité du rapport du *Dasein* avec l'étant, donc un mode de l'expérience ontique, il a, comme toute expérience ontique, son ancrage dans la compréhension ontologique – ce qui, au sein de la pensée heideggérienne, consigne le primat de la *metaphysica generalis* sur la *metaphysica specialis*, ainsi que de l'ontologie sur la métaphysique des mœurs[3]. D'autre part, le caractère ontologique du *Dasein*, à savoir son rapport de compréhension à l'être, va de pair avec son à-être (*Zu-sein*) propre ; or, son pouvoir-être le plus propre réside dans sa propre mort, laquelle implique conjointement la dissolution de toute socialité : le rapport du *Dasein* à sa possibilité la plus propre, la plus irréductiblement sienne, est aussi une modalité purement solitaire qui exclut l'être-avec-autrui et toute dimension de souci-pour-l'autre[4].

Il n'y a par conséquent pour Heidegger guère de primat de la socialité, du souci pour autrui ou pour le salut de l'autre, mais *primat de l'ontologie*, c'est-à-dire *primat du rapport individuel à l'être et à ses possibilités les plus irréductiblement (égoïstement) siennes.*

1. M. Heidegger, *SuZ*, § 26, p. 118-122 (trad. fr., p. 102-105).
2. E. Levinas, « Mourir pour… », *EN*, p. 211.
3. « Philosophie, Justice et Amour », *EN*, p. 126.
4. *Ibid.*

RETOUR À LA QUESTION DE L'ORIGINE DU SENS : INVERSION SYSTÉMATIQUE DES TRAITS DE L'INTENTIONNALITÉ ET DE LA COMPRÉHENSION ONTOLOGIQUE

Revenons à notre question initiale : *toute signifiance du sens se situe-t-elle pour Levinas dans l'horizon ontologique* ? Non ! L'origine du sens, de la signifiance originaire et pré-linguistique, est assignée au visage, au prochain qui se révèle dans la proximité de la relation éthique : *la signifiance première est la signifiance éthique du visage*, et relève d'une « sémantique de la proximité, de la socialité »[1]. Or, cette sémantique de la socialité éthique implique une inversion systématique des traits qui caractérisaient conjointement l'intentionnalité husserlienne et la compréhension ontologique heideggérienne.

1) Le premier trait de l'intentionnalité était son caractère kérygmatique, c'est-à-dire discursif et thématique, qui se référait à un logos pré-donné permettant au sujet d'entendre par avance le sens d'être de l'étant et de le viser.

Le premier trait qui caractérise la relation éthique au prochain est au contraire *l'absence de thématisation, c'est-à-dire d'accès à autrui sur fond de compréhension du sens d'être « autrui », et ce par la médiation du concept, de l'essence ou de l'idéalité* alter ego, « *autre* Dasein *» ou « autre homme »*. De fait, l'autre homme n'est guère atteint par une instanciation ou exemplification de l'idéalité *homme en général*, entendue comme signification générique qui serait offerte à une visée linguistique de la généralité, à une compréhension pré-ontologique du sens d'être d'autrui[2]. La relation éthique à autrui est un rapport à une « singularité sans universalité »[3], c'est-à-dire une proximité immédiate avec le prochain qui ne requiert pas la médiation d'une idéalité, ni la compréhension de l'être de cet étant qu'est autrui ; le prochain (visage) est un transcendant qui ne se révèle pas « à l'horizon de l'être »[4], à partir d'une dimension de sens idéal offerte à l'existential de la compréhension. C'est par conséquent une *très paradoxale sphère de sens dépourvue de référence à un logos idéal*, référée à un *dire* qui n'est pas assimilable à l'énonciation de propositions idéales et n'offre pas la structure de l'en tant que… – qu'il s'agisse de l'en tant que… apophantique ou herméneutique – ; une paradoxale signifiance de « singularités

1. « De la signifiance du sens », *HS*, p. 128.
2. « Langage et Proximité », *EDE*, p. 223 et p. 225 ; « Notes sur le sens », *DQVI*, p. 242.
3. « Langage et Proximité », *EDE*, p. 223.
4. « L'ontologie est-elle fondamentale ? », *EN*, p. 16.

absolues », un « langage originel qui est le fondement de l'autre »[1] : « La manifestation du visage est le premier discours »[2].

La démarche méthodique essentielle de Levinas consiste donc à *effectuer une épochè de toute discursivité idéale*, du langage comme ensemble de significations constituant un système synchronique et diacritique, pour *régresser depuis la sphère de la signifiance idéale ou logique à la relation éthique comme région-source de toute signifiance, de tout ce qui est sensé.*

2) Le second trait de l'intentionnalité résidait dans l'activité instauratrice de sens, à quoi répondait en quelque manière la structure existentiale du projet, avec le caractère d'anticipation qui lui appartient.

Or, contrairement au sens d'objet intentionnellement visé, le sens d'autrui au sein de la relation éthique n'est pas instauré par une donation de sens (*Sinngebung*) : « Le prochain, c'est précisément ce qui a un sens immédiatement, avant qu'on le lui prête »[2] ; « La proximité est par elle-même signification »[4]. En d'autres termes, le sens du prochain n'est pas un sens activement prêté, donné ou institué par la spontanéité sémantique du sujet, mais au contraire un *sens passivement reçu* : la signifiance du visage est « auto-signifiance par excellence »[5], dans la mesure où c'est le prochain qui, sans la médiation de quelque discours, me signifie quelque chose. Il y a là un *retournement de l'intentionnalité*, qui est également un désarmement du projet instaurateur d'une compréhension ontologique et d'un horizon d'être corrélatif. La spécificité de la relation éthique tient à sa structure de rapport où l'autre importe, pèse, « est signifiant » pour moi[6], et ce parce qu'il pèse d'un poids que je n'ai pas choisi moi-même et qui me rend responsable de l'autre ; ainsi, loin de relever de l'activité, la conscience éthique « n'est pas acte, mais passivité pure », parce que « précédant toute intention »[7] : passivité, parce que s'adresse à moi sans que je l'aie choisie l'exigence d'avoir à répondre d'autrui, de ses souffrances, de sa mort voire de ses fautes, dans une forme de conscience qui est non-intentionnelle et distincte de toute structure de projet. La conscience est « mauvaise conscience » qui surgit d'elle-même et m'accuse, de sorte que l'accusatif en est le cas originel[8]. Si le projet de monde a chez Heidegger la structure

1. « Langage et Proximité », *EDE*, p. *225*.
2. « La trace de l'autre », *EDE*, p. 194.
2. « Langage et Proximité », *EDE*, p. 229.
4. *Ibid.*, p. 225.
5. *Ibid.*, p. 229.
6. *Ibid.*, p. 225, note.
7. *EPP*, p. 85.
8. *EPP*, p. 89 et 87 ; « La conscience non-intentionnelle », *EN*, 138.

d'un se-transcender (*Sichtranszendieren*), il y a ici au contraire une *effraction de la transcendance* qui ne procède pas d'un *Sichtranszendieren* du *Dasein*.

Ce renversement de toute activité en passivité est le corrélat d'une certaine structure de temporalisation, qui présente le double caractère de la temporalité passive et de l'immémorialité.

Pourquoi cela ? Temporalité passive, parce qu'elle n'émane d'aucune initiative ni projet instaurateur du moi : n'étant pas instituée par moi, la mauvaise conscience éthique ne fait que surgir avec le temps, comme l'insomnie ; il s'agit d'une synthèse passive qui, pour reprendre les termes de Malebranche, a lieu *en moi sans moi*, sans concours d'une activité instauratrice, d'une décision libre ou d'une synthèse constituante – « sans initiative qui remonterait à moi, sans visée ; conscience passive comme le temps qui passe »[1]. Ensuite caractère immémorial dans la mesure où, n'ayant jamais été instituée par un libre projet du moi, la responsabilité pour l'autre n'a jamais été contemporaine de quelque acte intentionnel ni de quelque projet instaurateur : elle n'a donc jamais été « au présent », pour peu que l'on entende par présent ce qui est contemporain de mon activité ou de ma liberté ; à l'inverse, elle précède absolument ma liberté comme mon activité, et s'avère plus ancienne que tout projet, donc immémoriale, parce que je ne puis garder la mémoire d'un instant passé qui eût été celui de son instauration : « Responsabilité d'avant ma liberté – d'avant tout commencement en moi, d'avant tout présent »[2].

3) Un troisième trait de l'intentionnalité tenait dans le primat de la représentation d'objet, du savoir ou de la modalité théorétique de la relation intentionnelle, à quoi correspondait le primat heideggérien de la compréhension de l'être. Or, *la relation éthique met en jeu une « signifiance autre que le savoir »*[3], *la connaissance ou la manifestation.*

Ce que Levinas nomme visage n'est de l'ordre ni de la représentation perceptive, ni d'une superstructure de signifiance éthique qui viendrait se greffer sur l'infrastructure perceptive des traits plastiques du visage d'autrui. Ni superstructure éthique du corps d'autrui tel que je le perçois : « La proximité de l'autre est signifiance du visage signifiant d'emblée d'au-delà des formes plastiques qui ne cessent de le recouvrir »[4]. *Au-delà* n'est précisément pas *au-dessus* : la signifiance éthique ne consiste pas en prédicats de signification culturelle qui adhéreraient au corps d'autrui du fait de la relation sociale de face-à-face, et qui s'y incorporeraient à titre d'expressions

1. *EPP*, p. 80 et 86.

2. *Ibid.*, p. 98 ; « Énigme et phénomène », *EDE* p. 207 ; « Notes sur le sens », *DQVI*, p. 250.

3. « Notes sur le sens », *DQVI*, p. 244.

4. *EPP*, p. 94-95.

déchiffrables pour une forme d'intentionnalité proprement compréhensive[1] ; au contraire, la signifiance éthique s'emploie à défaire l'ordre de la manifestation perceptive et, loin d'être lisible sur les traits plastiques du visage d'autrui comme des expressions manifestes, précède toute expressivité et surgit d'une dimension qui ne relève ni de la manifestation, ni de l'expression signifiante. Une telle signifiance n'est accessible ni au savoir, ni à la compréhension. Plus profondément, le visage échappe à l'ordre de l'apparaître ou de la manifestation : « le prochain ne se montre pas, ne se manifeste pas »[2] ; « Autrui, lui non plus, ne saurait donc apparaître sans renoncer à son altérité radicale », de sorte qu'il se caractérise par « l'impossibilité de se manifester dans une expérience »[3]. Cela signifie que *l'autre de la relation éthique n'appartient pas au monde, ne se dévoile pas dans le contexte de la mondanéité ambiante*, mais « est précisément au-delà du “monde”, c'est-à-dire au-delà de tout dévoilement »[4] : ce n'est pas dans le contexte de la socialité ou des situations culturelles, du face-à-face caractérisé par des positions sociales déterminées, que signifie le visage ; au contraire, il s'arrache à la dimension de la mondanéité, de la significativité ambiante où chaque étant se définit par sa relation contextuelle avec les autres étants : « Le visage est abstrait »[5], c'est-à-dire, en suivant l'étymologie du terme, extirpé de tout contexte mondain. Par là est aboli le primat brentanien de la représentation comme fondement et condition de tout acte psychique, autant que le primat husserlien de l'intentionnalité théorétique et perceptive, et le primat heideggérien de la compréhension.

Positivement, qu'est-ce que cela veut dire ?

Que la signifiance dont il s'agit est d'emblée éthique ou morale : c'est d'emblée que m'est signifiée ma responsabilité pour l'autre, la mise en question de mon être ou de mon être-au-monde par la souffrance et la vulnérabilité d'autrui. Il ne s'agit plus d'une signifiance apophantique thématisant ceci comme étant cela (un substrat *S* pourvu d'un fonds eidétique, de prédicats *p*, *p'*, *p"*, etc.), ni d'une signifiance herméneutique où ceci se dévoile comme cela à la compréhension propre à l'affairement pratique, mais d'une *signifiance impérative*, d'un dire à la fois pré-linguistique (échappant au langage et à l'apophantique) et pré-contextuel (échappant au contexte d'une contrée pratique impliquant certains jeux de rôle sociaux) :

1. Husserl, *Ideen*... II, § 51 (Hua IV, p. 190 *sq.*), qui traite de « l'expérience compréhensive de l'existence de l'autre [...] en tant que sujet personnel » et donne le latin *comprehensio* comme équivalent de l'*Einfühlung* (trad. fr., p. 267 *sq.*) ; *Cart. Medit.*, § 54, Hua I, p. 148-149 (trad. fr. Levinas-Peiffer, p. 101-102, de Launay, p. 169).

2. E. Levinas, « Langage et proximité », *EDE* p. 229.

3. « Énigme et phénomène », *EDE* p. 206 et 204.

4. « La trace de l'autre », *EDE*, p. 197.

5. *Ibid.*, et p. 194.

« La responsabilité pour autrui *signifie* – comme un ordre »[1]. Il s'agit d'une signifiance qui possède la forme de l'impérativité propre à un « impératif originel » ou « catégorique » qui, *toutes affaires cessantes*, nous enjoint d'assumer la responsabilité envers autrui[2] : c'est une signifiance qui « m'assigne, me demande, me réclame »[3], donc à l'accusatif entendu à la fois au sens grammatical et éthico-juridique ; et c'est une impérativité qui n'est pas signifiée par une parole langagière, un discours effectif, mais une *impérativité pré-linguistique* qui est au fondement de toute signifiance langagière[4]. Que signifie-t-elle ? D'avoir à assumer le souci-pour-autrui (*Fürsorge*) dans la *première* acception que lui reconnaissait Heidegger : à savoir non pas de remettre en propre à autrui le poids de son existence et de ses possibilités siennes, mais au contraire de soulager autrui de ses peines, de lui porter assistance[5].

4) Enfin, si chez Heidegger la relation à autrui était conditionnée par l'être-au-monde et la compréhension de l'être de l'étant, *Levinas voit au contraire dans la signifiance éthique « une autre signifiance que l'ontologique »*[6] : *« La relation avec autrui n'est donc pas ontologie »* ; *« Ce n'est pas à partir de l'être en général qu'* [*autrui*] *vient à ma rencontre »*[7].

La signifiance dite ontologique est en effet forme de signification située dans l'horizon de compréhension de l'être de l'étant : tout étant est compris à partir de l'être accessible à la compréhension, dans un horizon qui est à la mesure exclusive de ce qui est susceptible de concerner le *Dasein* en ses possibilités de comportement propres ; de la sorte, le *Dasein* s'approprie tout étant autre que lui-même dans une possession qui est une violence partielle, une réduction à la mesure du concernement pratique[8]. Par opposition, la signifiance non ontologique, soustraite à la compréhension de l'être et au concernement à partir de cet horizon de l'être, est une récusation radicale de l'appropriation, de la satisfaction ou de l'immanence : là où l'étant intra-mondain est en mon pouvoir – pouvoir qui en nie

1. *EN*, p. 161 ; « La trace de l'autre », *EDE*, p. 195 : « La présence du visage signifie ainsi un ordre irrécusable – un commandement – qui arrête la disponibilité de la conscience » ; « Par-delà le dialogue », « La proximité de l'autre » et « Violence du visage », *AT*, p. 94, 113 et 181.

2. « De l'Un à l'Autre », *EN*, p. 162 ; « La trace de l'autre », *EDE*, p. 195.

3. « Notes sur le sens », *DQVI*, p. 245.

4. « Langage et proximité », *EDE*, p. 224-225.

5. « La souffrance inutile », *EN*, p. 102-103. Cette inversion du poids accordé aux deux formes du souci-pour-l'autre a été mise en évidence par J.-L. Marion, « La substitution et la sollicitude », dans B. Clément et D. Cohen-Levinas (éd.), *Emmanuel Levinas et les territoires de la pensée*, Paris, Puf, 2007, p. 51-72).

6. « Notes sur le sens », *DQVI*, p. 252.

7. « L'ontologie est-elle fondamentale ? », *EN.*, p. 19-21.

8. *Ibid.*, p. 20.

partiellement l'indépendance –, le visage est extra-mondain, donc transcendant au monde et à ma compréhension de l'être, situé hors de mon contexte de préoccupation pratique ou de l'horizon de ce qui me concerne de façon conditionnelle. Et, puisqu'il n'est ni ustensile ni nourriture consommable, mais irreconductible à la mesure de mon affairement pratique, la seule négation que je puisse exercer sur autrui n'est pas la violence partielle de l'appropriation ou de la subordination à mes propres fins, mais la violence radicale et totale du meurtre[1] : je puis tuer autrui pour atteindre un but, conformément à un impératif hypothétique qui intègre autrui à un schéma pratique de subordination des moyens à une fin – et qui le saisit ainsi dans l'horizon du monde, comme homogène à l'ordre des buts et satisfactions mondains. Par opposition, la relation éthique, à titre de face-à-face avec autrui, est le *dire impératif* de *l'interdiction du meurtre*[2] : le « tu ne tueras point » manifeste le visage dans sa dimension spécifique de *hauteur*, c'est-à-dire de non-mondanéité, d'irruption de la « parole de Dieu » qui me commande[3] ; aussi s'agit-il d'un « surplus de signifiance »[4] par rapport à l'horizon de l'être et de l'être-au-monde, parce que ce dire est incommensurable avec tous les impératifs relatifs aux situations mondaines et sociales particulières.

Tirons les conséquences essentielles de ces différents retournements par rapport à la pensée heideggérienne.

Tout d'abord, par opposition au primat de l'ontologie, s'impose désormais un *primat de la métaphysique spéciale sur l'ontologie ou métaphysique générale, ainsi que de la métaphysique des mœurs vis-à-vis de l'ontologie* : « trouver au langage des philosophes une autre signifiance que celle d'un parler ontique et même ontologique, [...] séparer philosophie et ontologie »[5]. En effet, la question centrale n'est plus à présent celle du sens de l'être, mais enveloppe trois problèmes : celui *du psychisme*, d'un « psychisme autre que celui du savoir du monde »[6], c'est-à-dire de l'âme, plus précisément de l'*éveil éthique de l'âme*, ainsi que de ses différentes dimensions (sensibilité, entendement) désormais repensées à partir de la relation éthique, et non du paradigme de la relation à l'objet ou à l'étant[7] ; celui, non du monde, mais *de la mort*, non plus pensée à partir de l'horizon du monde, de l'être et des

1. *Ibid.*, p. 20-21.
2. *Ibid.*, p. 21-22 ; *DMT*, p. 122.
3. « La conscience non-intentionnelle », *EN*, p. 140.
4. *Ibid.*
5. « La Philosophie et l'Éveil », *EN*, p. 87 : Levinas y évoque le travail de J. Delhomme, mais en des termes qui caractérisent sa propre pensée ; ce motif se concentre dans le titre *Éthique comme philosophie première*, évidemment par substitution à l'ontologie.
6. « La Philosophie et l'Éveil », *EN*, p. 92.
7. *Ibid.*, p. 92-93.

possibilités propres au *Dasein*, mais comme mort de l'autre, à titre de drame inacceptable[1] ; enfin celui de Dieu, entendu non plus dans l'horizon de l'ontologie et de la fondation de l'être des étants entendus comme *entia creata*, ni à partir du problème de la théodicée (de la justification du mal intra-mondain par la visée téléologique d'un plus grand bien), mais à même la relation éthique ou interhumaine, c'est-à-dire à même l'impératif éthique entendu comme parole divine ou inspiration[2], faisant signe comme trace de Dieu[3].

Ensuite, *Levinas donne une réponse spécifique à la question de l'origine du langage, entendue comme question de l'origine du sensé ou de la signifiance en général* : loin de s'enraciner dans la structure intentionnelle de la conscience comme donation de sens, ou dans la compréhension de l'être de l'étant à même l'affairement pratique, l*a signifiance première est celle du visage.* « Le visage signifie autrement »[4] : tout d'abord, comme un sens impératif, un commandement absolu qui ne provient pas des exigences du contexte pratique ou social, mais fait au contraire effraction en lui pour le déranger radicalement ; ensuite, comme un sens reçu et non donné par moi, dont la signifiance n'est donc pas instaurée par quelque *Sinngebung* spontanée, mais s'offre au contraire à une passivité originaire ; enfin, comme un sens qui, paradoxalement, ne s'offre pas à l'acte de compréhension, mais qui, à titre d'effraction de la transcendance, est éveil ou traumatisme. Par là, cette dimension de sens éthique met fin tant au primat de la logique apophantique qu'à celui de la compréhension ontologique et de la différence ontologique : si Heidegger interprétait l'Idée du Bien comme Idée des Idées, Idée fournissant la lumière dans laquelle peuvent se manifester les autres Idées[5] – effaçant ainsi son caractère éthique –, Levinas réaffirme le *primat de l'Idée du Bien sur toutes les autres Idées*, au sens cette fois d'une exception de l'Idée éthique vis-à-vis de toutes les Idées qui rendent possible la manifestation de l'étant. C'est la raison pour laquelle le langage originaire de l'éthique est fondement de tout autre langage, de toute compréhension comme de toute signifiance.

1. *DMT*, p. 53 et 84.
2. *DMT*, p. 164, 208-209-210, 227 et 233.
3. « La trace de l'autre », *EDE*, p. 200-201.
4. « L'ontologie est-elle fondamentale ? », *EN*, p. 21.
5. M. Heidegger, *Vom Wesen der Wahrheit*, § 14, *GA* 34, p. 106-112 (trad. fr. A. Boutot, *De l'essence de la vérité*, Paris, Gallimard, 2001, p. 128-133).

CONFRONTATION DE LEVINAS AVEC LE SECOND HEIDEGGER : PRIMAT DE L'HISTOIRE DE L'ÊTRE ET DE L'ESSANCE

Quel changement essentiel apporte la confrontation de Levinas avec la pensée du second Heidegger ? Si nous parlons ici d'un « second Heidegger », c'est en accord avec Heidegger lui-même, qui dans sa lettre à Richardson répondait à celui-ci que sa distinction entre Heidegger I et Heidegger II était justifiée, à condition de garder à l'esprit que si ce qui est pensé en II (l'historialité de l'Être dans la pluralité des explicitations du sens de être) n'est accessible qu'à partir de ce qui est pensé en I (la question de l'être dans son articulation avec l'analytique existentiale), à l'inverse « le I ne devient possible que s'il est contenu en II »[1]. Levinas a entendu cette historialité de l'Être chez Heidegger comme processus anonyme et nécessaire qui ne relève d'une nécessité ni mécanique, ni logique, ni dialectique, mais *sui generis*, et constitue « l'ultime du questionnement, et l'ultime du sensé », c'est-à-dire l'origine de toute signifiance[2]. C'est précisément dans la confrontation à cette histoire de l'Être que prend sens l'exigence levinassienne d'élargissement du sens, ainsi que le caractère immémorial du dire éthique. Le projet fondamental de Levinas est en effet de

> chercher un élargissement de la notion de sens qui [...] eût établi l'unité où le sensé de la pensée de l'être rejoindrait ce qui prend sens à partir des textes bibliques[3].

Dans cette perspective, la question essentielle est de savoir comment concilier « l'ultimité du message religieux » avec la pensée de l'histoire de l'Être ; si, en effet, le message religieux est intégré à l'histoire de l'Être comme l'une des explicitations du sens de *être*, ne perd-il pas alors son caractère ultime en devenant simplement époqual, c'est-à-dire relatif aux époques de la métaphysique, donc susceptible de variations de sens au fil des époques ? De même, si la signifiance éthique est entendue à partir de la dimension des interprétations époquales du sens de l'être, la parole éthique ne risque-t-elle pas de prendre un sens simplement époqual, variable au gré des époques de la métaphysique ? Ne risque-t-elle pas même de connaître des éclipses radicales – comme à l'époque de la guerre totale et du génocide des Juifs d'Europe ? Si l'on veut maintenir le caractère ultime du dire éthique et religieux en-deçà (ou au-delà) de toute

1. *Brief an Pater Richardson*, *GA* 11, p. 152 (trad. fr. *Questions IV*, p. 188, *Questions III-IV*, p. 348).
2. *DMT*, p. 138.
3. « De la signifiance du sens », *HS*, p. 125.

historialité, ne faut-il pas *leur accorder un statut extra-historial*, ainsi qu'à leur signifiance et à leur significativité pour l'homme ? Mais en ce cas, est-il possible d'inverser le rapport de provenance entre histoire de l'être et dire éthique – c'est-à-dire de *rendre compte de la signifiance de l'histoire de l'être à partir de la signifiance propre à la proximité éthique ? La jonction entre les deux types de signifiance peut-elle s'opérer à partir de quelque dimension commune ?* N'y a-t-il pas là, plutôt, *deux régions radicalement hétérogènes de la signifiance qu'aucune synthèse ne saurait jamais assembler ?*

Chez le second Heidegger, Levinas lit à juste titre l'exclusivité de la signifiance du sens qui se déploie dans la *Seynsgeschichte*, c'est-à-dire dans l'histoire des mutations époquales du sens de l'être et de la venue en présence, de son explicitation par le *Dasein*, et des figures époquales prises par ce dernier. C'est là une dimension de signifiance que Levinas résume par la formule d'« épopée de l'ess*an*ce » ou de « geste ou aventure de l'ess*an*ce »[1] – où ess*an*ce, écrite avec un *a*, traduit l'allemand *Wesen*, entendu comme le résultat de la substantivation du verbe *wesen* et comme exprimant le sens verbal de être, entendu comme un déploiement d'essence ou comme l'acte de faire son métier, son règne d'être, où « il mène son train d'être »[2]. Or qu'est-ce qui se joue en un tel règne où l'être mène son train d'être ? Le déploiement d'un certain sens époqual de l'être qui domine de son empreinte ontologique la nature de l'étant intra-mondain, le sens de sa venue en présence pour l'homme, et par là la figure de l'être-auprès-de… ou de l'exister qu'est le *Dasein* ; loin que le sens de l'être soit redevable à quelque initiative instauratrice de l'homme ou de la conscience finie, c'est au contraire l'être lui-même qui se finitise en moments époquaux du sens (grec, romain, médiéval, moderne, contemporain), lesquels appellent eux-mêmes une figure déterminée du *Dasein*, de l'exister et de la compréhension de l'être qui leur corresponde :

> Ici, comprendre le sens appartiendrait déjà à l'événement même de l'être dont le sens se cherche, à l'aventure, à la « geste » d'être nouée en *exister*, en être-là ou en intrigue humaine[3].

L'être ainsi pris dans sa dimension d'historialité, de déploiement d'essence dans la pluralité de ses empreintes époquales, constitue de la sorte

1. « Herméneutique et au-delà » et « Mourir pour… », *EN*, p. 76, p. 79 et p. 206.

2. *DMT*, p. 139 : « *Das Sein west* : l'être fait son métier d'être (alors que l'étant est – *ist*) ». Levinas ne fait que reprendre une indication donnée par Heidegger, en particulier dans « La question de la technique » (in *Vorträge und Aufsätze*, Pfullingen, Neske, 2000[9], p. 34) : « C'est du verbe *wesen* que le nom dérive. » (trad. fr. A. Préau, *Essais et conférences*, Paris, Gallimard, 1958, p. 41).

3. E. Levinas, « Mourir pour… », *EN*, p. 206.

« l'ultime référent du sens et de la pensée »[1], c'est-à-dire la dimension exclusive de la signifiance : il n'est guère de signifiance hors de la *Seynsgeschichte*, des jeux de manifestation et de retrait du sens de l'être ; et, pour être dévoilée comme telle, cette signifiance appelle de la part du philosophe un acte de reprise, de remémoration ou de réminiscence, c'est-à-dire de re-présentation de ce qui a jadis déployé son essence dans l'histoire[2].

Qu'est-ce qui demeure, et qu'est-ce qui au contraire a fondamentalement changé par rapport au premier Heidegger ? Dès lors, quelle prise les objections adressées par Levinas au premier Heidegger gardent-elles sur la pensée du second Heidegger ?

1) D'une part *se trouve abolie toute dimension de spontanéité, d'initiative, de projet* (*Entwurf*) émanant du *Dasein* dans l'explicitation des mutations époquales du sens de l'être : il n'est plus guère de prise, d'emprise, d'entreprise, de projet volontaire ou de pro-jection préalable, d'instauration par le *Dasein* d'un sens d'être de l'étant ; ce sens d'être est au contraire destiné ou délivré par une adresse (*Zuspruch*), un envoi destinal (*Schickung*, *Geschick*) de l'Être à l'homme : la signifiance du sens est délivrée par le *Seyn* et non instaurée par le *Dasein* dans l'orbe de ses possibilités existentiales propres ; l'accueil du *Dasein* n'est pas délimité par la structure du projet, ni par le concernement du *Dasein* à la mesure de ses possibilités de comportement[3]. Il en découle, vis-à-vis des objections adressées par Levinas au premier Heidegger qui assimilaient l'existential du comprendre à la dimension du volontaire et de la prise sur le monde, que de telles objections s'avèrent à présent dépourvues de pertinence.

2) D'autre part cependant, en dépit de l'accent mis par Heidegger dans l'analytique existentiale sur la dimension pratique voire pragmatique de notre rapport au monde, puis ensuite sur la spécificité du règne d'essence de la technique – qui accentue cette dimension en ne laissant se manifester l'étant qu'à titre de fonds exploitable au sein d'un processus aveugle –, en dépit de cela se maintient un *primat du savoir, de l'explicitation, du dire théorétique lié à la différence ontologique* : en effet, à chaque époque de la métaphysique règne un certain sens de l'être, mais ce sens se tient en même temps en réserve, se retire ou se cèle sous un régime de venue en présence et de domination exclusive de l'étant ; ce qui se montre immédiatement, ce sont les étants, tandis que le sens de l'être se tient celé

1. « De la signifiance du sens », *HS*, p. 126.
2. « Herméneutique et au-delà », *DQVI*, p. 161.
3. M. Heidegger, *Nietzsche*, *GA* 6.2, p. 440-441 et 448 (trad. fr. P. Klossowski, *Nietzsche II*, Paris, Gallimard, 1971, p. 392-393 et 398) ; « Die Frage nach der Technik », in *Vorträge und Aufsätze*, p. 28 (trad. fr., p. 33).

(*verborgen*) et doit être dé-celé, arraché au retrait initial (*entborgen*). Ainsi y a-t-il, à chaque époque de l'être, nécessité d'un acte de savoir ou de compréhension ontologique qui, par-delà l'étant ou en-deçà de lui, dévoile et porte à la manifestation une modalité du déploiement d'essence (*Wesen* entendu au sens verbal) de l'être, et ce à partir de l'*Ereignis* comme dimension des dimensions ou rapport de tous les rapports – à savoir la dimension des modes d'appropriation réciproque de l'homme et de l'être –, ou encore de la contrée (*Gegend*) entendue comme dimension de toute signifiance du sens[1].

Ainsi en va-t-il de l'époque contemporaine comme époque du règne du déploiement d'essence de la technique : l'époque contemporaine est une époque nouvelle de la métaphysique, hétérogène vis-à-vis de l'époque moderne de la représentation et de l'interprétation de l'être de l'étant à partir de l'être-représenté (*Vorgestelltheit*) ; en cette époque règne un certain envoi du sens de l'être comme *fonds* ou être-fonds (*Bestand*, *Beständigkeit*) pour une chaîne de processus qui ne posent l'étant qu'en vue de son exploitation (*Bestellen*) selon un certain mode (production, stockage ou consommation d'énergie, etc.)[2]. Or, l'homme a vis-à-vis de cela deux attitudes possibles : ou bien s'engager dans la fureur de l'étant, c'est-à-dire dans la concaténation des modes d'exploitation, et être obéissant vis-à-vis de son mouvement (*Höriger*) ; ou bien s'arracher à cette fureur du déploiement univoque de l'étant pour correspondre par l'écoute à l'adresse de l'Être (*Hörender*) en dévoilant le sens de l'être qui domine en cette époque, à savoir la *Beständigkeit*[3]. Ce faisant, l'homme consacre le primat de la vérité et du savoir : ce qui essentiel jusque dans la technique comme apothéose du pragmatisme, ce n'est pas la technique, ni l'agencement de dispositifs machiniques particuliers, mais le *Wesen der Technik*, à savoir le déploiement d'essence conjoint d'un certain sens de l'être et d'un certain mode de la vérité (de l'accessibilité de l'étant, ainsi que de l'être) ; si la technique possède une dimension pratique, son déploiement d'essence dans l'histoire de l'Être possède au contraire une dimension essentiellement dévoilante – celle d'un dé-cèlement du sens de l'être et de la venue en présence pour l'homme[4].

1. *Unterwegs zur Sprache*, Pfullingen, Neske, 1959, p. 179 (trad. fr. J. Beaufret *et alii*, *Acheminement vers la parole*, Paris, Gallimard, 1976, p. 162).

2. « Das Ge-stell » [Le dispositif], *GA* 79, p. 26 ; « Die Frage nach der Technik », in *Vorträge und Aufsätze*, *op. cit.*, p. 20-21 (trad. fr., p. 23).

3. « Die Frage nach der Technik », in *Vorträge und Aufsätze*, p. 28-29 (trad. fr., p. 33-34).

4. *Ibid.*, p. 16 (trad. fr., p. 18).

Or quelle est la conséquence d'un tel primat de la vérité et de la *theoria* ? C'est que toute relation en général, donc en particulier et au premier chef la relation à l'autre personne, ne peut advenir que dans la lumière ou la clairière de la vérité de l'être en général, laquelle est impersonnelle puisqu'elle ne concerne pas de manière primordiale la relation intersubjective ou interpersonnelle. *La relation à l'autre personne baigne dans la même lumière impersonnelle que la relation à tout autre étant en général* ; autrui n'est qu'une instanciation de la notion d'étant en général, et le rapport à l'étant en général n'est possible que sur fond d'une empreinte ontologique générale, d'une interprétation époquale de l'être de l'étant qui provient elle-même d'un envoi de l'Être adressé à l'homme comme site de sa manifestation ; la relation intersubjective est donc intégralement dominée par le règne d'essence époqual de la vérité de l'Être. Citons Levinas :

> <96> Toute l'opposition à Heidegger ne tient qu'à la contestation de la primauté de la vérité = le fond de toute relation n'est pas révélation. Ce que Heidegger dit : que même la technique est une façon de mettre en lumière, que tout s'interprète comme dévoilement – c'est cela qu'il faut mettre en doute. Mener les analyses sans chercher dans l'intentionnalité une recherche de lumière.
> <97> Le thème général : le rapport entre étants précède la vérité qui est foncièrement impersonnelle et par rapport à laquelle les personnes sont des ombres. Vraiment respect de la personne, derrière laquelle il n'y a rien[1].

La démarche lévinassienne vis-à-vis de Heidegger se situe ici dans le droit fil de sa mise en question du primat du savoir inscrit dans la notion husserlienne d'intentionnalité : mettre en question l'intentionnalité, c'était mettre en doute le primat infrastructurel et paradigmatique de la relation à l'objet comme savoir, qui fournissait le sol et la matrice de tout rapport à l'étant, notamment autrui ; mettre en question le primat de la vérité chez le second Heidegger, c'est *mettre en cause la différence ontologique*, la manière dont toute relation de l'homme à l'étant est située dans le règne d'essence d'un certain sens de l'être dispensé par l'Être ; c'est poser que *le rapport d'étant à étant, et au premier chef celui de l'homme à l'autre homme, n'advient pas dans la lumière fournie par la dispensation époquale d'un sens de l'être par l'Être.* La relation de l'homme à l'autre homme se soustrait à la relation de l'homme à un certain déploiement d'essence issu de l'Être même et par nature étranger à la spécificité de la relation intersubjective : l'autre homme est au-delà de l'Être, au-delà de l'ess*an*ce.

1. E. Levinas, *CC*, p. 416-417.

POSSIBILITÉ DE MUTATIONS ÉPOQUALES EXTRÊMES : ÉCLIPSES DE LA PROXIMITÉ ÉTHIQUE ET DE LA RESPONSABILITÉ

Enfin et surtout, chez le second Heidegger se maintient le *primat de l'ontologie sur la métaphysique spéciale, c'est-à-dire du sens de l'être ou de l'empreinte ontologique époquale sur l'ordre de l'éthique, de l'axiologie, de la socialité et de la religion* : à chaque époque de la métaphysique règne (*waltet*) en effet un sens de l'être qui y déploie son essence (*west*, comme déclinaison du verbe *wesen* qui historialise et temporalise la notion classique d'essence, *Wesen*) et marque ainsi de son empreinte époquale (*Prägung*) tous les domaines de l'existence du *Dasein*, c'est-à-dire de sa manière de se transcender soi-même pour se rapporter au monde et à l'autre étant – *tous* les modes d'existence, donc en particulier le rapport du *Dasein* aux autres hommes et à Dieu, c'est-à-dire la socialité, la moralité, la religion. Ce qui, à chaque époque nouvelle de l'Être, advient, c'est un *Ent-setzen* : processus effrayant qui opère une « mutation du déploiement d'essence de la vérité et de l'Être »[1], c'est-à-dire fait sortir d'un déploiement d'essence (*Wesen*) pour faire advenir un nouveau déploiement d'essence[2] – selon une « logique » qui n'est pas celle de la simple succession des événements mais celle, plus complexe, qui appartient au domaine de manifestation global du sens de l'être et de la venue en présence, domaine d'appariement mutuel de l'Être et de l'homme, ainsi que domaine de co-appartenance de l'être à la parole, à la lecture, à l'art, etc.

Or, le concept général de « mutation du déploiement d'essence de la vérité et de l'Être » implique la *possibilité de mutations époquales du sens de l'être qui soient extrêmes, voire dangereuses* : si, à chaque époque, le sens de la relation de l'homme à l'autre homme se situe dans le règne d'un certain déploiement d'essence ou dans la lumière d'une empreinte ontologique universelle, il peut se faire que le règne d'un certain sens de l'être implique conjointement une éclipse ou un oubli total de la parole et du Dieu bibliques – et, par conséquent, une forclusion de la relation éthique au prochain. Ainsi, rappelons-nous que l'un des traits d'essence de l'époque contemporaine, tels que les énumère Heidegger, réside dans la disparition des dieux (*Entgötterung*)[3], voire dans la mort de Dieu ou l'avènement du nihilisme

1. M. Heidegger, *Parmenides*, *GA* 54, § 3b, p. 62 (trad. fr. T. Piel, *Parménide*, Paris, Gallimard, 2011, p. 75).

2. « Der Hinweis » [L'indication], *GA* 79, p. 4 ; « Das Ding », in *Vorträge und Aufsätze*, p. 158 (trad. fr., p. 195).

3. « Die Zeit des Welbildes », in *Holzwege, GA* 5, p. 76 (trad. fr. W. Brokmeier, « L'époque des conceptions du monde », dans *Chemins...*, *op. cit.*, 1962, p. 100).

comme sens destinal. Plus radicalement, la conférence de Brême portant sur le dis-positif (*Ge-stell*) évoque, bien que de manière relativement implicite, la possibilité d'une éclipse radicale de la socialité et de l'éthique, sous l'emprise du règne de l'être de l'étant comme fonds (*Bestand*) : en effet, si l'étant se réduit à un fonds exploitable, à un fragment du fonds (*Bestand-Stück*) qui n'est qu'un simple maillon dans une concaténation aveugle de processus d'extraction et d'exploitation de ressources, de production de biens secondaires et de consommation[1] –, se présente alors la possibilité limite que l'homme devienne lui-même un simple *Bestand-Stück*, un élément du fonds exploitable à merci et intégrable dans un processus aveugle d'exploitation, de transformation et de consommation : « À sa manière, l'homme est un fragment de fonds au sens rigoureux des termes "fonds" et "fragment". L'homme est interchangeable au sein de l'exploitation du fonds »[2]. Or, que l'homme devienne ainsi *Bestand-Stück*, cela peut prendre, et a pris des formes d'un degré d'horreur croissant sous le Troisième Reich : main-d'œuvre librement congédiable et substituable dans les entreprises modernes, main-d'œuvre esclavagisée dans les camps de travail jusqu'à l'épuisement total des forces – mais aussi, à un niveau limite, extraction des dents en or et récupération de cheveux avant le gazage, à dessein de transformation et de confection de nouvelles denrées consommables[3]. Une telle possibilité limite, c'est celle de la *disparition de l'humanité comme telle* : ainsi, dans les camps d'extermination, des centaines de milliers d'hommes ne font que périr (*umkommen*) ou être liquidés (*umgelegt*) ; ce faisant, ils vont jusqu'à être dépouillés de l'existential de l'être-vers-la-mort qui constituait la possibilité la plus essentielle du *Dasein*, c'est-à-dire dépouillés de leur être de mortels, du pouvoir-mourir au sens de « porter la mort jusqu'à son déploiement d'essence »[4] : « Ils deviennent des fragments d'un fonds, le fonds qui est propre à la fabrication de cadavres »[5].

1. « Das Ge-stell » [Le dispositif], *GA* 79, p. 33-36.
2. *GA* 79, p. 37.
3. Nous ne prétendons pas que l'allusion au Troisième Reich soit explicite dans le texte ; ce qui est visé semble plutôt être la condition du travailleur à l'ère industrielle. Mais la critique qu'il fait du règne d'essence de la technique implique en soi de tels prolongements, comme semble l'indiquer le passage suivant de « La question de la technique » : « l'homme suit son chemin à l'extrême bord du précipice, il se dirige vers le point où lui-même ne doit plus être pris qu'à titre de fonds [*nur noch als Bestand*] » (« Die Frage nach der Technik », in *Vorträge und Aufsätze*, p. 30, trad. fr., p. 36).
4. « Die Gefahr » [Le danger], *GA* 79, p. 56.
5. *Ibid.*

Les mutations historiales du sens de être donnent donc lieu, non seulement à l'oubli de l'Être (*Seynsvergessenheit*), mais *à l'oubli ou l'éclipse de toute socialité, de tout être-avec..., de l'interhumanité éthique*, sous la forme extrême et totalement asymétrique où les victimes sont réduites au statut de simple fonds d'un processus aveugle dont les bourreaux sont les commettants et les exécuteurs.

On se rappelle que dans *Être et temps*, l'être-avec... est à entendre comme une structure existentiale, à savoir comme manière d'être en un monde partagé (*Mitwelt*) et d'être véritablement avec les autres, sur le mode de la socialité (Mitsein *mit Anderen*)[1] ; que, dans la mesure où la constitution ontologique fondamentale du *Dasein* réside dans le souci (*Sorge*), cette constitution d'être du *Dasein* comme être-avec... est à entendre non comme affairement (*Besorgen*), mais comme souci-pour... ou sollicitude (*Fürsorge*)[2] ; et que ce souci-pour... peut se décliner selon deux formes extrêmes – la sollicitude qui tend à décharger l'autre de son souci, à se substituer à lui pour lui rendre service et lui aplanir les difficultés de l'existence, auquel cas c'est la préoccupation pour la situation pratique et pour les ustensiles qui prédomine ; et le souci-pour... qui vise, non à aplanir voire à ôter à l'autre son souci, mais à le lui remettre en propre comme sa possibilité sienne[3]. Or, il ne faut pas oublier que ces deux possibilités ne sont pas caractérisées par Heidegger comme des possibilités *exclusives* du souci-pour..., mais comme des possibilités *extrêmes* ; ce qui au contraire règne le plus souvent, au sein de « l'être-l'un-avec-l'autre quotidien et moyen », ce sont les modes de la *déficience* et de l'*indifférence* : « de prime abord et le plus souvent, le *Dasein* se tient dans les modes déficients du souci-pour... »[4]. Par conséquent, loin que la sollicitude substitutive et la sollicitude proprement existentiale soient des modalités prédominantes du rapport à autrui, elles peuvent s'effacer dans le règne du « on », de la socialité anonyme et conformiste où le *Dasein* se trouve sous l'emprise des autres, tend à dissoudre son être propre dans leur mode d'être et se préoccupe de la médiocrité propre aux usages communs[5]. En cette domination de l'espace public, le *Dasein* se caractérise par plusieurs traits, dont nous extrayons les deux suivants : d'une part, il se soucie de sa différence avec les autres, sous une forme qui peut prendre celle de la suprématie sur les autres et du fait de « s'attache[r] à les tenir au-dessous de lui », c'est-à-dire du souci de domination sociale ou politique ; d'autre part, « il n'est personne

1. *SuZ*, § 26, p. 118 (trad. fr., p. 103).
2. *SuZ*, § 26, p. 121 (trad. fr., p. 104).
3. *SuZ*, § 26, p. 122 (trad. fr., p. 105).
4. *Ibid.*
5. *SuZ*, § 27, p. 126-127 (trad. fr., p. 107-108).

qui ait besoin de répondre de quoi que ce soit » (*keiner es ist, der für etwas einzustehen braucht*), de sorte que le *Dasein* est déchargé de toute responsabilité, parce que le « on » assume cette dernière à la place de chacun[1]. Or, ce règne de la recherche de suprématie socio-politique et de la disparition de la responsabilité individuelle dans l'anonymité du « on » peut présenter des formes-limites, notamment sous un régime totalitaire : sous le Troisième Reich, le « on » de la population reconnue comme bien allemande avait le droit d'accuser sa différence avec les non Allemands, et de les maintenir à un niveau inférieur, voire dégradant ; et, dans la mesure où il s'agissait là de possibilités et d'exigences définies au sein de l'espace public, personne n'était personnellement responsable des modalités d'oppression de la frange de population déclarée inférieure.

Ainsi, le fait que le *Dasein* quotidien voie son soi (*Selbst*) identifié ou réduit au « on-même » (*Man-selbst*) implique, dans certaines conditions historiques où le « on » se caractérise par des modalités extrêmes de ségrégation et d'oppression socio-politiques, une *disparition de la socialité éthique au profit* non seulement de l'indifférence et de la déficience du souci-pour…, mais *de modalités effrayantes de l'être-sans… et de l'être-contre-les-autres*[2]. De plus, si le règne d'essence de la technique enveloppe au niveau politique des potentialités extrêmes de domination et d'assujettissement, c'est donc l'historialité de l'Être qui s'avère susceptible de se décliner en époques d'éclipse totale de la socialité et du souci-pour…, c'est-à-dire d'oubli radical des commandements bibliques concernant l'autre homme : règnes de l'aliénation, qui aboutissent à celui de la forclusion extrême d'autrui, de toute responsabilité et de tout impératif éthique.

Se pose par conséquent un problème essentiel. À certaines époques de l'Être, le règne du déploiement d'essence d'un certain sens de l'être et de la venue en présence peut présenter un suprême danger. En effet, la réponse à l'appel de l'Être peut être de deux ordres : ou bien le *Dasein* se met à l'écoute d'un tel appel et tente de correspondre et de répondre au sens conjoint de l'être et de la venue en présence qui se destine à lui ; ou bien il s'engage dans la fureur de l'étant correspondant au déploiement d'essence d'un tel sens. Dans cette seconde perspective, à l'époque contemporaine où l'être de l'étant se déploie comme fonds exploitable, un tel engagement sans distance dans la fureur de l'étant peut aboutir à la mise en œuvre technique d'une domination politique extrême qui consacre une forme de « on » totalitaire d'où sont absents toute humanité et tout souci de l'autre homme comme tel. Il existe donc des *catastrophes historialement nécessaires*,

1. *SuZ*, § 27, p. 126 et 127 (trad. fr., p. 107 et p. 108).
2. *SuZ*, § 26, p. 121 (trad. fr., p. 105).

destinées par l'Être lui-même, où règne un certain *Wesen* qui implique l'éclipse de toute proximité éthique entre les hommes, de tout commandement comme de toute responsabilité.

RÉPONSE DE LEVINAS À UN TEL DANGER : CARACTÈRE ANARCHIQUE ET IMMÉMORIAL DE LA RESPONSABILITÉ

On conçoit ce qui, en cette histoire de l'Être, constitue pour Levinas un trait dangereux : son caractère de *destin* (*Geschick*). Que l'homme découvre l'étant et interprète son être selon un certain sens de *être* et de la venue en présence, cela ne relève pas de son efficience, de son initiative ni de son projet ; le sens conjoint de *être* et de la venue en présence est, selon le *schicken* impliqué dans le terme *Geschick*, un envoi fait par l'Être à l'homme, auquel ce dernier peut seulement correspondre sans pouvoir l'instituer[1]. Dès lors, que l'Être dispense le sens de *être* selon un règne d'essence qui aboutisse à l'exploitation de la planète, au totalitarisme politique et à la disparition de toute socialité interhumaine, l'homme n'en est pas responsable, puisque cela demeure soustrait à son efficience ; *l'homme n'a pas à répondre des éclipses de la socialité et des commandements bibliques, puisqu'il n'est pas à leur principe.* On aboutirait ainsi à une « pensée impie », dont les impératifs relevant de la tradition biblique ne sont pas constitutifs[2] :

> La philosophie est-elle liée désormais aux enseignements heideggériens ? Faut-il que l'Être, transcendant les étants, c'est-à-dire une puissance impersonnelle et sans visage comme un fatum, donne un sens au réel ? Questions impies[3] !

Comment remédier à de telles éclipses de la sensibilité éthique, à de tels jeux de manifestation et de cèlement de la responsabilité et de l'éthicité issus des mutations de sens propres aux époques de l'Être ? Comment garantir à la signifiance du message biblique un statut qui soit soustrait aux éclipses de la visibilité ? Pour que le message religieux et la responsabilité du l'un-pour-l'autre possèdent une « ultimité »[4], il faut qu'ils soient soustraits à l'histoire de l'Être, à toute épopée de l'essance et à tout règne époqual

1. « Die Frage nach der Technik », in *Vorträge und Aufsätze*, p. 28 (trad. fr., p. 33).
2. E. Levinas, « De la signifiance du sens », *HS*, p. 126 : « La position des heideggériens était peut-être plus simple : ils contestaient que la tradition biblique fût nécessaire à la pensée proprement dite ».
3. « Transcendance et hauteur », *LC*, p. 122.
4. « De la signifiance du sens », *HS* p. 125.

d'un sens de l'être. Or, une telle soustraction à l'historialité de l'Être implique plusieurs traits essentiels.

En premier lieu, le caractère *an-archique* de la responsabilité éthique. L'ἀρχή étant à la fois principe, origine et commencement, que la responsabilité soit « toujours préalable ou anarchique – c'est-à-dire sans origine dans un présent »[1], cela signifie tout d'abord qu'elle n'a jamais commencé d'être, jamais été contractée en un présent originel : elle n'a jamais été au présent, au sens husserlien où elle n'est pas le fait d'une institution de sens par la conscience pure instauratrice de valeurs, et au sens heideggérien (I) où elle ne relève d'aucun projet ni décision du *Dasein*, et au sens heideggérien (II) où elle n'a pas été instaurée dans une époque spécifique de l'Être, biblique ou proto-chrétienne, qui pourrait être hétérogène à la nôtre et perdre à nos yeux sa signifiance. Ainsi la responsabilité présente-t-elle un caractère « plus ancien » que toute liberté et toute prise de conscience[2] : le passé absolument passé de la responsabilité pour l'autre signifie qu'il n'a jamais été présent avant de s'être déphasé en passé, et n'a jamais été contemporain d'aucune époque de l'Être[3].

En second lieu, le *caractère immémorial de cette responsabilité pour l'autre.*

L'immémorial, c'est ce qui demeure absolument inaccessible à toute mémoire, à toute réminiscence ou anamnèse. Qu'elle ne soit pas reconductible par la mémoire à quelque moment passé où elle aurait été librement contractée, nous venons de le voir. Mais plus profondément, elle est inaccessible à toute « intériorisation remémorante s'engageant dans la métaphysique » (*Erinnerung in die Metaphysik*)[4] : à toute pensée et tout dire qui, montrant au sein de l'*Ereignis* et s'engageant dans la dimension qu'est l'histoire de la métaphysique comme destin de l'Être, relate dans la synchronie d'un discours les moments historiaux de l'explicitation et de la destination du sens de l'être. Par principe, l*a responsabilité éthique n'appartient pas à l'histoire de l'Être ; elle n'est pas liée à une mutation époquale du sens de être* que la remémoration du destin de l'Être pourrait intégrer à l'épopée de l'essance ou à la saga de l'Être. En d'autres termes, la transcendance du visage « n'est pas une modulation de l'être de l'étant » et se situe « en dehors de la distinction de l'être et de l'étant »[5], c'est-à-dire de la différence ontologique. De là résulte son trait de *diachronie plus forte que toute synchronie* : la synchronie désigne ici toute époque de l'histoire

1. « Notes sur le sens », *DQVI*, p. 255.
2. *Ibid.*, p. 250.
3. *Ibid.*, p. 237.
4. M. Heidegger, *Nietzsche II*, *GA* 6.2, p. 439 (trad. fr., p. 391).
5. E. Levinas, « La trace de l'autre », *EDE*, p. 201.

de l'Être où font système les termes de multiples rapports – l'Être et l'homme, le langage et l'homme, le monde et l'homme, la chose et l'homme, les quatre du *Geviert*, etc. –; étant inassignable à une époque particulière de l'Être, la responsabilité n'appartient à aucun système synchronique de tels rapports, mais demeure diachronique, c'est-à-dire qu'elle traverse toute temporalité, longitudinale à toute histoire, ne cessant d'advenir comme la synthèse passive du temps se faisant.

Enfin, là où l'histoire de l'Être ne fait que relater la saga de l'Être ou la manière dont l'Être déploie son essence à travers le destin nécessaire de la métaphysique, c'est-à-dire là où la parole qui doit dire cette histoire présente un *caractère descriptif* – ou, du moins, montrant au sein de la dimension historiale –, *la signifiance de la responsabilité est par essence normative* : elle est « signifiance glorieuse du commandement », « impératif originel » se caractérisant par son « "impérativité" » inconditionnée, ou encore « impératif catégorique »[1] qui me contraint « toutes affaires cessantes » et dessine la diachronie du futur – d'un futur où j'obéirai à l'ordre reçu.

La réponse de Levinas au second Heidegger apparaît donc comme une réponse à la question suivante : existe-t-il une situation historiale où ce commandement soit oblitéré ? Une situation où le règne du « on » possède un tel sens et une telle puissance que ma conscience puisse demeurer sourde à son appel, où – le concernement étant corrélatif à ce que je puis comprendre – je ne sois guère concerné par ce commandement ? Non : à toute époque, je suis concerné par la souffrance et la mort de l'autre – y compris à l'époque contemporaine du règne d'essence de la technique –, puisqu'un tel concernement n'est pas à la mesure de l'intelligibilité de l'être de l'étant. Le trait inconditionnel de cet être-concerné provient de son caractère anarchique et immémorial : n'étant jamais instauré par ma libre initiative ni relatif à une époque du sens de l'être, la responsabilité pour l'autre me concerne toujours. C'est pourquoi la parole biblique se révèle comme commandement qui assujettit absolument : *ab-solu*, car affranchi vis-à-vis de toute condition mondaine, de tout horizon d'interprétation de l'être et de manifestation des étants, de toute historialité du sens ; *la transcendance biblique serait ainsi le lieu anhistorial de toute signifiance*.

On voit ainsi comment la critique de Heidegger I et celle de Heidegger II se rejoignent dans le souci de préserver l'« *ultimité* du message religieux » ou de la voix théologique, mais selon une modalité distincte. Contre le premier Heidegger et en écho à ce qui est dit de Husserl, il s'agit de destituer

1. « De l'un à l'autre », *EN*, p. 162 – *cf.* également p. 157, p. 177-178, p. 217-218 et p. 233 ; « Philosophie et transcendance », *AT*, p. 49, p. 52 et p. 54 ; *DMT*, p. 122, p. 219 et p. 251.

la spontanéité de la *Sinngebung*, du comprendre, du projet : la responsabilité éthique n'est pas un sens instauré par la finitude. Contre le second Heidegger, pour qui le sens n'est pas instauré par l'homme mais destiné par l'Être, il s'agit d'exciper la parole divine de l'histoire de l'Être et de la possibilité d'une occultation époquale où l'homme se trouverait sourd à son message et délié de toute responsabilité : le régime de la signifiance éthique ne relève pas de l'histoire de l'Être mais, immémorial et an-archique, renvoie à un passé plus ancien que toute histoire.

DEUX QUESTIONS CONCLUSIVES

Tout d'abord, Levinas a-t-il ainsi véritablement résolu le problème des éclipses de la sensibilité éthique ? Si Levinas reproche à la rationalité issue des Lumières de n'avoir pas su prévoir ni éviter les catastrophes du XXᵉ siècle[1], le recours à la signifiance anhistoriale du visage permet-il davantage d'y remédier ou de les prévenir ? *Quel est en effet le statut de cette signifiance : est-elle d'ordre descriptif ou prescriptif ?* Relève-t-elle d'une phénoménalité du bien ou d'une phénoménologie de la socialité[2] qui, au-delà de l'être et du destin du sens, décrirait une révélation éthique qui a toujours lieu et ne cesse jamais, fût-ce aux époques les plus terribles ? Ou bien énonce-t-elle un ordre auquel, en dépit de son caractère absolu, l'homme pourrait dans certaines conditions demeurer sourd – et qui est alors condamné à n'être qu'un vœu pieux ? Rappelons la question, adressée à Levinas par Desanti, de savoir si un SS dans un camp d'extermination a un visage[3] ; plus pertinente nous semble en fait la question de savoir si, *pour* ce SS (par exemple, le directeur d'Auschwitz Rudolf Höss), les victimes avaient un visage où se lisait le commandement biblique « tu ne tueras point ». Dans l'affirmative, quel est donc le statut de cette sensibilité qui peut demeurer engourdie, de cet éveil éthique de la conscience qui peut ne jamais venir au jour, de ce logos impératif absolu de Dieu qui peut n'être pas entendu ? Si ce caractère prescriptif ne garantit nullement contre le retour de la barbarie[4], ne faut-il pas les vertus de la *Bildung* préconisée par les Lumières pour prévenir un tel danger ?

Ensuite, cette « rationalité du Bien plus haute que toute essence »[5], rationalité située au-delà de l'être et de son histoire, est censée constituer

1. « La souffrance inutile » et « De l'unicité », *EN*, p. 107 et p. 197.
2. « La proximité de l'autre », *AT*, p. 113.
3. « L'Autre, Utopie et Justice », *EN*, p. 243-244.
4. « L'Idée de Culture », *EN*, p. 194 : « aucune philosophie de l'histoire ne garantit contre le retour de la barbarie ».
5. « L'Autre, Utopie et Justice », *EN*, p. 240.

une « rationalité différente – ou plus profonde »[1]. Plus profonde *en quoi*? Parce qu'elle est censée avoir une valeur fondatrice pour l'autre rationalité, et que ce « régime de l'autrement qu'être » doit être la « transcendance qui peut-être rend seulement possible toute intuition, toute intentionnalité et toute visée »[2] : fondatrice pour la rationalité ontique qui connaît l'étant mondain comme thème ou objet de science, pour la rationalité ontologique qui dégage le sens d'être sur fond duquel devient manifeste l'étant en général, enfin pour la rationalité qui, se remémorant l'histoire de la métaphysique, en dévoile les mutations époquales. Or, comment une telle fondation s'opère-t-elle? Si la pensée du tiers et de la justice est censée instaurer le régime de commensurabilité qui rend possible tout calcul scientifique, suffit-elle à fonder la vérité ontologique? Et surtout, peut-elle rendre compte des mutations historiales de cette dernière, si la justice elle-même est à son tour soumise à des changements de paradigme historiaux?

Là pourrait bien être le point d'achoppement de la pensée de Levinas : s'il a mis en évidence une dimension de signifiance absolument prescriptive qui échappe aux détours de l'histoire de l'Être, il est en revanche douteux qu'il ait ainsi « établi l'unité où le sens de l'être rejoindrait ce qui prend sens à partir des textes bibliques, ou réciproquement »[3]. Que le Bien soit interprétable par Heidegger à partir de l'histoire de l'Être, cela est patent; mais comment, à l'inverse, rendre compte de l'histoire de l'Être à partir de « l'ultimité du message religieux »[4] si cette dernière, immémoriale et anarchique, est par essence anhistoriale?

Dominique PRADELLE

1. « Herméneutique et au-delà », *DQVI*, p. 82; *DMT*, p. 239.
2. « Notes sur le sens », *DQVI*, p. 253.
3. « De la signifiance du sens », *HS*, p. 125.
4. *Ibid.*

HEIDEGGER, LEVINAS
ET L'EXPÉRIENCE DE LA LIBERTÉ

Le mouvement de mise en question de la liberté – concept maître de tout idéalisme et transcendantalisme philosophique – est réitéré sans cesse par Levinas tout au long de son œuvre. Derrière cette démarche se cache une double polémique tout aussi fondamentale : celle menée, d'une part, contre une certaine figure de la subjectivité – précisément la subjectivité dite transcendantale ou idéaliste – et, d'autre part, contre les philosophies de la totalité[1] et du système. Resituée à ce niveau, la mise en question de la liberté (de son primat et de son absolutisation) conduit non seulement à la promotion des catégories éthiques de responsabilité et de justice, mais tout autant à la découverte de la centralité des catégories ontologiques (ou plutôt métaphysiques) de passivité et d'extériorité ou d'altérité.

Trouver un point de départ, un principe autre que la liberté du sujet : c'est là tout sauf une entreprise anodine, dans la mesure où Levinas définit l'acte même de « philosopher [par le geste de] remonter en deçà de la liberté, [de] découvrir l'investiture qui libère la liberté de l'arbitraire »[2]. La liberté ne peut recevoir son investiture d'elle-même, elle ne peut s'auto-fonder ou s'auto-justifier (et en cela elle partage le sort du sujet ou de l'*ego* lui-même) ; elle ne peut donc s'accomplir comme autonomie mais doit se muer en « hétéronomie privilégiée » : « La présence d'Autrui – hétéronomie privilégiée – ne heurte pas la liberté, mais l'investit »[3].

1. Thèse présente dès « Le Moi et la Totalité » [1954] : « Cette totalité exige qu'un être libre puisse avoir prise sur un autre être libre. Si la violation d'un être libre par un autre est injustice, la totalité ne peut se constituer que par l'injustice » (*EN*, p. 38).

2. *TI*, p. 83.

3. *TI*, p. 88. *Cf.* « Les Droits de l'homme et les Droits d'autrui » [1985], *HS*, p. 169 : « Son devoir à l'égard d'autrui qui interpelle sa responsabilité, est une investiture de sa propre liberté ».

LA LIBERTÉ ET L'IMPÉRIALISME DU MÊME

Dans *Totalité et infini*, la liberté est présente dès le début de l'ouvrage, explicitement ou en filigrane, en tant que concept privilégié des philosophies du Même. Elle est, à ce niveau, l'outil de l'affirmation du Même et du refus de l'altérité. Si la totalité ou le système supposent la réduction incessante de l'Autre par sa reconduction au Même, la liberté n'est rien d'autre que l'opérateur de la totalisation ou de la mise en système : « L'ontologie qui ramène l'Autre au Même, promeut la liberté qui est identification du Même, qui ne se laisse pas aliéner par l'Autre »[1]. Voire, selon une formulation encore plus radicale : « Cet impérialisme du Même est toute l'essence de la liberté »[2]. Pour restituer le sens de la critique levinassienne du primat de la liberté, il faut donc comprendre la forme particulière d'incompatibilité, ou la concurrence des principes qui existe entre la liberté et l'altérité. Cette incompatibilité semble inscrite dans les concepts mêmes : « Telle est la définition de la liberté : se maintenir contre l'autre, malgré toute relation avec un autre, assurer l'autarcie du moi »[3]. Et inversement, « C'est l'accueil d'Autrui, le commencement de la conscience morale, qui met en question ma liberté »[4].

Cette intention d'opérer une investiture de la liberté qui la destitue en même temps de son primat anime de part en part le propos de *Totalité et infini*, comme en témoigne également cette auto-présentation célèbre qui mérite d'être rappelée :

> Le présent ouvrage a cherché à décrire l'extériorité métaphysique. L'une des conséquences qui découle de sa notion même, consiste à poser la liberté comme requérant une justification. Le fondement de la vérité sur la liberté supposait une liberté justifiée par elle-même. Il n'y aurait eu pour la liberté de plus grand scandale que de se découvrir finie. Ne pas avoir choisi sa liberté – voilà la suprême absurdité et le suprême tragique de l'existence, voilà l'irrationnel. La *Geworfenheit* heideggérienne marque une liberté finie et, par-là, l'irrationnel. La rencontre d'Autrui chez Sartre menace ma liberté et équivaut à la défaillance de ma liberté sous le regard d'une autre liberté[5].

1. *TI*, p. 33. Voir, dans le même esprit, les *Notes philosophiques diverses* : « La liberté est toujours de l'ordre du Même. C'est le Moi qui intervient. L'absolument autre – n'est pas dans la liberté » (*CC*, p. 459).
2. *TI*, p. 86.
3. *TI*, p. 37.
4. *TI*, p. 82.
5. *TI*, p. 338.

L'on voit apparaître ici on ne peut plus clairement le fait que la critique des philosophies de la liberté conduit à engager un dialogue avec l'ontologie fondamentale de Heidegger. Mais peut-on ranger sans hésiter l'analytique existentiale de *Sein und Zeit* dans la rubrique d'une phénoménologie de la liberté ? La thématique de la *Geworfenheit* (être-jeté ou déréliction) marque plutôt, comme Levinas le reconnaît volontiers, une prise en compte des limites de la liberté et empêche de réduire le *Dasein* à un nouvel avatar de la subjectivité constituante ou de l'*ego* transcendantal. Dans cette perspective, il pourrait même être tentant d'opposer Husserl et Heidegger comme représentants d'une philosophie de la liberté d'une part et d'une philosophie de la finitude de l'autre.

Quelle phénoménologie de la liberté ?

C'est ce que Levinas fait d'ailleurs dans son article publié en 1940 dans la *Revue philosophique* sous le titre « L'œuvre d'Edmond Husserl », où il note : « La philosophie de Husserl est, en fin de compte, une philosophie de la liberté, d'une liberté qui s'accomplit comme conscience et se définit par elle ; d'une liberté qui ne caractérise pas seulement l'activité d'un être, mais qui se place avant l'être, et par rapport à laquelle l'être se constitue »[1]. Cette caractérisation conduit, plus loin encore, à ménager un effet de contraste entre une philosophie de la conscience, comme celle de Husserl, et une philosophie de l'existence, en l'occurrence celle de Heidegger, dans les termes suivants :

> Le primat de la théorie se rattache enfin dans la philosophie de Husserl à l'inspiration libérale que nous cherchons à dégager de tout ce travail. La lumière de l'évidence est le seul lien avec l'être qui nous pose en tant qu'origine de l'être, en tant que liberté. Par là la philosophie de Husserl s'oppose radicalement à celle de Heidegger où l'homme est d'ores et déjà submergé par l'existence, où dans une existence faite de compréhension, c'est-à-dire toute réductible à des pouvoirs, le *fondement ne se peut pas*, mais, toujours préexistant détermine l'homme comme être, et non seulement comme conscience, savoir et liberté[2].

Nous aurons à revenir sur cette expression, qui est ici soulignée, selon laquelle, chez Heidegger, *le fondement ne se peut pas*, car elle exige d'interroger une figure insigne de la liberté heideggérienne, à savoir la liberté pour fonder ou la liberté pour le fondement. Insistons seulement,

1. *EDE*, p. 70.
2. *EDE*, p. 36.

pour le moment, sur l'effet de contraste que Levinas met en place dans l'article de 1940, en utilisant Heidegger comme un contrepoids pour faire pendant à la liberté absolue du sujet husserlien :

> Ici apparaît toute la différence qui sépare Husserl de Heidegger. Pour Heidegger ma vie n'est pas simplement un jeu qui se joue en dernière analyse pour une pensée. La manière dont je suis engagé dans l'existence a un sens original, irréductible à celui qu'a un noème pour une noèse. [...] Heidegger reste phénoménologue, mais ce sens n'a plus la structure d'un noème. Le sujet n'est ni libre ni absolu, il ne répond plus entièrement de lui-même. Il est dominé et débordé par l'histoire, par son origine sur laquelle il ne peut rien, puisqu'il est jeté dans le monde et que cette déréliction marque tous ses projets, tous ses pouvoirs[1].

Il semblerait difficile à croire, en lisant cette caractérisation, que Levinas pourrait attribuer par ailleurs à Heidegger l'élaboration d'une philosophie de la liberté s'inscrivant dans la grande tradition de l'idéalisme allemand. C'est cependant ce que fera explicitement *Totalité et infini*, en affirmant : « L'ontologie heideggérienne subordonnant à la relation avec l'être, toute relation avec l'étant – affirme le primat de la liberté par rapport à l'éthique »[2], et allant même jusqu'à l'accusation explicite de conduire au totalitarisme : « L'ontologie heideggérienne, qui subordonne le rapport avec Autrui à la relation avec l'être en général [...] mène, fatalement, à une autre puissance, à la domination impérialiste, à la tyrannie »[3]. Or la tyrannie est une caricature monstrueuse de la liberté, comme le suggère l'hypothèse inquiétante, passée en revue en 1953 dans « Liberté et commandement », selon laquelle le tyran serait le seul être libre[4]. Et *Totalité et infini* désigne par ailleurs expressément la figure paradigmatique de ce basculement de la liberté en tyrannie : à savoir, Gygès[5], dont Platon raconte l'histoire dans *La République.*

S'il faut donc reconstituer le ressort et les étapes de la déduction levinassienne de la tyrannie à partir de l'ontologie heideggérienne, il faut tenir ensemble les deux assertions que nous avons citées un peu plus haut. Deux prémisses apparaissent alors comme étant le sol de cette conclusion : non seulement la subordination du rapport avec Autrui à la relation avec l'être en général, mais aussi, de manière également fondamentale, le primat de la liberté sur l'éthique. En confrontant ces deux prémisses, nous sommes

1. *TI*, p. 69.
2. *TI*, p. 36.
3. *TI*, p. 38.
4. *LC*, p. 35.
5. Cf. *TI*, p. 90 et p. 188.

cependant inévitablement amenés à nous demander dans quelle mesure la pensée de l'être suppose nécessairement d'accorder un primat à la liberté. Ou peut-être ce n'est pas tant la destitution de ce primat qui permet d'échapper à la tyrannie, mais bien ce qui le remet en cause : l'assignation du *Dasein* à l'être ou bien la responsabilité pour autrui.

La liberté du Dasein : Freiheit zum Tode

Un des enjeux de notre propos consistera dès lors à comprendre pourquoi la pensée de Heidegger se laisse lire à la fois comme une philosophie de la liberté et comme une philosophie des limites de la liberté, voire de la non-liberté (et nous nous concentrerons ici sur le Heidegger d'*Être et temps* et de la fin des années 20, même si de nombreux textes des années 30 permettraient de poursuivre encore plus loin cette enquête). Mais c'est là en même temps une question qui contient déjà le principe de sa réponse : tant que les limites de la liberté n'ont pas été poussées assez loin, tant que la reconnaissance d'une non-liberté ou de quelque chose qui vient avant la liberté n'est pas assez radicale, la reconversion de la non-liberté en liberté guette toujours.

Mais quel est, plus précisément, le statut de la liberté du *Dasein*, si elle peut même s'opposer comme une non-liberté à la liberté théorétique de l'*ego* husserlien ? C'est le point qu'il faut commencer par éclaircir ici. Le § 31 de *Sein und Zeit* portant sur la compréhension (*Verstehen*) caractérise le *Dasein* dans les termes suivants : « Le *Dasein* est la possibilité de l'être-libre (*die Möglichkeit des Freiseins*) *pour* le pouvoir-être le plus propre »[1]. Cette idée d'une liberté comme être-libre pour les possibilités les plus propres se retrouve abondamment dans la suite d'*Être et temps*. Cependant, Heidegger est soucieux de préciser dès ce même § 31 que « le projet du pouvoir-être le plus propre est remis (*überantwortet*) au fait de l'être-jeté (*Faktum der Geworfenheit*) »[2], ce qui implique qu'on ne peut séparer la liberté de la facticité qui en est la contrepartie – on ne peut donc la concevoir autrement que comme une liberté essentiellement *finie*. Plus loin encore, cette thèse d'une liberté pour le pouvoir-être le plus propre se retrouve au § 40, dans le contexte de l'analyse de l'angoisse, qui « manifeste

1. *SuZ*, p. 144. Dans son commentaire d'*Être et temps*, Friedrich-Wilhelm von Herrmann remarque qu'il s'agit ici de la première occurrence d'un concept proprement existential de liberté (*Hermeneutische Phänomenologie des Daseins. Ein Kommentar zu* Sein und Zeit, t. 3, Frankfurt am Main, Klostermann, 2016, p. 51). Pour ses autres occurrences, voir par exemple *SuZ*, p. 188, p. 191, p. 212, etc.

2. *SuZ*, p. 148.

(*offenbart*) dans le *Dasein* l'*être-pour* le pouvoir-être le plus propre, c'est-à-dire l'*être-libre pour* la liberté du se-choisir-et-se-saisir-soi-même (*das* Freisein für *die Freiheit des Sich-selbst-wählens und -ergreifens*) »[1]. L'angoisse, telle que la thématise Heidegger, n'est donc pas seulement, comme on le souligne souvent, découverte du monde comme tel, mais aussi *expérience de la liberté*, en tant qu'elle est l'épreuve qui met le *Dasein* sur le chemin du propre.

La liberté dont le *Dasein* fait l'expérience dans l'angoisse se laisse ressaisir de manière significative comme une « *liberté pour la mort* (Freiheit zum Tode) »[2]. Cette expression du § 53 d'*Être et temps* à forte résonance nietzschéenne[3] donne assurément l'une des clefs de la conception heideggérienne de la liberté et indique en même temps l'une des motivations fondamentales de la critique de Levinas, qui a effectivement raison d'affirmer, dès *Le temps et l'autre*, que « la mort est, chez Heidegger, événement de la liberté »[4].

La liberté pour la mort est au plus haut degré déterminante pour le sens heideggérien de la liberté, pour autant que c'est dans le devancement de la mort comme possibilité de l'impossibilité de l'existence que le *Dasein* accède à son pouvoir-être le plus propre et donc à l'existence propre, à l'*Eigentlichkeit.* La liberté pour la mort est donc, cela va de soi dans le contexte de l'analytique existentiale, liberté pour la mort *propre*, car cette dernière est la seule que je peux devancer à proprement parler. Mais elle est tout aussi centrale pour le sens de l'existence comme mode d'être du *Dasein*, dans la mesure où, comme nous le lisons au § 74 d'*Être et temps*, « seul l'être-libre *pour* la mort (*das Freisein* für *den Tod*) donne au *Dasein* son but pur et simple (*das Ziel schlechthin*) et rejette (*stösst*) l'existence dans sa finitude »[5] : la liberté pour la mort est donc liberté d'une existence *finie.* À la lumière de ces passages, il devient manifeste, comme le souligne Levinas dans l'article de 1948 : « L'ontologie dans le temporel », que pour Heidegger, malgré tout, « il ne s'agit pas d'affirmer la liberté absolue du

1. *SuZ*, p. 188.

2. *SuZ*, p. 266. Et aussi dans le cadre de la définition du destin (*Geschick*) : « Par ce terme, nous désignons l'advenir (*Geschehen*) originaire du *Dasein*, inclus dans la résolution authentique, où, libre pour la mort (*frei für den Tod*), il se *délivre* (überliefert) à lui-même en une possibilité héritée et néanmoins choisie » (*SuZ*, p. 384).

3. Voir à ce sujet J. Taminiaux, « La présence de Nietzsche dans *Sein und Zeit* », dans *Lectures de l'ontologie fondamentale : essais sur Heidegger*, Grenoble, Millon, 1995, p. 239 *sq.*

4. *TA*, p. 57. Voir aussi *EDE*, p. 124 : « La mort seule rend possible sa liberté ».

5. *SuZ*, p. 384.

sujet qui tire tout de lui-même mais de subordonner toute initiative à la réalisation anticipée de certaines de nos possibilités »[1].

Le fait que la liberté du *Dasein* heideggérien est une liberté, non pas absolue mais finie, différant en cela de l'illimitation principielle de la libre potentialité égologique que l'on rencontre chez Husserl, transparaît également de la manière dont elle se trouve marquée de cette négativité profonde que Heidegger explicite dans *Être et temps* par le fait d'« *être fondement d'une néantité* (Grundsein einer Nichtigkeit) »[2]. Cette *Nichtigkeit* dont il ne faut pas sous-estimer l'importance nous confronte à ce qui décide du sens et de la portée qu'a la lecture de l'analytique existentiale comme une phénoménologie de la liberté : elle est l'expression du fait que le *Dasein*, « en tant que fondement, existant comme jeté, [...] reste constamment en deçà de ses possibilités (*Grund-seiend, d.h., als geworfenes existierend, bleibt das Dasein ständig hinter seinen Möglichkeiten zurück*) »[3]. Le *Dasein* n'est donc pas, en toute rigueur, un « maître du possible »[4], comme Levinas pouvait le suggérer dans *Le temps et l'autre*. Le paradoxe qui coupe court à toute tentation de voir dans le *Dasein* un avatar déguisé de la subjectivité transcendantale ou d'un *ego* assuré de son absoluité est exprimé en effet par Heidegger comme suit : « Être-fondement signifie [...] n'être *jamais* en possession de son être le plus propre (*des eigensten Seins von Grund auf nie mächtig sein*) », plus littéralement, ne pas avoir de pouvoir sur son être propre, ou encore, « être une néantité de soi-même (*Nichtigkeit seiner selbst*) »[5].

Mais même sans être en possession de l'être-propre, le *Dasein* est toujours *en vue de* lui ; si la liberté pour la mort est une liberté sur fond de néant (ce qui est une autre façon de reformuler sa finitude), elle reste une liberté pour l'être *le plus propre*, pour la mort propre, sur le fond de la propre néantité. À cette conception s'oppose frontalement un autre aveu tranchant de Levinas (qui vise sans doute Heidegger tout autant que Sartre[6]), dans les *Notes philosophiques diverses* : « Toute ma philosophie consiste à substituer au néant, à la négativité, à la néantisation – l'apparition

1. *EDE*, p. 116.
2. *SuZ*, p. 283.
3. *SuZ*, p. 284.
4. *TA*, p. 59.
5. *SuZ*, p. 284.
6. En même temps, pensant le non-être seulement comme activité de néantisation, et non comme possibilité, Sartre ne peut concevoir la mort que comme une limite de la liberté, qu'il s'agira dès lors de neutraliser. Voir en ce sens *L'être et le néant. Essai d'ontologie phénoménologique*, Paris, Gallimard, 2000 [1943], p. 589-590.

d'autrui »[1]. Or cette substitution de l'altérité à la néantité affecte profondément le sens de la liberté : à la « liberté héroïque » du *Dasein* heideggérien qui fait preuve de courage devant la mort, à cette liberté qui ne se sent coupable que de sa propre néantité et reste « étrangère à toute culpabilité à l'égard d'autrui »[2], il s'agira d'opposer l'« investiture de la liberté » qui « constitue la conscience morale elle-même » et qui « est de part en part hétéronomie »[3]. Certes, le *Dasein* en tant que *Sein-zum-Tode* est en même temps *Mitsein*, être-avec ; mais dans le devancement de la mort, il est *seul* devant son pouvoir-être le plus propre et devient libre pour ses possibilités d'être les plus propres : la présence implicite d'autrui s'efface à ce niveau d'analyse[4].

Liberté et transcendance

Le fait que la liberté heideggérienne ne quitte jamais à proprement parler la sphère de l'être-propre ou de l'*Eigentlichkeit* décide aussi du sens que reçoit la transcendance dans les cours immédiatement postérieurs à *Être et temps*, où l'articulation entre liberté et transcendance est extrêmement étroite. Dans ce contexte, la transcendance est à comprendre non pas comme transcendance de l'être mais comme transcendance du *Dasein* lui-même, comme trait fondamental de son mode d'être qu'est l'existence. Nous lisons ainsi dans le cours de 1928, *Metaphysische Anfangsgründe der Logik* : « C'est seulement à partir de la liberté (*aus Freiheit*), c'est seulement un être libre (*freies Wesen*) qui peut se comprendre en tant qu'être transcendant (*als transzendierendes Sein*) », assertion qui conduit à la conclusion suivante : « Bref : transcendance du *Dasein* et liberté sont identiques ! »[5].

Cette identification entre liberté et transcendance permet de creuser le sens du concept directeur de notre enquête dans la mesure où elle nous met devant une liberté plus puissante, plus radicale, sans doute, que la liberté pour la mort, une liberté possibilisante pour laquelle la finitude et la déréliction ne semblent plus être une charge lourde à porter : « La liberté,

1. *CC*, p. 426.
2. *EDE*, p. 237. Voir aussi le texte de 1989, « Philosophie et transcendance » : « La crainte pour l'autre homme ne retourne pas à l'angoisse pour ma mort. Elle déborde l'ontologie du *Dasein* heideggérien et sa bonne conscience d'être en vue de cet être même. [...] L'être-à-la-mort de Heidegger marque, certes, pour l'*étant*, la fin de son être-en-vue-de-cet-être-même et le scandale de cette fin, mais dans cette fin ne s'éveille aucun scrupule d'être » (*AT*, p. 47).
3. *EDE*, p. 244. Cf. *TI*, p. 83 : « La morale commence lorsque la liberté, au lieu de se justifier par elle-même, se sent arbitraire et violente ».
4. Cf. *SuZ*, p. 263. Voir à ce sujet l'analyse de Cristian Ciocan dans *Heidegger et le problème de la mort*, Dordrecht, Springer, 2014, chap. 4, en particulier p. 100-107.
5. *GA* 26, p. 244 et p. 238.

lisons-nous dans le même cours, est le comprendre originaire (*Urverstehen*), c'est-à-dire le projet originaire (*Urentwurf*) de ce qu'elle possibilise (*ermöglicht*) »[1] ; elle apparaît ainsi comme plus originaire que la transcendance elle-même originaire (*Urtranszendenz*), dans la mesure où elle désigne « l'essence métaphysique du *Dasein* qui existe en transcendant ».

Certes, la liberté dont il est question ici ne saurait être « hors du temps » : elle est un « se projeter ekstatique (*ekstatisches Sichentwerfen*) »[2], et en cela intrinsèquement temporelle. Mais l'ekstase (temporelle) de l'existence, c'est son auto-dépassement en direction du possible : « en tant que l'être ekstatique vers le possible, la liberté est en soi-même un s'élancer (*Überschwingen*) dans des possibilités »[3]. Cette caractérisation qui met l'accent sur le potentiel possibilisant de la liberté, sur son rapport intime au possible, nous confronte à une liberté proprement et hautement *transcendantale*, en tant qu'essence de la transcendance du *Dasein.* C'est cette liberté que Heidegger commence à caractériser en 1928 comme liberté pour le fondement : « La liberté est, en tant que transcendantale, *liberté pour le fondement* »[4]. Il s'agit là, manifestement, d'une liberté abyssale qui n'a pas à être fondée mais qui est l'opérateur de la fondation ; d'une liberté qui fonde mais qui est elle-même sans fondement.

Toutefois, cette liberté pour le fondement n'est pas à prendre pour une liberté absolue : elle a elle-même sa part de finitude, pour autant que Heidegger y voit également la « condition de possibilité » de l'« impuissance (*Ohnmacht*) métaphysique du *Dasein* », de son « impuissance à l'égard de l'étant »[5]. Nous sommes ainsi mis devant le paradoxe d'une liberté qui s'accomplit comme impuissance, et d'une impuissance qui se fonde dans la liberté. Ce paradoxe circonscrit le lieu d'un singulier retournement qui fera apparaître, en 1930, dans le cours d'introduction à la philosophie intitulé précisément *De l'essence de la liberté humaine*, « l'homme comme une possibilité de la liberté » et la « liberté comme fondement de la possibilité de l'homme »[6]. Mais ce retournement suffit-il pour destituer le primat de la liberté, fût-elle liberté mortelle, liberté finie, liberté impuissante à l'égard de l'étant ? On peut en douter avec Levinas qui note avec prudence et

1. *GA* 26, p. 238 et p. 247.

2. *GA* 26, p. 276.

3. *GA* 26, p. 278-279). Voir aussi l'essai de 1929, *De l'essence du fondement*, où Heidegger affirme de la liberté qu'elle « pose en son essence, en tant que transcendance, le *Dasein* en tant que pouvoir-être dans des possibilités » (*GA* 9, p. 174).

4. *GA* 26, p. 276 (cf. *GA* 9, p. 165).

5. *GA* 26, p. 279. C'est là une explicitation somme toute plus radicale que celle de l'essai de 1929, qui se contente d'identifier *Ohnmacht* et *Geworfenheit* (*GA* 9, p. 175).

6. *GA* 31, p. 135 et p. 134.

méfiance dans sa conférence sur « Le Vouloir » de 1955 : « Ce n'est pas l'homme qui a la liberté, mais c'est la liberté qui a l'homme. Formule dans un certain sens pas nouvelle, puisque Spinoza n'a pas dit autre chose »[1].

Justifier la liberté

Levinas soumet en effet le concept de liberté à un questionnement totalement étranger à l'esprit de la philosophie de Heidegger lorsqu'il écrit : « L'irrationnel de la liberté ne tient pas à ses limites, mais à l'infini de son arbitraire. La liberté doit se justifier. Réduite à elle-même, elle s'accomplit, non pas dans la souveraineté, mais dans l'arbitraire. [...] La liberté ne se justifie pas par la liberté »[2]. Ce qui est en jeu donc, c'est, comme Levinas le répète à plusieurs endroits stratégiques, la « justification de la liberté »[3]. Nous retrouvons ici, au niveau de cette exigence selon laquelle la liberté ne peut être ni fondatrice ni fondamentale, l'incompatibilité entre le fait de poser la liberté comme principe et l'apparition d'autrui ou l'accueil de l'altérité : « si la liberté est l'essence dernière de la volonté, la personne est impossible : la liberté est exclusive de toute altérité. [...] Partir du concept de liberté c'est ne rendre possible qu'un seul être *causa sui* »[4] (autre écho spinoziste). Il y a donc assurément comme une concurrence des principes entre la liberté et l'altérité : en partant de la première, on s'enfermera dans la sphère du propre et on ne pourra jamais atteindre la deuxième.

Il devient plus clair, à partir de ces considérations, pour quelles raisons la mise en question de la liberté dans *Totalité et infini* vise également le *Dasein* heideggérien. Si le primat de l'ontologie (comme primat de la question de l'être) conduit à neutraliser la primordialité de la rencontre intersubjective et de la dimension éthique, c'est dans la mesure où la compréhension de l'être renvoie le *Dasein* à son pouvoir-être *le plus propre* et donc à *sa* liberté. La critique de la compréhension peut et doit en effet se lire comme une critique du primat de la liberté, le rapport compréhensif à l'être ayant lieu sur le fond de l'être libre pour les possibilités les plus propres. C'est sur ce point précis que Levinas prend conscience très tôt de

1. *PS*, p. 252.

2. *TI*, p. 339. Nous pouvons comparer cet extrait de *Totalité et infini* avec ce passage des *Notes philosophiques diverses*, Liasse C : « Le tragique de la liberté. La liberté – détachement par rapport à l'être – devient choix dans son arbitraire. La liberté devient subjectivité – arbitraire – injustice – La liberté devient brigandage [...]. Ce qu'il lui faut n'est pas la souveraineté totale mais la justification, l'investiture » (*CC*, p. 447).

3. Cf. *ibid.*, p. 441.

4. *PS*, p. 251.

ce que la position de Heidegger a d'inacceptable ; nous pouvons rappeler en ce sens une notation qui se trouve dans l'un de ses *Carnets de captivité* (le Carnet 5 de 1944) : « Un élément essentiel de ma philosophie – ce par quoi elle diffère de la philo. de Heidegger – c'est l'importance de l'Autre »[1]. L'importance de l'Autre est ce qui vient troubler le rapport compréhensif à l'être à même le pouvoir-être le plus propre ; elle est donc aussi ce qui vient contrebalancer le primat de la liberté, non pas pour la détruire ou la nier[2] mais pour la faire sortir de la sphère du propre, donc pour la justifier – ce qui, pour Levinas, veut dire à la fois la rendre juste[3] (neutraliser la possibilité de l'injustice que la liberté recèle) et la rendre possible[4].

Primat de la liberté, primat de l'ontologie

Il est donc important de comprendre que pour Levinas le primat de l'ontologie et le primat de la liberté s'appellent et se renforcent mutuellement. Selon l'équation limpide posée par *Totalité et infini* : « L'*être* avant l'*étant*, l'ontologie avant la métaphysique, c'est la liberté (fût-elle celle de la théorie) avant la métaphysique »[5]. Il ne s'agit pas ici de dénoncer simplement le primat de la métaphysique générale (ou ontologie) sur la métaphysique spéciale, mais de montrer que le primat de la métaphysique générale est déjà sous-tendu par une compréhension implicite de la philosophie pratique comme philosophie de la liberté. L'ontologie (métaphysique générale) passera avant la métaphysique (spéciale) tant que la philosophie pratique fera de la liberté son concept premier. Et c'est inversement la « justification morale de la liberté »[6] qui permettra d'aller au-delà de l'ontologie en érigeant l'éthique en philosophie première. L'au-delà de l'ontologie est donc du même coup un en-deçà de la liberté ; pour citer la formulation de ce dépassement selon *Autrement qu'être* :

> Être responsable au-delà de sa liberté : Si des termes éthiques surgissent dans notre discours, avant ceux de la liberté et de la non-liberté, c'est que, avant la bipolarité du bien et du mal présentés au choix, le sujet se trouve commis avec le Bien dans la passivité même du *supporter*. La distinction

1. *CC*, p. 134.
2. Cf. *TI*, p. 338 : « On n'est pas contre la liberté, si on lui cherche une justification ».
3. Cf. *TI*, p. 81 : « justifier la liberté, ce n'est pas la prouver, mais la rendre juste ».
4. Cf. *LC*, p. 57 : « l'extériorité – l'autre – comme ce qui, par excellence, n'est pas tyrannique et rend possible la liberté ».
5. *TI*, p. 38.
6. *TI*, p. 339.

> du libre et du non-libre ne serait pas l'ultime distinction entre *humanité* et *inhumanité*, ni l'ultime repère du sens et du non-sens[1].

Ne pas partir de la liberté, ne pas poser la liberté au principe, fût-elle liberté d'autrui. C'est ce que Levinas vise dès *Le Temps et l'Autre*, sa démarche sur ce point restant singulièrement cohérente : « Remarque fondamentale : je ne pose pas autrui initialement comme liberté [...]. Car avec une liberté il ne peut y avoir d'autre relation que celle de la soumission et de l'asservissement. Dans les deux cas, l'une des deux libertés est anéantie »[2]. L'essai de 1953, « Liberté et commandement », va dans la même direction : « Quand on pose les libertés les unes à côté des autres comme des forces qui s'affirment en se niant réciproquement, on aboutit à la guerre où elles se limitent les unes les autres » ; or « le fait premier de la relation sans tyrannie est commandement »[3].

S'il ne faut pas partir de la liberté, c'est précisément dans la mesure où elle peut faire écran à l'apparition d'autrui : car « ce n'est pas la liberté qui caractérise l'autre initialement, dont ensuite se déduira l'altérité ; c'est l'altérité que l'autre porte comme essence »[4], et par là, « la structure de ma liberté [...] se renverse totalement »[5]. C'est ainsi que surgit le mouvement de mise en question que *Totalité et infini* mettra en avant de manière particulièrement éloquente : « Accueillir Autrui, c'est mettre ma liberté en question. [...] L'accueil d'autrui est *ipso facto* la conscience de mon injustice – la honte que la liberté éprouve pour elle-même »[6]. Et il est important de souligner ici ce glissement de tonalité affective qui fait passer de l'angoisse où s'affirme le courage devant la mort à cette émotion morale par excellence qu'est la *honte*[7].

Il ne suffit donc pas d'affirmer, comme Heidegger, la finitude de la liberté, mais il faut aussi renoncer à soutenir sa primauté, à en faire un principe pour l'analyse et à croire que la liberté pourrait être fondamentale et fondatrice, qu'elle pourrait fonder autre chose que la violence et l'injustice. Nous retrouverons cette exigence cruciale dans *Autrement qu'être*, dans

1. *AE*, p. 194.
2. *TA*, p. 80.
3. *LC*, p. 55.
4. *TA*, p. 80.
5. *EDE*, p. 240.
6. *TI*, p. 84-85. Cf. *ibid.*, p. 339.
7. Et en cela distincte de la honte sartrienne, qui est « sentiment de *chute originelle*, non du fait que j'aurais commis telle ou telle faute, mais simplement du fait que je suis "tombé" dans le monde, au milieu du monde, et que j'ai besoin de la médiation d'autrui pour être ce que je suis » (*L'être et le néant*, *op. cit.*, p. 328).

les termes suivants : « Liberté finie, qui n'est pas première, qui n'est pas initiale ; mais dans une responsabilité infinie où l'autre n'est pas autre parce qu'il heurte et limite ma liberté »[1]. Nous avons vu que le remaniement de la liberté et la critique de sa primauté étaient inscrits dans la manière qu'avait Levinas de cerner le propre de son entreprise en 1961, dans *Totalité et infini.* Remarquons qu'une même sorte d'auto-présentation intervient également dans le livre de 1974 : « Autrement qu'être. [...] Il s'agit d'une tentative au-delà de la Liberté. La liberté, interruption du déterminisme de la guerre et de la matière, n'échappe pas encore au destin de l'essence »[2]. C'est l'investiture de la liberté par le Bien[3] qui permettra au contraire de se dérober à la fatalité de ce destin. De ce point de vue, il apparaît que l'impuissance de la liberté heideggérienne, son impuissance à l'égard de l'étant, n'est pas encore une exposition de cette liberté à ce qui n'est pas elle ; et même si elle peut avoir le sens d'une « exposition à la vérité de l'être »[4], elle n'est pas encore une rencontre de l'altérité. D'où, pour Levinas, la tâche de penser et de justifier autrement la liberté finie, ce qui revient à plaider à la fois pour le maintien de la liberté et pour son remaniement radical :

> Notion de liberté finie ? Sans doute l'idée d'une responsabilité antérieure à la liberté – compossibilité de la liberté et de *l'autre*, telle qu'elle se montre dans la responsabilité – permet-elle de conférer un sens irréductible à cette notion, sans porter atteinte à la *dignité* de la liberté ainsi pensée dans la finitude. Que peut signifier d'autre la liberté finie ? Comment un vouloir peut-il être partiellement libre ? Comment le libre Moi fichtéen subirait-il la souffrance qui lui viendrait du non-moi ?[5]

C'est naturellement *la compossibilité de la liberté et de l'autre* qui permet de repenser de part en part la finitude de la liberté, en transformant pour ainsi dire les bornes de la liberté en de vraies limites et en passant de la primauté à la subordination.

La (non-)liberté du sacrifice et de l'otage

Mais la compossibilité de la liberté et de l'autre s'accomplit aussi en brouillant la séparation fonctionnelle du propre et de l'étranger par la thèse de la *substitution.* La réfutation de la liberté heideggérienne pour la mort

1. *AE*, p. 197-198.
2. *AE*, p. 20.
3. « Le Bien investit la liberté » (*AE*, p. 20)
4. Voir par exemple le § 184 des *Contributions à la philosophie* (*GA 65*, p. 305).
5. *AE*, p. 197.

n'est sans doute nulle part plus forte sous la plume de Levinas que lorsqu'il écrit : « La subjectivité est d'emblée substitution, offerte à la place de l'autre [...] avant la distinction de la liberté et de la non-liberté »[1]. La liberté pour la mort propre s'inverse ainsi en possibilité du « mourir pour... », voire en nécessité du sacrifice pour autrui : « Passivité qui n'est pas seulement la possibilité de la mort dans l'être, la possibilité de l'impossibilité ; mais impossibilité antérieure à cette possibilité, impossibilité de se dérober, susceptibilité absolue, gravité sans frivolité aucune, naissance d'un sens dans l'obtusité de l'être, d'un “pouvoir mourir” soumis au sacrifice »[2].

La conséquence la plus insigne de ce remaniement fondamental pour notre propos est la conception de la « Subjectivité comme otage »[3]. L'otage, ici, ne désigne certes pas la condition d'une liberté asservie ou aliénée ; bien au contraire, il s'agit, comme Levinas l'écrit sans craindre de s'installer en plein paradoxe, d'une « modalité essentielle de la liberté, la première », et non pas d'un « accident empirique de la liberté, par elle-même superbe, du Moi »[4]. Mais puisque le *Dasein* est lui-même déterminé par une assignation, il importerait alors de montrer en quoi la subjectivité levinassienne comprise comme otage se distingue de l'assignation à l'être du *Dasein* heideggérien. Nous ne saurons le faire dans ce cadre, mais nous contenterons de rappeler le soupçon que formule à l'égard du second Heidegger l'entretien de 1982 publié dans *Entre nous* sous le titre « Philosophie, justice et amour », et où Levinas avoue : « Quant au dernier Heidegger, je le connais beaucoup moins bien. Ce qui m'effraie un peu, c'est aussi le déroulement d'un discours où l'humain devient une articulation d'une intelligibilité anonyme ou neutre, à laquelle la révélation de Dieu est subordonnée. Dans le *Geviert* il y a les dieux au pluriel. [...] Dans les *Feldwege*, il y a un arbre ; on n'y rencontre pas d'hommes »[5].

Conclusion : une liberté paradoxale

Nous nous acheminons vers notre conclusion. Nous avons montré, pour commencer, qu'à la place de la libre potentialité égologique, principiellement illimitée, que thématise Husserl, nous trouvons chez Heidegger la figure d'une liberté finie, la liberté pour la mort – pour autant que l'apodicticité

1. *AE*, p. 228.

2. *AE*, p. 204. Au sujet de cet infléchissement important de la pensée de Levinas, nous renvoyons à l'ouvrage de David Brezis : *Levinas et le tournant sacrificiel*, Paris, Hermann, 2012.

3. *AE*, p. 202.

4. *AE*, p. 203.

5. *EN*, p. 126 et p. 127.

de l'ego transcendantal cède la place à la certitude existentiale du *moribundus sum*. L'attention que nous avons portée à la *Transzendenz* que Heidegger met en avant, à la fin des années 20, en tant que condition de la compréhension de l'être nous a permis de souligner le rapport étroit qui existe entre le primat de la liberté et le primat de l'ontologie en tant qu'opérateurs conjoints de l'exclusion de l'altérité.

S'il critique la liberté (ou plutôt, son absolutisation) comme outil privilégié des philosophies du Même, Levinas permet aussi de comprendre, et ne remet jamais en cause le fait que la liberté a originairement le sens d'un événement ontologique : celui de la position du sujet. Les deux ouvrages des années 40, *De l'existence à l'existant* et *Le Temps et l'Autre*, peuvent en effet être lus comme des descriptions de cet avènement ontologique de la liberté qui est en même temps apparition et séparation de l'existant au sein de l'« il y a ». La pérennité de cette caractérisation transparaît en outre de cet extrait de « De l'Unicité », texte de 1986 publié dans le recueil *Entre nous* : « La positivité de l'Individu particulier est une persévérance dans l'être qui est vie; l'Individu humain vit dans la volonté de vivre, c'est-à-dire dans la liberté, dans sa liberté qui s'affirme comme égoïsme du moi [...]. Mais l'individu humain est aussi négativité dans sa liberté, excluant les libertés des autres qui limitent la sienne »[1]. Dans cette perspective, l'insuffisance de la liberté (comme liberté qui nie l'Autre) et de l'ontologie (comme ontologie du Même) revient à l'insuffisance de l'existant ou du *Dasein* singulier, qui ne peut donner un sens à son existence autrement qu'en s'ouvrant vers son extériorité, vers autrui. Ce commencement de l'éthique qui brise la suffisance ontologique du *Dasein* libre – libre pour la mort ou libre pour le fondement – est aussi le virement de la liberté en responsabilité, en justice et en bonté.

Il y a cependant une sorte de paradoxe[2] performatif de la liberté levinassienne, qui ne s'affirme que pour anticiper sa propre destitution, qui ne se possibilise qu'en se niant, ou qui occupe l'espace impossible du « tiers exclu d'un "en deçà de la liberté et de la non-liberté" »[3]. La liberté levinassienne, réconciliation de la liberté et de l'altérité par-delà leur

1. *EN*, p. 195.

2. Cf. *AE*, p. 135 : « C'est le paradoxe le plus profond du concept de la liberté que son lien synthétique avec sa propre négation. Seul, l'être libre est responsable, c'est-à-dire déjà non libre ».

3. *AE*, p. 137. Selon la formulation éloquente du cours de 1976, *Dieu, la mort et le temps*, à propos de la « liberté finie » : « Elle est finie parce qu'elle est relation avec un autre; et elle reste liberté, parce que cet autre est autrui. [...] Cette liberté finie, *qui ontologiquement n'a pas de sens* [nous soulignons], est *rupture indéchirable de* l'essance *de l'être* » (*DMT*, p. 209).

incompatibilité de principe, est donc finie au sens radical où elle n'est plus seulement liberté, au sens où, en tant qu'accueil d'autrui, elle est acceptation de la non-liberté : c'est en cela qu'il s'agit d'une liberté éminemment paradoxale. C'est en s'installant en plein paradoxe que la conférence de 1955 sur « Le Vouloir » peut affirmer que « la vraie liberté humaine est dans le futur de sa non-liberté, c'est-à-dire dans la conscience, dans la prévision de la tyrannie toute puissante, par conséquent dans la conscience de l'inconsistance de la liberté, mais par là-même dans le *temps* qui lui reste encore »[1].

La liberté se devance donc elle-même ou plutôt se trouve toujours devancée, son expérience est ainsi le paradoxe vivant d'une épreuve qui anticipe et prépare l'avènement de son retournement, épreuve impossible et cependant constitutive de l'existant[2]. Il importe de prêter la plus grande attention à cette dimension *temporelle* de *précédence* qui est constitutive de la liberté et qui est autre chose qu'une projection dans l'avenir : « La liberté elle-même n'est que *l'ajournement par le temps* »[3] ; et nous pouvons sans doute opposer diamétralement cet « ajournement par le temps » de la liberté levinassienne au « devancement de la mort » de la liberté heideggérienne.

Corrélativement, un autre paradoxe de la liberté levinassienne, de cette liberté « qui ontologiquement n'a pas de sens » et sur laquelle le principe de non-contradiction ou le tiers exclu n'ont pas de prise, réside dans cette tâche oxymorique qu'*Autrement qu'être* énonce comme la « nécessité d'un service sans esclavage »[4]. Autrement dit, il faut assumer dans toute sa radicalité l'asservissement constitutif de la liberté, cette ouverture à (ou inclusion de) la non-liberté qui est le revers de l'ouverture à l'altérité. Nous pouvons invoquer en ce sens un passage remarquable des *Notes philosophiques diverses* qui déplace l'opérateur de l'investiture de la liberté de la responsabilité à l'égard d'autrui vers le service de Dieu, accomplissant par là un élargissement insigne de notre problématique vers une dimension

1. *PS*, p. 247, nous soulignons. L'on pourrait invoquer aussi cette phrase de la conférence de 1959, « Au-delà du possible », reprise en partie dans *Totalité et infini* : « La liberté humaine réside dans l'avenir, toujours encore minimalement avenir, de sa non-liberté [...]. *Être libre c'est avoir du temps* pour prévenir sa propre déchéance sous la menace de la violence » (*PS*, p. 307 ; *TI*, p. 265 ; nous soulignons).

2. Car « l'unité de la liberté spontanée œuvrant droit devant elle et de la critique où la liberté est capable de se mettre en cause et, ainsi, de se précéder, s'appelle – créature » (*TI*, p. 88).

3. *TI*, p. 248, nous soulignons. Cf. *PS*, p. 341 : « La conscience est une méfiance de la liberté à l'égard d'elle-même ».

4. *AE*, p. 91.

théologique que nous ne pourrons pas approfondir ici : « Le problème philosophique de la religion : en quoi consiste le service de Dieu comme condition de la liberté ? – Réponse : service – subordination d'une liberté à une liberté – action sur la liberté qui est appel à la liberté. Pas de liberté sans appel à la liberté »[1]. Dans la perspective illustrée par cette notation, paradoxalement, la responsabilité n'est pas seulement *réponse*, mais également, et tout aussi essentiellement, *appel* à la liberté. Je ne me pose pas comme liberté devant autrui, mais je suis appelé à être libre, dans la responsabilité, par lui.

Le dernier paradoxe de la liberté levinassienne que nous aimerions relever pour finir réside dans la coexistence de la substitution et de l'unicité (ou de l'élection) comme insusbstituabilité. Nous avons déjà cité cette affirmation d'*Autrement qu'être* selon laquelle « la subjectivité est d'emblée substitution, offerte à la place de l'autre [...] avant la distinction de la liberté et de la non-liberté »[2]. Or le redoublement n'est pas permis ici, au sens où il n'y a pas de substitution dans la substitution ; ce pourquoi il est nécessaire de mettre en avant la nécessaire coexistence de la substitution et de l'élection : « Le *soi* dans l'être, c'est exactement le "ne pas pouvoir se dérober à une assignation qui ne vise aucune généralité [et qui n'est pas assignation à l'être, pourrions-nous compléter]. [...] Je unique et élu. Élection par sujétion »[3].

Je ne suis donc pas seulement appelé, mais aussi *contraint* à la liberté. Finalement, c'est cette complexe conjonction de la liberté et de la *nécessité* que Levinas donne à penser, et cette constatation fournirait sans doute un point de départ pour relancer et poursuivre sur d'autres chemins la confrontation avec Heidegger que nous avons esquissée ici.

Claudia SERBAN

1. *CC*, p. 385.

2. *AE*, p. 228.

3. *AE*, p. 201. L'on pourrait invoquer aussi, encore une fois, le cours de 1976 : « La liberté ici se pensera comme ce que personne ne peut faire à ma place ; la liberté est donc l'unicité de cette responsabilité » (*DMT*, p. 212).

L'ÉNIGME DE LA TRANSCENDANCE CHEZ LEVINAS ET HEIDEGGER

Dans cette contribution, il ne s'agira pas de traiter de la question de la place de Heidegger dans la pensée de Levinas, ni d'une quelconque « sortie » du heideggerianisme éventuellement accomplie – ou non – par Levinas. Nous nous interrogerons plutôt sur les raisons pour lesquelles il y a lieu de se situer aux confins – ou à la « limite » – de la phénoménologie, et nous examinerons, en particulier, l'alternative que présentent les tentatives de Heidegger, d'un côté, et de Levinas, de l'autre, par rapport à la nécessité de *franchir* cette limite. Il s'avèrera alors que leurs chemins de pensée (« après » *Sein und Zeit*) sont moins éloignés l'un de l'autre qu'il ne puisse paraître au premier abord. Aussi poserons-nous à la fin de cette étude la question de savoir si leurs ébauches aboutissent à une opposition irréductible ou si la phénoménologie contemporaine est susceptible de s'engager dans une voie qui pourrait s'inspirer des deux à la fois.

LA CRITIQUE DE L'INTUITION

Un débat mettant en jeu *à la fois* Levinas *et* Heidegger nous semble en effet pertinent dans une interrogation sur les « limites de la phénoménologie ». Mais que signifie exactement une telle perspective ?

Lorsqu'en phénoménologie, on vise *autre chose* que la simple clarification de ce que les pères fondateurs de la phénoménologie ont essayé d'établir sur un plan « doctrinal », on doit s'assurer du bien-fondé de ce discours. En affirmant sans cesse – dans un esprit cartésien – que la phénoménologie est une *méthode*, Husserl visait en premier lieu une telle « fondation » légitimante. Si les recherches phénoménologiques sont « vivantes », comme on le répète encore souvent aujourd'hui à juste titre, c'est de cette prérogative primordiale qu'il faut d'abord et avant tout se souvenir. Et ce, non pas pour simplement l'affirmer de manière stérile, mais afin d'apporter des éléments de compréhension alimentant cette perspective de façon constructive.

Husserl a évidemment lui-même répondu à cette question de la légitimation de ses propres analyses (phénoménologiques). Au centre de cette dernière est le concept d'*intuition.* Heidegger insiste souvent sur ce point, en se référant à Kant (et en insistant notamment sur l'importance de la première phrase de l'*Esthétique transcendantale*, qui rattache toute connaissance à l'intuition (sensible)). Or, c'est l'importance accordée à cette notion d'intuition qui va justement déterminer la « limite » (ou du moins l'une des « limites » principales) de la phénoménologie.

Le fait que Husserl accorde, sur un plan méthodologique, à l'intuition ou à l'évidence intuitive le statut de « principe de tous les principes » de la phénoménologie (formulé dans le premier volume des *Ideen*) n'est en effet pas sans poser un certain nombre de problèmes. Ce principe inclut la priorité constitutive de la *perception* vis-à-vis de tout autre acte intentionnel, dans la mesure où seule la perception est « *absolut originär gebend* » (c'est-à-dire capable d'une *donation absolument originaire*). La remise en question de ce principe se justifie au moins à un quadruple égard :

1) Dès 1904, Husserl avait affirmé que l'*imaginer* ne relevait pas de la visée (ou de la pensée), mais de l'*intuition.* Mais cette caractérisation de l'imagination comme acte intuitif remet profondément en cause – et ce, avant la lettre – le « principe de tous les principes » puisque ce dernier ne se limite précisément pas à la *perception* (sachant que, selon la *Sixième Recherche Logique*, l'intuition, comme type d'acte donnant l'apparaissant tel qu'il est « en chair et en os », est le garant de toute vérité). La validité universelle de ce principe se heurte donc à toute opération ou fonction constitutive relevant de l'intentionnalité de l'imagination.

2) Heidegger approfondit cette remise en question, en l'étendant à l'intentionnalité elle-même et à sa dimension objectivante. Alors que pour Husserl, toute signification est le fait d'un acte appréhendant un contenu sensible, pour l'auteur de *Sein und Zeit*, elle s'inscrit dans une structure de renvois (caractéristiques du *monde*) qui se rapportent certes en dernière instance au *Dasein* (c'est-à-dire qu'ils sont « en vue de » lui), mais ne sont toutefois nullement tributaires d'une « conscience » ni, et encore moins, d'une « appréhension » « animant » des *data* sensibles. Au nom d'une *ontologie* phénoménologique, Heidegger remet alors en question le schéma appréhension/contenu d'appréhension des analyses intentionnelles husserliennes.

3) Levinas remet à son tour en cause l'intentionnalité et la priorité de l'objectivation. Mais il conduit la critique encore plus loin que Heidegger parce qu'il ne voit dans son projet d'une ontologie fondamentale (et même d'une ontologie tout court) un « jeu » (il parle par exemple de « jeu de lumière ») qui ne prend pas acte de la « gravité » de la responsabilité. Nous verrons quel est le sens de cette critique levinassienne de l'ontologie et quelles sont les conséquences qui en découlent.

4) Enfin, la nécessité de remettre en question la priorité de l'intentionnalité objectivante et de son caractère « doxique » se justifie encore par un autre aspect – qui nous reconduit vers Husserl. On peut distinguer chez le père de la phénoménologie entre trois sortes de « *facta* » : d'abord, les « simples faits » ou « événements », caractérisés par une contingence irréductible, dont traite la phénoménologie *descriptive* ; ensuite, les « faits originaires » ou « absolus » qui relèvent de la (phénoménologie) *métaphysique* ; et enfin les « *facta* » très particuliers qui sont l'objet de la phénoménologie *constructive.* Ces derniers sont des *limites* qu'une démarche « *descriptive* » (s'appliquant à eux) n'est pas en mesure de franchir (dont témoignent notamment les « phénomènes originairement constitutifs » de la constitution de la conscience du temps qui livrent ainsi l'exemple d'une *limite*, voire d'une « aporie » que l'analyse purement descriptive ne permet pas de résoudre et qui remet, là encore, en cause le « principe de tous les principes »).

AU-DELÀ DE L'« ESSANCE » ET DE L'« ÊTRE (SEIN) » : LA QUESTION DE L'« AUTREMENT QU'ÊTRE » ET D'UN « AUTRE COMMENCEMENT »

Comment Levinas et Heidegger envisagent-ils maintenant la possibilité de « franchir » cette limite par une critique constructive de l'intuition, à laquelle il s'agira(it) alors de substituer une alternative positive et concrète ? C'est l'idée d'une « altérité », d'une « autreté »[1], vis-à-vis de l'ontologie et de la métaphysique qui s'avère ici centrale.

Pour Levinas, la question de l'*autre de l'être*, d'un « *autrement qu'être* », a son assise dans une interrogation sur le *véritable sens* de la « transcendance ». Le régime husserlien de l'intentionnalité, la perspective heideggérienne du « *Seinsverständnis* » (compréhension de l'être) (dans *Sein und Zeit*) mais aussi, un peu plus tardivement, le penser de la « *Lichtung* » (éclaircie)

1. Concept emprunté au poète espagnol Antonio Machado. Nous remercions Pablo Posada Varela pour l'indication de cette référence fructueuse.

s'inscrivent tous dans un *horizon* (conscience, lumière) qui situe l'existence (humaine) dans un rapport à la fois trop éloigné et trop rapproché vis-à-vis de l'étant. Trop rapproché, parce que cela ne permet précisément pas de rendre compte du sens authentique de la transcendance ; trop éloigné parce que l'on passe par là à côté du véritable statut de la subjectivité. Levinas reproche aux deux pères fondateurs de la phénoménologie de ne pas creuser suffisamment les conditions du fait que nous puissions être en « proximité », voire en « contact » avec l'étant ; et il critique en même temps que la transcendance n'ait pas été pensée de manière suffisamment radicale.

Aussi Levinas s'enquiert-il d'un « autrement qu'être ». Qu'est-ce à dire ? Déjà, cela s'oppose à la célèbre détermination heideggérienne de l'être comme ce qui « fait (*ausmacht*) » le « sens » et le « fondement » de l'étant[1]. Levinas accentue une difficulté qui, toutefois, n'était pas restée cachée à Heidegger, celle de savoir comment ne pas trahir le dire de cet autrement qu'être par un recours inévitable à l'être, par une rechute dans l'être (ou pour le dire en langage heideggérien : comment éviter la contamination ontique de toute approche de l'être). Pour Levinas, ce problème se pose et s'énonce en des termes que l'on pourrait qualifier non pas de temporels mais de « *trans*-temporels » :

> Ce *dire* et ce *se dédire* [au sens où « l'*autrement qu'être* s'énonce dans un dire qui doit aussi se dédire pour arracher ainsi l'*autrement qu'être* au dit où l'*autrement qu'être* se met déjà à ne signifier qu'un *être autrement* »[2]] peuvent-ils se rassembler, peuvent-ils être en même temps ? En fait, exiger cette simultanéité, c'est déjà ramener à l'*être* et au *ne pas être*, l'*autre* de l'être. Nous devons en rester à la situation extrême, d'une pensée *diachronique*[3].

À l'impossibilité de traiter sur un même plan ontologique le dire et le dit correspond la nécessité de recourir à un régime temporel qui transcende la temporalité de la conscience, du vécu, de l'expérience. Arrêtons-nous un instant sur cette « trans-temporalité ».

Levinas radicalise ici un geste husserlien. L'auteur des *Leçons pour une phénoménologie de la conscience intime du temps* (1928) avait pointé dans le § 39 de ces *Leçons* une « temporalité pré-phénoménale, pré-immanente » caractéristique d'un ordre « quasi-temporel » qui se constitue (pour Husserl d'une façon certes encore *intentionnelle*) en tant

1. *SuZ*, § 7C, *GA* 2, p. 47.
2. *AE*, p. 19.
3. *Ibid.*, p. 20.

que *forme* de la conscience constituante du temps et *dans* cette dernière[1]. La radicalisation par Levinas consiste en ceci qu'il abandonne le cadre *intentionnel*, qu'il refuse tout « *fondationalisme* » et qu'il creuse en même temps (et malgré cette renonciation) la question du *lien* entre les deux registres (caractérisés par une rupture qui s'exprime par la notion de l'« au-delà » (ce qui justifie l'usage de la notion de « trans-temporalité »)).

Comment Levinas établit-il ce lien ? De toute évidence, il s'agit là de la prolongation de la critique du transcendantalisme qu'il avait déjà formulée dès les années 1950 – si par « transcendantalisme » on entend l'attitude philosophique consistant à mettre en évidence un *conditionnement* de ce qui se donne dans l'expérience, lequel conditionnement serait reconduit à la « subjectivité transcendantale ». Comme nous avons essayé de le montrer ailleurs, s'il est encore possible de parler d'une phénoménologie « transcendantale » à l'époque de *Totalité et infini*, c'est parce que Levinas met à l'épreuve l'idée d'un « conditionnement mutuel » entre constituant et constitué, entre conditionnant et conditionné. Celui-ci affecte la *jouissance*, l'inscription *corporelle* dans le monde, le *langage* dans la « *production du présent* », la position *apologétique* du moi, la dimension *éthique* dans la recherche de la *légitimation d'un fondement théorique* et enfin la *fécondité*. Mais parler d'un « conditionnement *mutuel* » nous fait sortir au moins du versant « idéaliste » du transcendantalisme, car la subjectivité ne s'avère justement plus être la seule instance conditionnante. Mais comment concevoir que le conditionnant soit à son tour conditionné ?

Dans *Autrement qu'être ou au-delà de l'essence*, Levinas livre une réponse à cette question qui revient à un approfondissement et à une radicalisation de la critique de l'idéalisme transcendantal. Au lieu de considérer que le constituant conditionne le constitué et *vice versa*, ce que Levinas nomme « la condition ou l'incondition » met plutôt en jeu un autre « rapport réciproque », plus exactement une « alternance » plus profonde (en deçà de tout conditionnement qui renvoie encore à une perspective fondationnelle) – celle entre la *présence* et le *retrait*. « Par-delà le dévoilement et l'exhibition du connu, alternent, surpris et surprenants, une présence énorme et le retrait de cette présence », écrit Levinas à la fin du chapitre III d'*Autrement qu'être ou au-delà de l'essence*[2]. Se clarifie dès lors la signification originale de la dia-chronie : Levinas réfléchit le sens fondamental du « conditionnement » (dont le « conditionnement mutuel » de *Totalité*

1. *Husserliana X*, section A (§ 39), p. 83 ; *Leçons pour une phénoménologie de la conscience intime du temps*, trad. fr. H. Dussort, Paris, Puf, 1964, p. 109.

2. *AE*, p. 143.

et infini était donc la figure la plus accomplie). Il s'avère que le conditionnement implique toujours une *différence* de *plan* ou de *registre* mettant en jeu une *présence* et un *retrait* (soit du conditionnant, soit du conditionné – selon la perspective que l'on adopte). Ainsi, Levinas n'indique pas simplement, comme c'est le cas de Fichte[1], que le transcendantal implique un anéantissement et un engendrement (ne s'appliquant jamais qu'à *telle* ou *telle* condition transcendantale) *en raison du fait* (allégué par Kant) *qu'il n'admet pas d'expérience possible* ; mais il montre que le transcendantal met plutôt en jeu une « *dia-chronie* » portant sur *tout* le registre en deçà de la conscience immanente et du Dit (ce qui est une autre façon de dire que c'est l'*intuition* qui est ici remise en question). Aussi Levinas n'identifie-t-il pas seulement cette double figure comme l'essence même du conditionnement, mais, en parlant d'« incondition *ou* condition », il la place de façon « diachronique », justement, au lieu de son origine qui y prend la forme d'un « principe ou non-principe », pourrait-on dire, ou précisément cela même qu'il appelle l'« an-archie ».

Heidegger développe à son tour un questionnement relatif à la « limite » de la phénoménologie et de l'ontologie en termes d'« altérité », en préconisant dans les *Beiträge zur Philosophie* un « *autre* commencement » qui s'écarte du « premier commencement » caractéristique de la métaphysique.

Qu'est-ce qui caractérise fondamentalement la métaphysique ? C'est le fait de poser la question de l'être à partir de l'étant, et donc de concevoir l'être comme « étance », comme être *de* l'étant. Cette question est la *Leitfrage* (question directrice) de la métaphysique. La pensée de l'autre commencement, en revanche, ne prend pas son commencement dans l'étant, mais dans l'être – qui, pour le démarquer de tout être pouvant encore être entaché d'« étance », est appelé « *Seyn* » (estre). Or, la « *Wesung* » du *Seyn* (son « déploiement en son essence ») « requiert la *fondation de la vérité* du *Seyn*, et cette fondation doit s'accomplir en tant que *Da-sein*, en vertu de quoi tout idéalisme et ainsi la métaphysique *en vigueur jusqu'ici* et la métaphysique en général est dépassé en tant que déploiement nécessaire du premier commencement, qui, de cette façon, est poussé à nouveau dans l'obscurité afin seulement d'être conçu comme premier commencement à partir de l'autre commencement » (*Beiträge*, § 88, p. 176). On comprend dès lors ce qui constitue la *Grundfrage* (« question fondamentale », au centre de laquelle est le *Grund* (fondement)) de cette pensée de l'autre commencement : il ne s'agit de rien de moins que de penser la fondation

1. Voir sur ce point notre ouvrage *Réflexion et spéculation. L'idéalisme transcendantal chez Fichte et Schelling*, Grenoble, Millon, 2010.

(*Gründung*) du *Seyn* comme « *Da-gründung* » et « *Da-sein* » ou, ce qui explique cela, comme « *Da-gründung* » *en tant que* « *Da-sein* ».

Comment faut-il comprendre plus précisément l'idée que le *Da-sein* est le « fondateur (*Gründer*) » de la vérité du *Seyn*, que cette « vérité "est" comme *Da-gründung* (fondation du *Da*) et comme *Da-sein* » (*Beiträge*, § 206, p. 329) ? L'objectif fondamental consiste pour Heidegger à déployer un transcendantalisme qui certes « fait violence » à ses acceptions traditionnelles (notamment à celle de Kant), mais qui ne conserve pas moins le rapport entre « *Da-sein* » et « *Seyn* », entre « penser » et « être », que le transcendantal(isme) a d'abord ouvert (et où l'imagination transcendantale s'avère d'ailleurs décisive) (*GA* 65, 134). Ce « rapport » (qui est en réalité un terme inapproprié) est pensé par Heidegger rigoureusement comme une *co-appartenance* ou une *sollicitation mutuelle* ; il faut écarter toute idée d'une dualité de termes à propos desquels on se demanderait ce qui rend leur « rencontre » ou leur « contact » d'abord possible. Leur « rapport » est l'« oscillation mutuelle du requérir et de l'appartenir (*Gegenschwung des Brauchens und Zugehörens*) » (GA 65, 251). Le *Seyn* requiert le *Da-sein* pour pouvoir se déployer en son essence ; et le *Da-sein* appartient nécessairement au *Seyn* parce que ce n'est que de cette façon qu'il peut lui-même *être*. Or, dans la mesure où « le fonder originaire du fondement » est la manière dont la vérité du *Seyn* se déploie en son essence (*GA* 65, 307), « l'archi-fondation (*Ergründung*) devient la fondation du *Da-sein* en tant qu'archi-fondation du fondement : [en tant que] vérité du *Seyn* » (*ibid.*). Autrement dit, le « *Da-sein* est le fondateur de la vérité » signifie que le *Da-sein* ne « crée » certes pas le *Seyn*, mais à défaut du *Da-sein*, le *Seyn* ne saurait être « là ». Le « *Da* » est la manière dont le *Seyn* se manifeste en sa vérité[1].

Approfondissons l'identification opérée par Heidegger entre « *Da-sein* » et « *Dagründer* (fondateur du *Da*) » (*GA* 65, 409). La « fondation » (*Gründung*) a trois significations. Le « fonder originaire du fondement » correspond à la manière dont le fondement (*Grund*) « *est* » proprement, « *se déploie en son essence* » ; donc il y va de l'*être* du fondement (sens intransitif) (volet relatif au *Seyn*). Le deuxième et le troisième sens pensent la fondation (*Gründung*) en termes d'« archi-fondation » (*Er-gründung*) ; dans l'*Er-gründung*, le fondement est atteint et assumé, c'est-à-dire approprié

1. La fondation n'est ni création, ni production, mais « laisser-être-fondement » (*Grund-sein-lassen*) au sens du *fondement pour un laisser-être* (*GA* 65, 31). Heidegger appelle en effet très précisément « *Gründung* (fondation) » la manière dont le *Da(-)sein* se rapporte au *Sein* : le *Sein* ne « crée » pas le *Dasein*, ni ne le produit, mais le *Sein* en a besoin – en ce sens que le *Dasein* « laisse être » le *Sein*.

(s'exprime ici un lien évident entre « *Er-gründung* » et « *Er-eignis* ») (volet relatif au *Da-sein*). Le fait que le fondement soit f*ondement de quelque chose* constitue le premier sens de l'« *Er-gründen* ». Et le fait que quelque chose soit rapporté au fondement en tant que *son* fondement (donc le fait de fonder, édifier (= *bauen*) *sur* lui) en circonscrit le second sens[1].

Lorsque Heidegger affirme que « [l]a disposition affective fondamentale accorde l'archi-fondation du fondement du *Da-sein*, de l'*Ereignis*, et partant la fondation du *Da-sein* » (*GA* 65, 34), il identifie « fondation » et « archi-fondation du fondement » ainsi qu'« *Ereignis* » (= *Seyn*) et « fondement du *Da-sein* » (comme il le précise ailleurs en *GA* 65, 311), la fondation du *Da-sein* correspond au déploiement de la « *Daheit* du *Da* »). Le *Da-sein* comme « fondateur de la vérité » et l'*Ereignis* comme « fondement de la vérité du *Seyn* » renvoient en effet l'un à l'autre.

Enfin, l'autre commencement met aussi en jeu le rapport à Dieu, plus précisément au « dernier Dieu ». D'une part (« en amont »), seulement un Dieu, comme Heidegger l'affirme au début de son cours de 1934-1935 sur les hymnes hölderliniens « Germanie » et « Le Rhin », peut commencer par le commencement. Cela implique qu'un *autre* commencement met en jeu un Dieu, fût-il justement le « dernier Dieu » (qui n'est évidemment pas celui qui trône sur la perspective onto-théo-logique de la métaphysique du premier commencement). Et d'autre part (« en aval »), « Dieu » est la concrétisation d'un rapport singulier à la « transcendance » qui sera au cœur de la nouvelle figure du « *Da-sein* » dans les *Beiträge zur Philosophie*[2]. Précisons ce point, en éclairant la proximité des projets de Levinas et de Heidegger selon une autre perspective.

LA CRITIQUE DE LA « SUBJECTIVITÉ » COMPRISE COMME « SUBSTANTIALITÉ ». « SUBSTITUTION » VS. « IN-STANCE EK-STANCE »

Cette réflexion sur l'« autre », sur l'« autrement » (qu'être), met en jeu, et cela apparaissait donc effectivement déjà en filigrane dans ce qui précède, une nouvelle figure de la « *subjectivité* » (ou du *Dasein*). Celle-ci remet en question – chez Levinas autant que chez Heidegger – la « subjectivité » en termes de « substantialité ». Voyons d'abord ce que l'on peut dire à ce propos dans la perspective levinassienne.

1. Le premier sens de la fondation détermine le deuxième ainsi que le troisième.
2. Voir par exemple le § 7 des *Beiträge zur Philosophie*.

Autrement qu'être ou au-delà de l'essence conduit la critique par Levinas de la notion de la « subjectivité » plus loin que cela n'eut été le cas dans *Totalité et infini*. Le terme central y est celui de la « *substitution* » (et ce, quoi qu'implique l'intervention du « tiers » par la suite). Cette notion doit d'abord être considérée dans son sens *littéral* : si le sujet, le *sub-iectum*, ne doit plus être compris comme sub-stance, comme stance se tenant en dessous du réel en en étant le fondement, il s'agit désormais de le penser comme sub-stitution. Levinas conçoit le sujet comme « ex-ception » qui est en même temps « su[b]s-ception » : ce dernier est donc à la fois pris en dehors de ce qui conjugue les termes de la différence ontologique, et il est exhibé en sa sujétion la plus profonde – la plus « en-dessous » – d'une « passivité [vulnérabilité, *id est* sensibilité] plus passive que *toute* passivité ».

L'idée qui détermine ici le propos de Levinas peut être formulée comme suit : si le Moi est une structure *universelle* (apriorique, nécessaire), alors l'Autre qui en est exclu *de par cette universalité du Moi* est à jamais *inaccessible. A contrario*, si le rapport à l'Autre doit être possible, alors le Moi ne peut être qu'une *singularité* absolue, « unicité ». Et celle-ci est d'abord affective (et en particulier jouissance, en deçà de tout *conatus*) : « La jouissance dans sa possibilité de se complaire en elle-même, exempte de tensions dialectiques, est la condition du pour-l'autre de la sensibilité et de sa vulnérabilité en tant qu'exposition à Autrui » ; et ce, dans la mesure où « le donner n'a de sens que comme un arracher à soi *malgré soi* et non seulement *sans* moi » (*AE*, p. 119). Or, ce rapport à l'autre n'est pas seulement *possible*, il n'est pas hypothétique, mais il s'atteste catégoriquement par l'idée de l'infini qui « implique une âme capable de contenir plus qu'elle ne peut tirer de soi » (*TI*, p. 196) et qui désigne donc « une relation avec un être qui conserve son extériorité totale par rapport à celui qui le pense » (*TI*, p. 42). La substitution n'est autre que la compréhension radicalisée d'une responsabilité sous le signe de l'idée de l'infini. Dans l'expression « substitution » se conserve quelque chose du terme de « substance » dont elle se démarque pourtant : la substitution est une stance *dans* l'exposition, une stance *en tant qu'*exposition.

Que signifie plus précisément ce rapport fondamental du Moi à l'Autre (ou l'inverse) ? Ce n'est pas une abdication qui ferait du Moi l'*esclave* de l'autre, mais une *responsabilité* de l'autre. Une responsabilité qui est autant un répondre *à* qu'un répondre *de* : si je ne suis pas obligé à être à l'écoute de n'importe quelle sollicitation par autrui, il y a tout de même, dans cette « passivité plus passive que toute réceptivité », une sorte d'archi-activité – celle non pas d'avoir à *être* (comme dirait Heidegger), mais d'avoir à être là *pour* l'autre. Ailleurs, Levinas affirme à ce propos que la souffrance

« perdrait la passivité de la patience, si elle n'était pas à tout moment un débordement du sens par le non-sens » (*AE*, p. 119).

La subjectivité est, en tant que sensibilité, exposition à l'autre. Celle-ci s'exprime selon un « avoir-été-offert-sans-retenue » qui conjugue à la fois une « inversion du *conatus* de l'*esse* » et une plongée, sans point d'appui, sans retenue justement, non pas dans « la possibilité ultime de l'impossibilité d'exister », mais dans une exposition anarchique, exprimant un passé transcendantal (en deçà de toute présence).

Cette « responsabilité » a, par ailleurs, un rapport fondamental au langage : non seulement c'est la réponse qui prime sur la question (autre réplique évidente à Heidegger), mais la responsabilité constitue « l'intelligibilité préliminaire de la signification » (*AE*, p. 111). Alors que, pour Heidegger, la compréhension (*Verstehen*) est un existential du *Dasein* qui le confine au cercle de ses propres projets possibilisants, pour Levinas l'intelligibilité primordiale *suppose* l'autre. Donc, au-delà de la perspective de *Totalité et infini*, où Levinas avait ancré le projet de soi de l'être-*au-monde* heideggérien dans *Autrui*, il établit dans *Autrement qu'être ou au-delà de l'essence* que le comprendre *lui-même* s'inscrit toujours dans un horizon incluant en tout premier lieu l'Autre. Et Levinas d'insister sur le fait que ce n'est que de cette façon qu'il est possible de rendre compte « de l'irréductible paradoxe de l'intelligibilité : de l'autre dans le même, du trope du "pour l'autre" dans son inflexion préalable. Signification dans sa signifiance même, en dehors de tout système, avant toute corrélation [...] » (*AU*, p. 113), « intelligibilité non redevable à la présence ou à la simultanéité de l'essence dont elle serait le décroît » (*AE*, p. 111).

Notons enfin que la subjectivité, définie comme proximité, n'est pas transparente à elle-même dans la signification. Car cela impliquerait que du sens s'immiscerait dans ce que Levinas caractérise comme « rapport et terme de ce rapport » : or, la proximité est signi-fication au sens littéral : elle fait d'abord du sens en étant elle-même dans l'angle mort de ce processus (précisément parce qu'elle n'est pas « encore » conscience intentionnelle). Le contact d'Autrui qui s'exprime par là est une « immédiateté plus ancienne que l'abstraction de la nature » (*AE*, p. 137). Et la « transcendance » (*AE*, p. 135) de la proximité relève précisément de la diachronie mise en jeu dans ces rapports.

Voyons maintenant quel est l'impact de la réflexion relative à la « fondation » et au *Da-sein* comme « *Dagründer* » sur le statut de la subjectivité chez Heidegger. Ici aussi, la nouvelle figure de la subjectivité découle d'une critique de la « substantialité ».

Dans *L'origine de l'œuvre d'art*, précédant immédiatement la rédaction des *Beiträge zur Philosophie*, Heidegger revient sur le sens du « *Dasein* » acquis dans *Sein und Zeit* et – à propos du sens de l'existence de ce dernier – il dit ceci : conformément à l'« expérience fondamentale du penser » dont témoigne l'ouvrage publié en 1927, le « savoir qui demeure un vouloir et le vouloir qui demeure un savoir, est un se-laisser-à[1] extatique (*ekstatisches Sicheinlassen*) de l'homme existant dans la désoccultation (*Unverborgenheit*) de l'être. La résolution (*Ent-schlossenheit*), pensée dans *Sein und Zeit*, n'est pas l'action décidée d'un sujet, mais l'ouverture (*Eröffnung*) du *Dasein* l'extrayant de l'accaparement dans l'étant en direction de l'être-ouvert (*Offenheit*) de l'être. Dans l'existence, cependant, l'homme ne sort pas d'abord d'un "dedans" vers un "dehors", mais l'essence de l'existence est l'in-stance ek-stante (*ausstehendes Innestehen*) dans le déploiement essentiel (*im wesenhaften Auseinander*) de l'éclaircie de l'étant[2] ».

Il apparaît ici qu'il y a un conditionnement mutuel entre la réélaboration du sens du *Dasein* et la reconsidération du sens de l'être : d'une part, c'est une clarification du sens de l'être en tant qu'être qui conduit à la mise en évidence d'une nouvelle caractérisation ontologique du *Dasein* (*Da-sein*) ; et, d'autre part, c'est l'approfondissement du sens du *Dasein* qui aboutit à une compréhension plus distincte du *Sein* (*Seyn*).

Dans le § 9 de *Sein und Zeit*, Heidegger avait esquissé l'objectif fondamental de l'interprétation *ontologique* du *Dasein.* Celui-ci consiste à « développer la problématique de son être [à savoir de l'être du *Dasein*] à partir de l'existentialité de son existence » (*SuZ*, 43). Or que signifie cette « existentialité » ? « *Dasein* est un étant qui en son être se rapporte de façon "comprenante" (*verstehend*) à cet être [qui est le sien !]. Par là est indiqué le concept formel de l'existence. » (*SuZ*, 52 *sq.*). Heidegger « déformalisera » ensuite ce concept formel de l'existence à travers l'analyse de la structure ontologique fondamentale du *Dasein* en termes d'« être-au-monde (*In-der-Welt-Sein*) ». Le point décisif ici concerne cela même qui, dans cette structure, « met en rapport » le *Dasein* et le monde, à savoir l'« être-à (*In-Sein*) ». À ce sujet, Heidegger souligne : « il s'agit de mettre en évidence la constitution ontologique de l'*Inheit* ("à-ité") » (*SuZ*, 53). Dans cette remarque, peu soulignée en général, se cristallise tout le programme non seulement de *Sein und Zeit*, mais encore des *Beiträge zur Philosophie* (dans

1. Nous traduisons « *Sicheinlassen* » par « se-laisser-à », en le calquant sur le « *Insein* », traduit en français par « être-à » (sachant que « *ein-* » a précisément le sens ici de « *in-* »). Nous reviendrons plus loin sur le sens de cette expression.

2. *Holzwege*, *GA* 5, Frankfurt-am-Main, Klostermann, 1977, p. 55.

une perspective à chaque fois différente, bien entendu) : dévoiler le sens philosophique fondamental de ce milieu, de la « sphère immanente », de l'Ouvert, permettant au *Dasein* humain d'avoir une compréhension de ce auprès de quoi il est lorsque, *en* son être, il se rapporte à de l'étant.

Ce sera précisément la mise en œuvre concrète du sens de l'*Inheit*, telle est notre thèse, qui dévoile un changement de perspective entre *Sein und Zeit* et les *Beiträge zur Philosophie.* Malgré l'insistance de Heidegger sur le caractère résolument « extatique » du *Dasein*, il n'apparaît pas moins, *dans Sein und Zeit*, que la sortie de soi du *Dasein* s'effectue ou bien vers le *monde* ou vers son propre être esseulé. Mais dans la mesure où le monde est un « *constitutivum* du *Dasein* » (*SuZ*, 52), le *Dasein*, dans son caractère extatique, est et reste dans tous les cas « avec » lui-même (ce dont témoignent d'ailleurs toutes les analyses fondamentales du livre, à propos de l'angoisse, du devancement de la mort, du *Gewissen*, de la temporalité, etc.). Et par là se confirme finalement ce que Heidegger avait annoncé dès le § 4 où il a écrit que « la question de l'*être* [...] [c'est-à-dire : de l'être *en tant qu'être*] n'est rien d'autre que la *radicalisation* d'une tendance d'être essentielle *appartenant au* Dasein *lui-même*, à savoir de la *compréhension pré-ontologique* de l'être ». (*SuZ*, 15) S'exprime davantage ici qu'une simple caractérisation « ontologique » du *Dasein* (consistant pour ce dernier à poser de façon essentielle la question du sens de l'être) : cette radicalisation implique que le fait de s'installer dans l'ontologie fondamentale ne peut aboutir à autre chose, en fin de compte, qu'à une identification du *Sein* en tant que *Sein*, d'un côté, et du *Sein* du *Dasein*, de l'autre[1]. De telle sorte que le conditionnement mutuel pointé plus haut donne lieu, dans ce traité, à un renvoi tout aussi mutuel entre un *Dasein* caractérisé par une *Inheit* radicale et un *Sein* se réduisant à l'être du *Dasein.*

Or, l'élucidation de la constitution ontologique de la « *Inheit* » se poursuit dans les *Beiträge zur Philosophie* – non plus en termes de « *In-der-Welt-sein* (être-au-monde) » du *Dasein*, mais d'« *Inständigkeit* (in-stance) » du *Da-sein.*

La meilleure illustration de ce procédé est précisément la caractérisation du *Da-sein* dans le *Kunstwerkaufsatz* – caractérisation qu'il faut compléter par une indication essentielle fournie par Heidegger dans le cours du semestre d'été de 1935 *Einführung in die Metaphysik.* Le rapport entre *Da-sein* et *Seyn* s'exprime en effet en termes d'« *Ausstehendes Innestehen* » et d'« *In-sich-aus-sich-Hinausstehen* » – le premier caractérisant le *Da-sein*

1. Une précision aussi troublante qu'instructive à ce propos – se présentant à la fois comme une critique d'une lecture possible de *Sein und Zeit* et comme une auto-interprétation – se trouve dans le § 259 intitulé « Die Philosophie » (*GA* 65, 433).

et le second la *physis* en tant qu'elle détermine l'être lui-même, double caractérisation développée et exposée dans les *Beiträge zur Philosophie.* L'« ek-stance » et l'« in-stance » renvoient l'une à l'autre. Toute « in-stance » est en même temps une « ek-stance », et toute « ek-stance » est ancrée dans une « in-stance ». L'« ek-stance » est la traduction littérale d'« *ek-histemi* » (« exister »), tandis que l'« in-stance » (« *Innestehen* », « *Instand* », « *Inständigkeit* ») s'oppose d'une part à « *Gegenstehen* », « *Gegenstand* », « *Gegenständlichkeit* » et doit être comprise d'autre part comme un tenir « endogène » dans l'in-stance du *Dasein.* La nouveauté de la pensée de la *physis* par rapport à la *Daseinsanalytik* de *Sein und Zeit* consiste dans le fait que le monde comme « contrée de toutes les contrées » (qui pourrait faire écho à l'expression plus tardive du monde comme « domaine de tous les domaines ») prend désormais sur lui, et en lui, la manifestation de l'étant (dans l'« échange » avec le *Dasein*) et que, du coup, cette dernière n'est plus le seul fait du *Dasein.*

OUVERTURE

Deux projets s'opposent – deux projets à la fois irréductibles l'un à l'autre, mais fructueux, l'un autant que l'autre, pour la perspective phénoménologique (ou « outre-phénoménologique », comme dirait Stanislas Jullien) qu'ils ouvrent l'un *et* l'autre. Cette perspective est celle d'un *nouveau dualisme.* Les perspectives dualistes sont bien connues dans la tradition de la philosophie transcendantale, il suffit d'évoquer à ce propos les couples sensibilité/entendement (Kant), noèse/hylè (Husserl), compréhension/disposition affective (Heidegger) ou encore schématisme/affectivité (Richir). Certes, il s'agit de montrer, à chaque fois, que cette opposition entre les deux termes est dépassée (ou sapée à la base) en vertu d'une unité « relevant des profondeurs insondables du "*Gemüt*" » ou du langage. Ce qui ressort des réflexions précédentes, c'est l'affirmation d'un dualisme « indépassable » – celui entre la « sensation » et l'« image », dans lequel, nous allons le voir tout de suite, culmine cette double « stance », « in-stante », « ek-stante ». Et c'est une tâche qui nous est donnée, dont il s'agit *d'abord* de s'acquitter, que d'expliquer comment elles s'articulent l'une avec l'autre. Une opposition nette semble alors s'en dégager, ce dont témoignent ces dernières citations de Heidegger et de Levinas :

> L'imager [*Bilden*] renvoie au verbe en ancien haut allemand « *pilon* » ; il signifie frapper, pousser, pousser en avant. *Bilden* est porter au jour, pro-duire [*Her-vor-bringen*], c'est-à-dire porter dans le désocculté,

> dans le manifeste, en le sortant de l'occulté et de ce qui se cache. Le « pro-duit » ainsi compris, le configuré [*Gebildetes*], est la configuration [*Gebild*]. Dans la mesure où celle-ci vient ainsi au jour et dans le paraître, elle offre une vue et est en même temps, en tant que configuration, l'image originaire. En revanche, la copie [*Abbild*] et l'image « après coup » [*Nachbild*] ne sont jamais que des images en un sens dérivé. Celui-ci se trouve déjà dans le nom latin *imago* dans lequel parle le radical *imitari* – imiter, copier. Le nom d'origine grecque « icône » a au contraire un sens plus profond, provenant du verbe *εἴκω*, c'est-à-dire reculer, faire un pas en arrière devant quelque chose, et ainsi laisser venir au-devant – et par là apparaître [d'une manière autant in-stante qu'ek-stante] – ce qui est de la sorte « devant ». Aussi l'image [*Bild*] repose-t-elle originairement dans la configuration [*Gebild*], entendue comme pro-duction, et non l'inverse[1].

> Une phénoménologie de la sensation [qui ne doit pas être prise pour un contenu devant remplir des formes *a priori* de l'objectivité, mais à laquelle il faut reconnaître une fonction transcendantale *sui generis* indiquant que les structures formelles *a priori* du non-moi ne sont pas nécessairement des structures de l'objectivité], [une phénoménologie de la sensation, donc] comme jouissance, une étude de ce qu'on aurait pu appeler sa fonction transcendantale qui n'aboutit pas nécessairement à l'objet, ni à la spécification qualitative d'un objet, et comme tel simplement vu, s'imposerait. La *Critique de la Raison pure*, en découvrant l'activité transcendantale de l'esprit a rendu familière l'idée d'une activité spirituelle qui n'aboutit pas à un objet, même si dans la philosophie kantienne, cette idée révolutionnaire s'atténuait du fait que l'activité en question constituait la condition de l'objet. Une phénoménologie transcendantale de la sensation justifierait le retour au terme de sensation, caractérisant la fonction transcendantale de la qualité qui lui correspondrait – fonction que l'ancienne conception de la sensation où intervenait cependant l'affectation d'un sujet par un objet – évoquait mieux que le langage naïvement réaliste des modernes[2].

On sait que Levinas est très sévère vis-à-vis de la perspective de l'« image ». L'image est pour lui la marque de l'apparoir, de la phénoménalité. Mais qu'en serait-il pour une phénoménologie de l'image *qui suivrait Levinas au plus près de sa critique de l'intentionnalité doxique* ? Dans ses pages puissantes de *Totalité et infini* qui mettent à mal le schéma « appréhension-contenu d'appréhension » husserlien, Levinas stigmatise le fait que la sensation soit mise au service de l'objectivation. Qu'en serait-il de l'image si elle ne relevait point exclusivement de la « vue », mais si elle

1. *Sprache und Heimat* [1960], *GA* 13, p. 171.
2. *TI*, p. 205 *sq*.

était plutôt le nom, et l'effectuation concrète, de l'inscription du *Leib* dans l'inéluctable et l'irréductible « prise en vue » du réel ?

Il y a peut-être une réponse à cette question lorsque l'on pense ensemble les deux résultats fondamentaux auxquels sont parvenues les présentes réflexions : d'une part, la nécessité d'ancrer le rapport à la transcendance, à l'altérité, dans une « subjectivité » (jouissance et proximité, pour l'un (cela concerne la « *sensation* »)), s'engageant dans la fondation de la vérité du *Seyn* (ce qui met en jeu l'« *image* »), pour l'autre ; et, d'autre part, la remise en question de la subjectivité comprise comme « substantialité » au nom justement d'une « stance » s'exposant à l'altérité. À partir de là, la question n'est plus celle d'une « alternative » entre l'éthique et l'ontologie, mais plutôt celle d'une *in-scription dans la trans-cendance* qui peut donner lieu, sur un plan moral et politique, à des choix évidemment tout à fait différents (voire opposés). Mais la raison pour un tel choix ne commande pas l'élaboration théorique fondamentale, mais elle en constitue plutôt à chaque fois une manière singulière de l'assumer, dont seul l'individu qui agit concrètement peut répondre, et qu'il est vain de vouloir identifier à une œuvre et à une philosophie dont la portée excède à jamais tout projet singulier et existentiel. Cela ne signifie pas qu'il s'agisse de chercher des excuses à des pensées et à des actes inexcusables, mais simplement d'empêcher la destruction d'une œuvre non seulement à partir de l'extérieur mais encore à partir de ses propres tendances à l'auto-destruction.

Alexander SCHNELL

DU *DASEIN* À L'ÊTRE JUIF

Nous savons que l'œuvre d'Emmanuel Levinas a gardé la trace indélébile de la violence de la persécution et de l'extermination ; qu'elle est « dominée par le pressentiment et le souvenir de l'horreur nazie »[1]. Ce pressentiment est à l'origine d'une méditation sur la guerre, exprimée dès la première préface de *Totalité et Infini* :

> On n'a pas besoin de prouver par d'obscurs fragments d'Héraclite que l'être se révèle comme guerre, à la pensée philosophique ; que la guerre ne l'affecte pas seulement comme le fait le plus patent, mais comme la patence même – ou la vérité – du réel[2].

Que l'être se révèle comme guerre, voilà bien un des thèmes que Levinas aura commencé à esquisser très tôt, dès 1934, dans *Quelques réflexions sur la philosophie de l'hitlérisme*[3], puis dans *De l'évasion,* écrit un an plus tard, en 1935. Dans cet essai, la question du sens de l'être prend d'emblée une tonalité critique dans laquelle on décèle la nécessité, voire l'urgence d'un déplacement de la nature même du discours philosophique. Il ne s'agit rien de moins que d'élaborer un discours critique sur la pensée de l'être de l'étant, autrement dit, de l'ontologie fondamentale. Levinas n'ignore pas que l'ontologie heideggérienne a brisé la monologie de la raison souveraine, cependant elle s'avère le lieu de l'inamovibilité de la présence. L'évasion que Levinas appelle de ses vœux n'est pas une sortie qui conduirait loin de l'être. Elle est un besoin d'*excédence*, selon son expression, un désir d'émancipation de l'identité de l'être qui sans cesse révèle sa nature destinale et sa dimension d'enchaînement à l'accomplissement d'une destinée.

1. *DL*, p. 376.
2. *TI*, p. 5.
3. Texte paru pour la première fois dans *Les Temps modernes*, repris en 1997 aux éditions Payot-Rivages, suivi d'un essai de Miguel Abensour, « Le mal élémental ».

> La vérité élémentaire qu'*il y a de l'être* – de l'être qui vaut et qui pèse – se révèle dans une profondeur qui mesure sa brutalité et son sérieux [...]. L'être du moi que la guerre et l'après-guerre nous ont permis de connaître ne nous laisse plus aucun jeu. Le besoin d'en avoir raison ne peut être qu'un besoin d'évasion[1].

C'est également dans *De l'évasion* que Levinas oppose, à l'angoisse devant la mort comme compréhension du néant, la phobie et l'horreur de l'être, en tant qu'expérience de l'*il y a* impersonnel. Le *il y a* anonyme, que dans *De L'existence à l'existant* Levinas distingue résolument du *es gibt* heideggérien, est une autre manière de dire l'être au sens verbal, l'être « qu'aucun étant ne revendique »[2]. Derrière l'*il y a* anonyme, c'est toute la question de l'existence sans existant qui est sollicitée. Cette question resurgit au-delà de toute négation, fût-elle la plus radicale. Levinas en parle comme d'une veille sans sujet ni objet, sans conscience ; une veille incessante dont il est impossible de se libérer. L'*il y a* est ainsi l'être sans issue, sans même la possibilité du néant. Il est, selon l'expression de Levinas dans *De l'évasion*, « le désespoir d'une mort qui ne vient pas », comme si, précise Levinas, « il-n'y-a-plus rien-à-faire ». Ce désespoir ainsi décrit est le lieu d'une corrélation entre l'expérience de l'être pur et l'expérience de son antagonisme qui lui serait propre. L'évasion est la conséquence de cet antagonisme, mais l'issue que propose l'évasion n'est pas la mort.

LA NAISSANCE D'UN ANTAGONISME

Il convient de revenir en arrière, au moment où Levinas découvre *Sein und Zeit* à l'époque strasbourgeoise. Il faut rappeler que dans un premier temps, ce fut l'émerveillement qui l'emporta à la lecture de *Sein und Zeit*, que Levinas découvrit grâce à Jean Héring, avant de se rendre en 1928 à Fribourg pour suivre les cours de Husserl, puis de Heidegger. Plus tard, Levinas écrira :

> La grande chose que j'ai trouvée fut la manière dont la voie de Husserl était prolongée et transfigurée par Heidegger. Pour parler un langage de touriste, j'ai eu l'impression que je suis allé chez Husserl et que j'ai trouvé Heidegger. [...] J'ai su aussitôt que c'est l'un des plus grands philosophes de l'histoire[3].

1. *De l'évasion*, *op. cit.*, p. 70-71.
2. *EE*, p. 7.
3. E. Levinas, cité par D. Janicaud, dans *Heidegger en France*, t. 1, Paris, Albin Michel, 2001, p. 31.

En 1929, Levinas assiste aux échanges entre Cassirer et Heidegger sur l'interprétation de Kant lors des fameux entretiens de Davos en 1929. Il rédige sa thèse en 1930 sur *La théorie de l'intuition dans la phénoménologie de Husserl*, dans laquelle, dès l'introduction, il reconnaît une dette envers « la vie philosophique intense qui anime la philosophie de Martin Heidegger »[1]. La philosophie de Heidegger détermine pour Levinas le passage d'une orientation de la problématique constitutionnelle de la phénoménologie transcendantale vers une problématique ontologique. On ne soulignera jamais assez combien Levinas fut un grand et remarquable lecteur et interprète de Heidegger. Dans l'étude consacrée à Heidegger en 1932 – « Martin Heidegger et l'ontologie »[2] –, Levinas porte son attention sur le « problème fondamental de la signification de l'être », distinguant précisément l'étant, redevable des sciences ontiques, de l'être de l'étant, objet de l'ontologie. Dans ce texte exemplaire, écrit un an avant le *Discours du rectorat*, Levinas ne déploie pas une pensée critique. Il tente au contraire de montrer, selon l'analytique menée par *Sein und Zeit*, comment et pourquoi « la compréhension de l'être est la caractéristique et le fait fondamental de l'existence humaine »[3]. Le ton change sensiblement après le *Discours du rectorat*, où Heidegger affiche sa compromission avec le nazisme. Du point de vue de la genèse même de la pensée de Levinas, il nous paraît essentiel d'ausculter le passage du texte de 1932 que nous avons cité, « Heidegger et l'ontologie », au texte de 1940, « L'ontologie dans le temporel »[4]. Ce texte fut prononcé dans le cadre d'une conférence donnée à la Sorbonne à l'invitation de Jean Wahl. Il était destiné aux étudiants pour introduire à la lecture de *Sein und Zeit.* Si dans le texte de 1932, « la remise en question de la notion d'être et de son rapport avec le temps » semble être pour Levinas le problème le plus fondamental de *Sein und Zeit*, la question ontologique par excellence, en revanche, dans l'étude intitulée « L'ontologie dans le temporel », Levinas commence son étude par la notion de compréhension, qui serait selon lui le « pivot » de toute la philosophie de Heidegger. Mais pour Levinas, ce pivot fonctionne en « circuit fermé », ce qui signifie que visant l'être, la compréhension ne vise rien d'autre que le propre pouvoir-être auquel l'existant est voué. Il « est le dynamisme

1. *TIH*, p. 14.

2. Texte publié une première fois dans la *Revue philosophique de France et de l'étranger*, p. 395-431, repris dans *En découvrant l'existence avec Husserl et Heidegger*, Paris, Vrin, p. 77-110.

3. *EDE*, p. 57.

4. Texte publié une première fois en espagnol dans la revue *Sur* en 1948, repris dans *EDE*, p. 111-128.

même de notre existence, le pouvoir même sur soi ». Que devient alors l'homme dans le réel, quelle est sa place dans le monde, dans l'histoire, dans la politique ? Citons un passage selon nous significatif :

> Non pas que Heidegger méconnaisse la place exceptionnelle de l'homme dans le réel. Mais pour lui le contact obscur avec la réalité et avec ses puissances, si hostiles qu'elles soient – le poids du réel sur nous, notre fuite devant lui – tout cela est déjà une intimité avec lui, une compréhension. Nous sommes d'ores et déjà dans un circuit d'intelligence avec le réel. Et rien ne peut y échapper. Toute incompréhension, tout ce qu'on pourrait appeler « le heurt de l'irrationnel » est un mode déficient de la compréhension. [...] Soulignons dès maintenant cette notion de « mode déficient », une des plus caractéristiques de la dialectique heideggérienne et qui tient à son intuition fondamentale du circuit fermé de la compréhension[1].

Si l'homme existe, c'est en vue de son existence. Que signifie alors exister ? Cela revient à comprendre ce qu'est l'être. Dans la deuxième partie de son texte, Levinas insiste sur un point : c'est parce que l'homme existe ontologiquement que Heidegger le nomme *Dasein* et non pas *Daseiendes* ; et c'est parce que cette existence ontologique est un passage de la compréhension de l'étant à la compréhension de l'être que Heidegger caractérise l'existence par la transcendance. Levinas va plus loin. Il cherche à comprendre comment s'accomplit cette transcendance par laquelle le *Dasein* existe à dessein de sa propre existence. Il met ainsi l'accent sur la circularité du souci qui se définit par la projection, d'ores et déjà jetée dans le monde et auprès des choses, marquée constamment par l'indice de « l'en vue de ». Nous revenons ainsi à la question de la compréhension qui ouvre l'étude sur « L'ontologie dans le temporel ». Dans le mode d'existence le plus authentique du *Dasein*, ce dernier « n'existe qu'en vue de soi – il s'est ramassé en quelque manière en excluant de la compréhension soucieuse de son existence tout ce qui n'est pas son existence »[2].

On ne s'étonnera pas que la dernière partie de cette étude très éclairante porte sur la mort comme condition intrinsèque du *Dasein* en tant que souci. Ce que cherche à montrer Levinas, c'est précisément ce que l'on pourrait appeler le moment le plus décisif du désir d'évasion, ou de la dissidence heideggérienne. Levinas s'emploie à montrer comment la temporalisation à partir de l'avenir est le propre de l'être-pour-la-mort, alors que dans le texte de 1932, « Martin Heidegger et l'ontologie », le motif de la mort n'est

1. *EDE*, p. 112.
2. *Ibid.*, p. 121.

pas abordé de manière significative, pas plus que ne l'est celui du néant, qui est à peine esquissé. En 1932, Levinas devait sans aucun doute connaître la note de Heidegger qui évoque le thème du néant, dans *Was ist Metaphysik ?*, publié en 1929. Les dernières pages de ce texte sont consacrées au concept d'angoisse, que l'on peut entendre comme une préfiguration du travail ultérieur. L'attention est bien plutôt portée sur la question de la connaissance, de la pensée, de la conscience théorique et de la nécessité de s'évader ou d'aller au-delà de l'horizon de la représentation. C'est dire jusqu'où la question de la subjectivité, de la subjectivité pensante et vivante, est très tôt présente dans les écrits de Levinas. Celle-ci, la subjectivité pensante, n'est ni le lieu d'origine du sens, ni son *telos* ultime. Subjectivité humaine et subjectivité pensante s'articulent l'une l'autre, visant toujours un certain dépassement du *logos*, dans un équilibre délicat entre la question de l'identité et celle de la différence. Du point de vue de l'identité, le *logos*, selon Levinas, serait fondé, non pas sur lui-même, mais bien sur le sujet de la jouissance, de la vie, comme si la pensée obéissait à un mouvement de rétrocession en remontant vers la vie – la vie en tant que fondement. Du point de vue de la différence, c'est au mouvement inverse que Levinas en appelle. Il s'interroge sur ce qui pousse la subjectivité vivante vers la pensée. Ce mouvement, qui opère le passage de la vie à la pensée, ne s'explique pas uniquement depuis la dynamique interne propre au sujet. Levinas semble maintenir les deux registres, identité et différence. C'est là que vient s'inscrire l'intervalle entre la vie et la mort, car l'identité explose dès lors qu'elle rencontre la différence. Ce renversement du *logos* que Levinas qualifie de « tranquille », est l'œuvre de la vie ; la vie comme jouissance solitaire et innocente, reliée à une subjectivité absolument séparée, à savoir une subjectivité libre de tout lien et de toute force de participation. C'est donc par le corps que s'accomplit le renversement (ou retournement) de l'intentionnalité de la pensée. Le renversement ne conduit pas à l'être ou au néant, mais au sujet de la jouissance. Ce motif deviendra central dans *Totalité et Infini*. Levinas le dit clairement : « [...] la subjectivité prend son origine dans l'indépendance et dans la souveraineté de la jouissance »[1].

A suivre le raisonnement que Levinas conduit dans le texte de 1940, « L'ontologie dans le temporel », on en arrive à la question d'autrui. Alors que chez Heidegger ce rapport à autrui y est marginal, car « dans le temps originel, ou dans l'être-pour-la-mort, condition de tout être (cette interrogation ontologique) découvre le néant sur lequel elle repose, ce qui signifie qu'elle

1. *TI*, p. 86.

ne repose sur rien d'autre que sur soi »[1], chez Levinas, la mort devient un accès à autrui. « De quoi me menace la mort » se demande Levinas, « de néant ou de recommencement » ? Levinas ne tranche pas et n'affirme rien. Il laisse la question ouverte à l'état d'énigme inanticipable et inappropriable. La mort est entendue comme mystère, car notre propre rapport à la mort – si toutefois nous pouvons en parler en ces termes – coïncide avec l'impossibilité de la dépasser, et en particulier de la dépasser dans la direction que pointe l'être et le néant. Levinas écrit : « Dans cette impossibilité de connaître l'après de ma mort, réside l'essence de l'instant suprême »[2].

La mort marquerait ainsi la fin des pouvoirs de la subjectivité. Levinas force à certains égards l'interprétation heideggérienne de la mort dans *Sein und Zeit*, notamment en opposant à la mort comme « possibilité de l'impossibilité », la mort comme « impossibilité de la possibilité ». Il s'agit là d'une distinction « d'apparence byzantine », dit Levinas, dont l'importance est fondamentale[3]. Levinas retourne l'intentionnalité de la possibilité sur elle-même. On peut interpréter ce retournement de la possibilité de l'impossibilité en impossibilité de la possibilité comme le signe d'une passivité radicale, d'une passivité plus passive que la passivité, selon la formule de Levinas. La mort ne peut être définie ou caractérisée par la lucidité, l'assomption heideggérienne ultime du mourir. Dans le *Temps et l'autre* (1948). Levinas distingue le « maintenant » du « jamais maintenant » de la mort. Citons quelques fragments qui marquent bien la distance avec Heidegger :

> « Le maintenant, c'est le fait que je suis maître, maître du possible, maître de saisir le possible. La mort n'est jamais maintenant. [...] Il n'y a plus rien entre nous et elle ». Et un peu plus loin dans le texte : « La suprême responsabilité de cette assomption extrême tourne en suprême irresponsabilité, en enfance », [...] « mourir, c'est revenir à cet état d'irresponsabilité, c'est être la secousse enfantine du sanglot »[4].

Ainsi le caractère infranchissable de la mort est ce par quoi Levinas opère une sorte de décrochage ou encore de renversement. C'est parce qu'on ne saurait aller au-delà de l'événement de la mort, c'est parce que cet événement est la fin des pouvoirs de la raison et de la vie, qu'elle acquiert un statut d'exception, rendant possible, avant que la mort ne survienne, une relation à l'Autre. Comme si la mort du Même, de la

1. *TI*, p. 89.
2. *Ibid.*, p. 211.
3. *TA*, p. 57 et *TI*, p. 212.
4. *TA*, p. 59 et 60.

subjectivité mourante, laissait entrevoir, dans l'irrémissible fatalité de l'être, une ouverture, grâce à laquelle il devient possible de vivre un rapport à autrui. Ce rapport n'est plus de l'ordre de l'être ni même du Même. La dissymétrie radicale dont fait état Levinas quant à la structure éthique de la subjectivité se dessine avant tout dans la mort. C'est une dissymétrie dont nous pouvons dire qu'elle se situe entre les deux termes en question : une dissymétrie en vertu de laquelle le rapport du mourant à sa mort n'est jamais un rapport de semblable à semblable. Comme si au fond, c'était la mort qui devait se penser à travers des modalités faisant émerger la question de l'intersubjectivité. Il y aurait donc chez Levinas deux entrées pour penser le rapport à la mort : d'un côté, la dissymétrie entre les termes ; et de l'autre, l'impossibilité dans laquelle se retrouve la subjectivité de supporter l'élan anticipé vers la mort, autrement dit, l'impossibilité de *pouvoir.* Alors que chez Heidegger, c'est l'inverse. C'est la compréhension même de ce pouvoir être exceptionnel, explique Levinas dans le texte de 1940, « L'ontologie dans le temporel », qui suppose un *Dasein* pouvant « en venir à soi-même en tant que cette possibilité » et surtout, pouvant « y demeurer, c'est à dire exister »[1].

J'ajoute qu'une des singularités de la pensée de Levinas se présente également assez tôt dans un rapport antagonique à la *Geworfenheit* heideggérienne, que d'aucuns interprètent comme l'expression de la faillite du *conatus gaudendi* du sujet vivant, enfermant ainsi la subjectivité dans la souffrance. C'est une notion que Levinas remet en question, non pas pour rejeter l'idée de la création, mais pour au contraire dégager cette idée centrale de création de la malédiction qui s'attache à *la Geworfenheit.* L'élan vers le Créateur chez Levinas traduit littéralement le mouvement de sortie de l'être. Dans *De l'évasion*, Levinas précise que le « comportement de la créature cantonnée dans le fait accompli de la création n'est pas restée étranger aux tentatives d'évasion »[2]. Le fait d'être jeté dans ses propres possibilités et d'y être complètement enfermé et abandonné est à l'origine pour Levinas de la malédiction. Mais cette malédiction, cette faille, cette déréliction est chez Heidegger la source et même la condition de possibilité de l'affectivité. De sorte que l'affectivité fait partie des phénomènes accessibles à la compréhension. C'est un phénomène compréhensible, présent là où l'existence se donne comme structure destinale : une structure d'être abandonné à son propre destin. La notion de compréhension est donc le pivot de l'interprétation de cette effectivité. Ce que Levinas s'emploie

1. *EDE*, p. 125.
2. *EV*, p. 97.

à critiquer, c'est en particulier la manière dont Heidegger définit l'ontologie, comme herméneutique de l'effectivité.

AVENIR OU RESPONSABILITÉ POUR AUTRUI

Levinas fait donc subir à l'ontologie heideggérienne ce que l'on pourrait appeler une torsion. Dans une conférence intitulée « Parole et silence », prononcée dans le cadre du Collège philosophique de Jean Wahl les 4 et Février 1948, publiée en 2011, Levinas revient sur ce qu'il appelle une « confusion entre l'*ens creatum* et l'*ens peccatum* ».

> N'y a-t-il pas avec l'avenir une autre relation que celle du « projet »? Voilà des questions qui peut-être obligent à sortir de la phénoménologie. La relation avec le commencement au lieu de constituer le malheur de la *Geworfenheit* ne doit-il pas apporter la foi dans le Père, la sécurité d'un monde créé ?[1].

Sans entrer ici dans les développements que nécessitent le texte de Levinas[2], nous souhaitons insister sur un point précis : en quoi Levinas fait-il subir à la *Geworfenheit* ce que nous appelons une torsion ? Selon nous, la torsion provient du fait que Levinas renverse la question du tragique et de la culpabilité dans la liberté du présent, à savoir dans la responsabilité pour autrui. Ce renversement, Levinas le désigne du mot « avenir », qui serait une autre manière de dire « le pardon ». On peut suivre le déploiement de cette réflexion jusque dans les dernières pages de *Totalité et Infini.* L'avenir ne représente pas un simple moment temporel. Il affecte la question de la transcendance et de la subjectivité que l'être de l'étant ne peut pas englober ou s'approprier.

Revenons au texte de 1940, « L'ontologie dans le temporel », écrit l'année même où Levinas sera fait prisonnier. La dernière phrase du texte sonne le glas de ce pur émerveillement ; émerveillement devant la philosophie de Heidegger, c'est-à-dire devant une philosophie qui pose la subjectivité en tant que lieu où doit s'accomplir la compréhension de l'être. Les derniers mots de Levinas sont prémonitoires :

> Par là, l'ontologie de Heidegger rend ses accents les plus tragiques et devient le témoignage d'une époque et d'un monde qu'il sera peut-être possible de dépasser demain[3].

1. *PS*, p. 102-103.
2. *Cf.* D. Cohen-Levinas, *Dire qui ne dit mot. Visage et Sinaï*, (à paraître).
3. *EDE*, p. 128.

Levinas se tient au bord d'un retournement de la thèse selon laquelle le rapport de l'existant à l'être s'effectue primordialement dans le registre de l'ipséité, corrélativement à l'idée selon laquelle le *Dasein* temporalise en vertu de l'existence, sans qu'autrui n'y soit absolument pour rien et sans référence au divin : « sans appui sur l'éternel », dit Levinas. Cela signifie sans référence à la transcendance d'autrui à laquelle la circularité solipsiste de l'herméneutique ontologique de Heidegger bloque définitivement l'accès.

En restant rigoureusement dans la chronologie, une deuxième étape est franchie au moment où Levinas est fait prisonnier durant cinq ans, entre 1940 et 1945, d'abord en France, à Rennes, à Laval et à Vesoul, puis à partir de 1942 et jusqu'à la fin de la captivité, en Allemagne, à Fallingbostel. À partir de ce moment et sans discontinuer par la suite, la question de l'identité juive, du sentiment « d'être inéluctablement rivé à son judaïsme » – comme le dira Levinas dès 1945 dans un texte intitulé « La spiritualité chez le prisonnier israélite »[1] – deviendra significative quant aux enjeux philosophiques de Levinas. Le judaïsme devient dès lors une catégorie de l'être[2]. L'épreuve de l'hitlérisme, dont Levinas avait déjà indiqué en 1934 dans *Quelques réflexions sur la philosophie de l'hitlérisme* qu'elle mettait en question « les principes mêmes d'une civilisation », conduira à une méditation renouvelée sur la souffrance. Elle conduira à une réflexion sur la place qu'occupe le peuple juif, là où les puissances primitives, « le réveil des sentiments élémentaires », atteste de l'irrémissibilité de l'être juif en tant que juif. Revenant une fois de plus sur l'expérience de l'hitlérisme, Levinas écrit dans « Être juif » :

> L'expérience de l'hitlérisme n'avait pas été ressentie par tout le monde comme l'un de ces périodiques retours de la barbarie qui, en somme, est dans l'ordre et dont on se console par l'évocation du châtiment qui la frappe. Le recours de l'antisémitisme hitlérien au mythe racial a rappelé au Juif l'irrémissibilité de son être. Ne pas pouvoir fuir sa condition – pour beaucoup cela a été comme un vertige. Situation humaine, certes – et par là, l'âme humaine est peut-être essentiellement juive[3].

Levinas est, dirons-nous, en guerre contre lui-même, comme si le rappel de sa judéité impliquait *de facto* un mouvement, non seulement de sortie, mais de désensorcellement, voire de démythologisation de la pensée. Il s'agira pour Levinas de vaincre « ce qu'il y a d'être et d'éternité dans

1. Cf., *Carnets de captivité.*

2. *Cf.*, Emmanuel Levinas, *Être juif*, publié une première fois dans la revue *Confluence* en 1946, réédité et préfacé par D. Cohen-Levinas, Paris, Payot-Rivages, 2015.

3. *Ibid.*

l'histoire »[1] ; enjeu dont on peut suivre l'élaboration significative dans les deux ouvrages publiés après la guerre, *De l'existence à l'existant* (1947) et *Le temps et l'autre* (1948). La question du paganisme devient dès lors un motif central que Rosenzweig avait déjà longuement médité.

PROPHÉTISME CONTRE PAGANISME

Pour Levinas le paganisme ne représente pas un moment précis de l'histoire. Il se situe au niveau de la substance de la réalité et non pas au niveau de la réalité elle-même. Il représente un niveau logique, permanent et durable, dans lequel les éléments de l'existence entrent en relation au sens étymologique du terme. Ils sont comme immergés dans leur séparation et leur pleine égoïté. Ils sont sans révélation d'eux-mêmes, sans accès à des principes secrets, cachés et définitivement incommensurables et irreprésentables – principes que la philosophie voudrait s'approprier et voudrait amener « au jour de la présence », en les rassemblant dans la totalité de l'Être. La critique que Levinas adresse à Heidegger est prise dans le mouvement de la critique du paganisme. Pour Heidegger, le paganisme comme vérité sous sa forme élémentaire, donc non révélée, pourrait se révéler ou être dévoilé, affirmant ainsi la priorité de l'être sur l'étant et la domination de l'étant par les éléments impersonnels de l'être. Le motif du déracinement de toute région historiale de la vérité de l'être constitue pour Levinas une des formes les plus accomplie, par-delà toute mythologie, de l'anachronisme primordial de l'existence juive. C'est la raison pour laquelle Levinas, et avant lui Rosenzweig, distingue le monothéisme biblique des autres monothéismes. La Révélation juive est réfractaire à toute forme d'appartenance au symbole qu'elle considère *de facto* comme païenne, car cette appartenance empêche les expériences dites naturelles de revêtir spontanément un caractère divin. Ce que Levinas nomme « l'appui sur l'Eternel » n'est rien d'autre qu'une parole qui jamais ne s'enracine dans le temps historique et dans un lieu donné. C'est ce que Levinas nomme dans *Autrement qu'être* le prophétisme, car la rupture de la compacité de l'être n'est jamais assurée d'endurer le temps. Toujours le bruissement du *l'il y a* menace de revenir, refermant ainsi le passage ouvert par le moi. Le prophétisme pour Levinas n'est pas un phénomène particulier de l'histoire des religions. Tout langage qui ne trahit pas incessamment le mouvement de la signifiance vers la signification, le mouvement du Dit

1. *CC*, p. 59.

vers le Dire, court le risque de retomber en *il y a.* En revanche, tout langage qui résiste à la thématisation, au symbole, à la surdétermination des catégories ontologiques, à l'empire du concept, est par définition un langage prophétique, qu'il soit profane ou sacré, religieux ou non. Il y va donc du prophétisme comme de la structure éthique de la subjectivité et du psychisme humain.

Une des tâches philosophiques que se fixe Emmanuel Levinas dès 1945 consistera à remonter à un impensé occidental dont la source serait bien antérieure à l'avènement du national-socialisme. Il est clair que si Heidegger a pris acte de la fin de la métaphysique, celle-ci n'a pas encore atteint sa fin. Il y aurait un sauvetage de la métaphysique fondé entièrement sur la question de l'étant. D'où le tragique de l'existence historique à laquelle conduirait une métaphysique en tant que destin. Le caractère le plus essentiel de l'histoire européenne se signalerait par une métaphysique qui désormais délaisse les règnes de l'homme en les subordonnant au règne de l'étant, ceci sans que l'on puisse véritablement reconnaître et comprendre la différence ni la duplicité entre l'être et l'étant. Heidegger posant que l'être est à l'origine de tout sens ne peut pas reconnaître qu'il existerait un texte, une langue, un peuple, une loi, pour lesquelles penser, c'est faire d'emblée l'expérience de l'au-delà de l'être, dans un sens non pas superlatif, mais bien transcendant – au-delà de l'être signifiant une transcendance.

L'antagonisme entre Levinas et Heidegger, en dépit d'une affinité indéfectible de Levinas à l'œuvre de son Maître est sans appel. Face à un discours qui se veut le lieu où le sens se transmet, s'éclaire et se propose à celui qui pense, Levinas oppose, à l'égal des Grecs qui ont fondé un modèle sans folklore, un autre modèle, dit « immémorial », qui tire son existence et son histoire d'une rationalité autre qu'ontologique : une rationalité qui n'est pas « manifestation d'être » et dont les catégories logiques, et même les catégories linguistiques, grammaticales s'élaborent hors les catégories de l'être et hors son intelligibilité. En voulant s'approprier tout objet, pour Heidegger, l'homme, ou plus exactement sa volonté, a fait de la terre, en l'absence d'un Dieu pensé comme ultime moment ou conséquence d'une métaphysique déviée de la subjectivité, un désert. Quelles sont les conditions de possibilités du penser et dire le mot Dieu ? L'histoire de la philosophie a réservé une place considérable à l'onto-théologie, laquelle rattache la venue de Dieu dans la philosophie à la pensée de l'être entendue comme fondement de l'étant. Or – et cela n'aura pas échappé à Levinas – c'est Heidegger qui posât la question, dans un texte intitulé « La constitution onto-théologique » : « Comment Dieu est-il entré en philosophie » ? Questions que se partagent Heidegger et Levinas, et avant Levinas, Rosenzweig en particulier. Mais pour Levinas, ce n'est pas en libérant le philosopher dans le *Dasein*, pas plus que ce n'est par une pensée en tant qu'elle se place au commencement – un commencement qui suppose une sortie du commencement métaphysique – que la question se pose. Dans son apparente naïveté, le philosophème juif, celui qui conduira Levinas à dire qu'il « faut traduire en grec des principes que la Grèce ignorait », repose sur un postulat différent : « Son pouvoir-dire dépasse son vouloir-dire » écrit Levinas dans *L'au-delà du verset*[1]. Cela signifie que l'énoncé juif, la parole juive, le *logos* juif, si tenté que l'expression est adéquate, dans sa forme commentée, « excède le vouloir-dire d'où il procède ». Dans l'opposition du vouloir-dire et du pouvoir-dire, Levinas engage une réflexion philosophique qui porte sur le caractère inspiré et prophétique du langage comme signifiance éthique, comme un débordement des intentions premières.

Danielle COHEN-LEVINAS

1. *AV*, p. 220.

MÉDITATION DU PARADOXE, DIACHRONICITÉ DE L'HYPERBOLE : PENSER LE RAPPORT À LA TRANSCENDANCE AVEC LEVINAS ET HEIDEGGER

Cette contribution consistera à envisager le dialogue entre Heidegger et Levinas à partir du concept de transcendance, et plus particulièrement à partir de la manière dont les deux philosophes, principalement dans les *Beiträge zur Philosophie* pour l'un, dans *Autrement qu'être* pour l'autre, élaborent une pensée *radicale* et *phénoménologique* du rapport à la transcendance. J'aurai évidemment à me justifier de l'emploi d'un tel concept comme dénominateur commun. Et cette justification est d'autant plus impérieuse que la transcendance apparaît, au contraire, à première vue, comme un critère de séparation. En effet, jamais, pour Levinas, la transcendance, comme extériorité et rapport (ou non-rapport) au Tout-Autre, jamais la transcendance n'est possible ou du moins véritable si elle est envisagée dans un cadre ontologique. Si ce cadre est indépassable, si la « royauté » du « verbe être » est « royauté indétrônable », prévient Levinas, alors « aucune transcendance, autre que la factice transcendance des arrières-mondes de la Cité Céleste gravitant dans le ciel de la cité terrestre – n'aurait de sens »[1]. La transcendance ne serait en effet qu'une autre cité un peu éloignée, un peu plus lointaine que celle dont nous sommes familiers, mais dont l'altérité – la transcendance – serait atténuée, si ce n'est dissoute au sein d'une même grande cité, celle de l'être. « L'être – malgré ou à cause de sa finitude – a une essence englobante, absorbante, emmurante »[2]. Penser la transcendance exige ainsi de penser l'*autrement qu'être.* Mais la pensée de Levinas met au jour une deuxième exigence : celle de penser ensemble transcendance et subjectivité. « Le problème de la transcendance et de Dieu

1. *AE*, p. 14.
2. *Ibid.*, p. 211.

et le problème de la subjectivité irréductible à l'essence – irréductible à l'immanence essentielle – vont ensemble »[1]. L'autrement qu'être témoigne d'une faille – celle de l'altérité d'autrui – au sein de la subjectivité, elle est cette situation où le Même est excédé par l'Autre, elle est cet excès – hyperbolique, nous le verrons – qui définit le Même en son cœur, en son ipséité : « l'ex-ception de l'"autre que l'être" – par-delà le ne-pas-être – signifie la subjectivité ou l'humanité, le *soi-même* qui repousse les annexions de l'essence »[2]. Il nous faudra comprendre par la suite ce lien entre transcendance, comme autrement qu'être, et subjectivité, comme ipséité. Retenons pour le moment que la pensée de Levinas est inséparablement pensée de la transcendance *et* pensée de la subjectivité et que cette inséparabilité exige de quitter le cadre ontologique.

Qu'en est-il de la pensée de l'être ? L'être témoigne-t-il d'une transcendance, non pas au sens levinassien, mais en un sens propre à Heidegger ? Force est de constater que ce dernier met à distance le concept de transcendance. Au § 110 des *Beiträge zur Philosophie*, il distingue plusieurs sens qu'il a pu prendre : 1) la transcendance ontique (Dieu) ; 2) la transcendance ontologique comme *koinon*, comme généralité de l'être par rapport à l'étant 3) la transcendance de l'ontologie fondamentale en tant que se-projeter du *Da-sein*, qui finit par dire :

> tenir [*stehen*] dans la vérité de l'être [*in der Wahrheit des Seyns*], sans toutefois, d'abord, le savoir et le questionner. Mais alors comme le *Da-sein*, en tant que *Da*-sein soutient originairement la mise à couvert de l'ouvert [*ursprünglich das Offene der Verbergung besteht*], on ne peut en toute rigueur parler d'une transcendance du *Da-sein*. Dans l'horizon de ce départ, la représentation de la « transcendance », en chacun de ses sens, doit être abandonnée [*in jedem Sinne verschwinden*][3].

Heidegger précise ici que l'originarité de l'instance du *Da-sein* en tant que Da-*sein* (en tant qu'être ce *Da*, cette ouverture à l'être) dans la vérité de l'être, présupposée par la structure du projet (*Entwurf*), rend caduque toute caractérisation du *Da-sein* comme transcendance. Tout se passe comme si le *Da-sein* ne peut plus se transcender dès lors qu'il est déjà originairement ouvert à l'être. La transcendance « descend » d'un niveau à un autre (du projet de *Sein und Zeit*, à l'ouvert de la mise à couvert des *Beiträge*) et en descendant, son sens devient ou superflu, ou devient un obstacle à la méditation de l'être en sa vérité. Mais un soupçon naît ici :

1. *AE*, p. 37.
2. *Ibid.*, p. 21.
3. *GA* 65, p. 217.

Heidegger ne donnerait-il pas les moyens de penser un autre sens, un sens à venir, qui convienne à ce niveau originaire de la vérité de l'être ? Soupçon auquel il est possible dès maintenant de conférer un certain crédit. Car l'être comme *Ereignis* « demeure le plus dépaysant » (*bleibt das Befremdlichste*)[1], il est ce qui « coupe le souffle » (« *Das Verschlagende ist das Ereignis* »[2]), l'« inhabituel » (« *die Ungewöhnlichkeit des Seyns* »)[3], autant de noms pour nommer « *das Immer-noch-Andere* »[4], « le toujours autre ». Et le soupçon prend davantage d'ampleur, tout comme la possibilité d'un rapprochement avec Levinas, sur ce terrain de la transcendance, si l'on prend en compte le fait, fondamental, que l'altérité de l'être, que l'*Ereignis*, ne s'atteste qu'au sein d'un *Da*, d'une ouverture, qu'est le *Da-sein*, qui est, si l'on suit *Sein und Zeit*, un Soi[5]. Et cette caractérisation du *Dasein* comme Soi, se poursuit et s'affine dans les *Beiträge*, où l'on peut lire, au § 197 : « l'ipséité [*Selbstheit*] prend sa source [*entspringt*], en tant que déploiement essentiel [*Wesung*] du *Da-sein*, à l'origine [*aus dem Ur-sprung*] du *Da-sein* »[6]. Là aussi, le problème de la transcendance, de l'altérité de l'être, implique celui de la subjectivité, interprétée comme ipséité.

Mais quel est le sens précis et concret de cette ipséité ? Quel est le rapport entre ce concept, traditionnellement utilisé par les pensées de l'identité personnelle, et la transcendance de l'être ou d'autrui ? On ne peut justement comprendre ce rapport que si l'on prend acte du sens nouveau conféré par Heidegger comme par Levinas au concept d'ipséité. Cette nouveauté consiste en trois caractéristiques. Premièrement, le Soi ne désigne plus le rapport de soi à soi, la réflexivité empirique et personnelle. Pour preuve, ces deux extraits, de Heidegger d'abord, au § 197 des *Beiträge* :

> On a coutume de concevoir le « soi » au sein de la relation d'un Je à « lui-même ». Cette relation est prise comme une relation représentante. Et finalement la mêmeté [*Selbigkeit*] du représentant et du représenté est conçue comme l'essence du « soi »[7].

1. *Ibid.*, p. 27.
2. *Ibid.*, p. 36.
3. *Ibid.*, p. 471.
4. *Ibid.*, p. 52.
5. « *Mit dem Ausdruck "Selbst" antworteten wir auf die Frage nach dem* Wer *des Daseins.* », M. Heidegger, *Sein und Zeit*, Tübingen, Max Niemeyer, 2006, § 54, p. 267.
6. *GA* 65, p. 319.
7. *Ibid.*

Plus concis, Levinas prévient :

> Le *soi-même* doit être pensé en dehors de toute coïncidence substantielle de soi à soi[1].

Pour Heidegger, l'ipséité du *Dasein* est précisément ce trait existential qui le distingue des autres étants, de leur substantialité et de leur effectivité. Quant à Levinas, le soi-même témoigne de cette échappée hors de l'être, hors de la possession de soi par soi qui caractérise la conscience comme *archè*, comme principe. Le deuxième trait de la nouveauté conférée à l'ipséité consiste en ce que celle-ci est la condition (ou l'incondition, en ce qui concerne Levinas) de possibilité de la réflexivité empirique. Ceci est particulièrement clair dans les *Problèmes fondamentaux de la phénoménologie*, où Heidegger montre que « c'est la transcendance, le trans- (*das Über-hinaus*), qui permet au *Dasein* de se rapporter à l'étant, qu'il s'agisse de l'étant subsistant (*Vorhandenes*), d'autrui, *ou de soi-même à titre d'étant* »[2]. Avant que l'homme ne puisse se rapporter à lui-même comme sujet, comme Moi subsistant, plus généralement comme *étant*, il faut déterminer la *possibilité* de se rapporter à soi comme possibilité de soi, c'est-à-dire la transcendance du *Dasein*, son projet (*Entwurf*) qui fonde son ipséité[3] : « L'ipséité présuppose la transcendance. L'ipséité du *Dasein* a pour fondement sa transcendance ». Ce point est tout aussi frappant dans *Autrement qu'être*, où Levinas interprète l'ipséité comme « unicité », dont la « récurrence » rend possible le retour réflexif de soi à soi : la conscience ne peut se rapporter à elle-même que si elle est déjà au préalable *une* conscience. Le soi-même est « repliement sur soi qui n'a même pas le privilège d'être l'acte de se replier, mais grâce auquel l'acte de la conscience retournant à elle-même, devient possible »[4]. Le soi-même est « non-relation, mais absolument terme [...] et cependant en récurrence – Moi en soi-même comme un son qui résonnerait dans son propre écho ; nœud d'un ondoiement qui n'est pas à nouveau conscience »[5]. De même que les ondoiements ne se déploient sur l'eau qu'à partir du nœud, ou du point éphémère formé par le galet jeté, de même que l'écho est la résonnance du *même* son, et à travers lequel ce *même* son se fait entendre, le Moi ne se manifeste, n'est

1. *AE*, p. 180.
2. *GA* 24, p. 426, trad. fr. J.-F. Courtine, *Les problèmes fondamentaux de la phénoménologie*, Paris, Gallimard, 1985, p. 360. Nous soulignons. Nous citerons la pagination allemande en premier, suivi de la pagination de la traduction française (notée *PFP*).
3. *Ibid.*, p. 425, *PFP*, p. 360.
4. *AE*, p. 173-174.
5. *Ibid.*, p. 162-163.

conscience et pour-soi, qu'en tant qu'il est *en* soi-même, qu'en tant qu'il est le même, l'un, l'unique. Ces deux premiers points – le Soi n'est pas la réflexivité empirique, mais il est la possibilité ou l'unicité rendant possible cette réflexivité – sont essentiels à la compréhension du troisième – qui nous intéressera tout particulièrement puisqu'il met en jeu le sens de la transcendance que nous cherchons. Car si le Soi n'est pas retour autarcique sur soi, il doit être ouverture à un autre que soi, à une altérité donc. Et cette ouverture est qualifiée, par Levinas comme par Heidegger, d'« exposition » ou d'« assignation ».

Il est en effet étonnant de lire *Autrement qu'être*, où Levinas développe sa conception du Soi, comme « exposition à l'autre [...] sans retenue »[1] et comme « unicité de l'assigné »[2] à la lumière de deux textes où Heidegger lui aussi thématise l'ipséité du *Dasein*, en employant le même vocabulaire. Dans le cours de 1934-1935 sur Hölderlin, on peut lire en effet : « Le *Dasein* n'est rien d'autre que l'exposition [*die Ausgesetztheit*] à la surpuissance de l'être [*die Übermacht des Seyns*] »[3]. Ensuite, au tout début des *Beiträge*, Heidegger évoque « l'assignation du *Da-sein* à l'être », « *die Zuweisung des Da-seins an das Seyn* »[4]. La présence d'un même vocabulaire chez les deux auteurs doit retenir notre attention, car il permet d'attester des ressemblances frappantes quant à la manière d'inscrire l'étrangeté au cœur même de l'homme : qu'il s'agisse de l'intrigue éthique de l'autrement qu'être ou de la pensée de l'être, dans les deux cas le Soi est issu de ce qui le dépasse, de ce qui lui est étranger, et de ce à quoi il est exposé. Précisons que si dans *Sein und Zeit*, l'ipséité caractérise l'éminence de l'étant qu'est le *Dasein*, qui existe sur le mode de la transcendance de soi, et s'il s'agit avant tout, à cette époque, d'un excès sur soi et non d'un soi excédé par un autre que soi, la période dite du tournant, de la *Kehre*, est marquée par une reformulation de l'ipséité, particulièrement frappante dans les *Beiträge*, reformulation qui correspond au nouveau tour donné à la question de l'être. Si l'être atteint dans *Sein und Zeit* est davantage celui du *Dasein*, celui dont il s'agit, dans les *Beiträge*, le *Seyn*, apparaît comme l'altérité, la transcendance, à laquelle le Soi qu'est le *Da-sein* est exposé. C'est pourquoi, s'il est possible de penser le type de rapport à la transcendance – et donc la transcendance elle-même – tel que Heidegger et Levinas le thématisent, ce ne sera pas tant en prenant comme point de départ l'être et autrui, et en

1. *Ibid.*, p. 31.
2. *Ibid.*, p. 166 (note).
3. M. Heidegger, *Hölderlins Hymnen « Germanien » und « Der Rhein »*, *GA* 39, Frankfurt-am-Main, Klostermann, 1980, p. 30-31.
4. *GA* 65, p. 4.

postulant leur transcendance, mais plutôt de partir du Soi lui-même en tant qu'exposition intime à l'altérité pour parvenir à saisir l'originalité de la transcendance ainsi engagée. C'est l'exposition du Soi qui signerait ou signalerait la transcendance de l'être ou d'autrui. Et en remontant ce chemin, nous aboutirons à une divergence essentielle puisqu'elle marque l'enjeu même de la transcendance, c'est-à-dire la manière dont elle est mise en relation – ou non –, du moins la manière dont elle est inscrite en l'homme, et partant, la manière dont *philosophiquement* nous pouvons rendre compte de cette inscription – en l'occurrence, de cette exposition. En effet, alors que le Soi levinassien est issu d'une exposition *hyperbolique* – à laquelle répond, sur le plan philosophique, une pensée *diachronique* – l'ipséité du *Dasein* témoigne d'une exposition *paradoxale*, que tente de saisir une pensée *méditative*. Notre exposé consistera à présenter cette hyperbole et ce paradoxe, à examiner la pensée que l'une et l'autre engagent (la diachronie et la méditation), à s'installer dans leurs différences, mais afin de montrer que s'il est possible de faire dialoguer Levinas et Heidegger, ce n'est non pas tant à partir d'un ensemble de thèses fixes partagées par l'un et l'autre, que par une communauté de problèmes et d'enjeux, qui ne concernent rien de moins que la possibilité d'interroger philosophiquement le niveau originaire – l'origine même de l'origine, écrit parfois Levinas – le champ ultime qui donne son sens à notre rapport au réel.

Quel est, tout d'abord, le rapport entre le Soi et l'être chez Heidegger ? Nous avons brièvement évoqué le fait qu'il s'agit d'une exposition, d'une *Ausgesetztheit* : il faut désormais préciser son sens à l'épreuve du texte heideggérien. Au § 184 des *Beiträge*, nous lisons une caractérisation de l'homme comme

> cet étant [als jener Seiende] qui est exposé à l'étant (et d'abord à la vérité de l'être) [der dem Seienden (und zuvor der Wahrheit des Seyns) ausgesetzt ist][1].

Remarquons que l'exposition à la vérité de l'être précède l'exposition à l'étant, et que cette précession (signalée par le mot « *zuvor* ») fait écho à celle du possible sur l'effectif, de la sphère propre à l'ipséité, comme exposition, sur celle de la subjectivité traditionnelle, comme substantialité. Et Heidegger poursuit, précisant encore cette exposition :

> laquelle exposition (celle du gardien [*Wahrer*], du veilleur [*Wächter*], du chercheur [*Sucher*]) constitue le fondement de son déploiement essentiel (*den Grund seines Wesens ausmacht*).

1. *GA* 65, p. 304.

Cette affirmation du § 184 est décisive pour comprendre le sens de l'ipséité chez Heidegger. En quel sens l'exposition à la vérité de l'être, précédant et rendant possible toute exposition à l'étant, constitue-t-elle le fondement (*Grund*) de l'essence/du déploiement essentiel de l'homme, c'est-à-dire le fondement du *Dasein*, du Soi qu'est le *Dasein* ? Et comment comprendre cette qualification du *Dasein* exposé comme « gardien », « veilleur », « chercheur » ? Plusieurs paragraphes des *Beiträge* nous éclairent sur le sujet, paragraphes dont nous allons extraire les thèses suivantes. Tout d'abord, dans le § 197 :

> *Das Selbstsein ist Wesung des Da-seins, und das Selbstsein des Menschen vollzieht sich erst aus der Inständigkeit im Da-sein*[1] : L'être-soi est le déploiement essentiel du Da-sein, et l'être-soi de l'homme s'accomplit seulement à partir de l'instance dans le Da-sein.

Retenons pour l'instant ce point fondamental, à savoir que l'ipséité heideggérienne implique un être-soi, exige d'être assumée et accomplie par une instance assez particulière puisque celle-ci prend pied dans le *Da-sein*, dont elle est censée assurer le déploiement essentiel. L'être-soi déploie le *Da-sein*, mais ne s'accomplit seulement que par une instance dans ce *Da-sein.* Cette circularité s'éclaircit lorsque l'on prend en compte le § 198 où Heidegger précise que le « *Da* », l'ouvert de l'être, est le fondement (*der Grund*) du Soi et de l'ipséité (*des Selbsts und der Selbstheit*). Ce qui veut dire qu'il n'y a pas de Soi sans *Da*, non seulement puisque l'être-soi est cette instance dans le *Da*, dans l'ouvert de l'être, qui déploie le *Da-sein* (l'être-soi déploie l'être-dans-l'ouvert), mais plus encore parce que ce *Da*, cet ouvert de l'être, est le fondement même de ce Soi qui est censé assurer son déploiement. En somme, le Soi, comme être-soi, est instance dans son propre fondement. L'ouvert de l'être fonde une ipséité qui est endurance et instance au sein même de cet ouvert. Par conséquent, si le *Da-sein*, en tant que Soi, est exposition à la vérité de l'être, ce Soi est avant tout un être-soi, et le *Da-sein* est véritablement cet être-dans-l'ouvert (d'où le passage de la graphie *Dasein* à *Da-sein*), ce qui implique que cette exposition soit endurée, endossée : il s'agit de l'être en tant que tel ; en quelque sorte, pour le Soi, d'assumer, sur le mode de l'instance, son propre fondement auquel il est exposé. Instance et exposition (*Inständigkeit* et *Ausgesetztheit*) sont ainsi liées par le fondement (*Grund*) qu'il s'agit de fonder (*Gründung*), d'assumer (dans le § 173, Heidegger précise le sens de « *sein* » dans *Da-sein* comme « *inständige Ertragsamkeit als Gründung*

1. *Ibid.*, p. 319.

des Da »). Le Soi est de l'ordre d'une décision fondatrice (fondatrice de son propre fondement), d'une « *Entschlossenheit* », que Heidegger définit, de manière très ramassée mais décisive, dans le tome 66 de la *GA*, comme

> l'instance (*Inständigkeit*) dans l'exposition (*Ausgesetztheit*) au *Là* (*zum Da*) : le *Da*-sein ; la prise en charge (*die Über-nahme*) du caractère-essentiel-de-là (*Da-heit*) en tant qu'éclaircie (*Lichtung*) de l'abîme de l'être (*des Abgrundes des Seins*)[1].

Là se situe tout le paradoxe – double – de l'ipséité heideggérienne : il s'agit d'une instance au sein d'une exposition à un abîme, instance censée conférer un certain fond (*Grund*) à cet abîme (*Abgrund*). On comprend mieux pourquoi cette exposition à la vérité de l'être est celle d'un gardien, d'un veilleur, d'un chercheur : l'exposition doit être endurée et maintenue comme telle en s'y tenant en son sein.

Tout le contraire de l'ipséité levinassienne.

Car, comme Levinas le répète souvent, être ou ne pas être, là n'est pas la question. On est déjà toujours exposé à autrui, depuis un « passé plus passé que tout passé », en vertu « d'une passivité plus passive que toute passivité ». « Le soi-même, écrit Levinas, n'est pas issu de sa propre initiative » : il est issu d'« une assignation à répondre sans dérobade, qui assigne le soi comme soi », lequel « s'expose sur le mode d'un accusatif »[2]. L'exposition à la transcendance de l'Autre doit s'entendre littéralement comme ex-position, position accomplie du dehors : le soi est ex-posé, ce qui veut dire qu'il ne s'expose pas de lui-même, mais est d'emblée une « conscience atteinte malgré elle »[3]. Le Soi est avant tout un malgré soi. Cette situation, Levinas la caractérise comme « anarchique », c'est-à-dire sans commencement (plus passé que tout passé), auquel on pourrait faire retour (passivité plus passive que toute passivité). Le rapport entre le Soi et autrui est un rapport d'impuissance radicale : l'ipséité, en-deçà de la conscience et de ses pouvoirs, est « "endettement" d'avant tout emprunt, non assumé, an-archique, subjectivité d'une passivité sans fond »[4], elle est « indicible et, par là même, injustifiable »[5]. D'où sa qualification d'hyperbolique, qualification que nous empruntons à Ricœur (*Soi-même comme un autre*). Il s'agit d'un en-deçà de la conscience, tellement en-deçà (passé, mais sans que ce passé puisse se convertir en présent, passif, mais

1. *GA* 66, p. 144-145.
2. *AE*, p. 166-167.
3. *Ibid.*, p. 162.
4. *Ibid.*, p. 175.
5. *Ibid.*, p. 169.

sans que cette passivité puisse être assumée et donner lieu à une activité, à une instance), tellement en-deçà que la question qui se pose légitimement est celle de savoir comment l'on peut passer de ce plan anarchique du Soi au plan « archique » de la conscience ; et plus encore, celle de savoir comment l'anarchique peut donner lieu à de l'archique, comment il peut le rendre possible. Question que Levinas formule dans les termes suivants : « comment la passivité du Soi devient-elle une "prise sur soi" ? Cela ne présuppose-t-il pas – à moins d'être un jeu verbal – une activité derrière la passivité absolument anarchique, une liberté clandestine et dissimulée ? »[1] Levinas y répond par la notion de substitution.

L'exposition à autrui, en effet, est tout à la fois et *inséparablement* « substitution à l'autre selon la responsabilité »[2]. L'unicité du soi est l'unicité de celui à qui un appel est lancé, depuis l'absolue transcendance de l'Autre, appel auquel il est impossible d'être sourd, appel à la *responsa*bilité. Le Soi n'est pas aliéné puisqu'en se substituant à l'autre sur le mode du pour-l'autre, il porte les fautes d'autrui et est posé (ex-posé) en *lui-même* comme responsable. Autrui m'accuse sur le mode de la responsabilité et provoque ainsi mon unicité qui est celle d'un otage. Je suis voué à autrui sans l'avoir voulu, passivement exposé à son appel traumatique, depuis un passé dont je ne peux me souvenir. « L'ipséité, dans sa passivité sans *arché* de l'identité, est otage. Le mot *Je* signifie *me voici*, répondant de tout et de tous »[3]. L'hyperbole dont il s'agit est celle de l'écrasante responsabilité pour autrui, qui m'incombe à moi – et non à un autre – à moi, l'unique responsable. Mais la substitution prend un tour différent lorsque le Soi n'est plus en face à face asymétrique et hyperbolique avec l'autre, mais qu'un « tiers » entre en scène et que la comparaison fait irruption au sein de l'incomparable. Au lieu d'une responsabilité unique et obligée, le Soi est face à une responsabilité comparée : de qui dois-je porter les fautes ? A qui dois-je me substituer ? Et dès lors, le Soi n'est plus le Soi exposé anarchiquement à l'hyperbole de la responsabilité, mais une conscience qui juge, pèse, et théorise.

On le voit, l'hyperbole comme le paradoxe sont des positions peu confortables philosophiquement. Et cet inconfort tient à ce que, d'une part, ces positions, par leur radicalité, ont une efficacité non négligeable, mais que d'autre part elles comportent des difficultés immenses – du côté de Levinas, le problème de l'unité de la conscience reçoit ainsi une réponse :

1. *Ibid.*, p. 179.
2. *Ibid.*, p. 181.
3. *Ibid.*, p. 180-181.

il faut bien une exposition aussi traumatique et passive que celle de la responsabilité pour expliquer l'unicité si indéfectible de la conscience ; et le problème du rapport à soi trouve avec Heidegger une réponse adéquate : je ne peux me rapporter à l'effectivité que dans la mesure où, plus originellement, je suis exposé à l'ouvert en tant que tel, à l'ouvert de l'être – sans cette ouverture je serai rivé à l'étant, sans recul possible. Mais comment penser l'ouvert en tant que tel, sans le refermer d'une manière ou d'une autre sur l'étant, que nous sommes, et auquel nous sommes quotidiennement tenus ? En quelle mesure est-il possible de prendre en charge (*übernehmen*), non seulement une exposition – qui dès lors ne serait peut-être plus si exposante – mais encore un abîme, un *Ab-grund*, lequel, en tant que pris en charge, se verrait peut-être conféré un certain *Grund*, un fond minimal ?

De même, en ce qui concerne Levinas, l'hyperbole et son anarchie provoquent un certain malaise. Que l'ipséité soit « indicible et, par là même, injustifiable »[1], et que, plus encore, « le soi-même n'entre pas dans ce jeu d'étalages et de dissimulations qu'on appelle *phénomène* (*ou phénoménologie, car l'apparoir du phénomène est déjà discours.*) »[2] se comprend aisément : justifier la responsabilité pour autrui qui est mon ipséité même, en faire un phénomène offert à une conscience, reviendrait à amenuiser l'ex-position radicale à autrui d'où est issue l'assignation qui fait de moi un unique. Mais si le Soi est soi en tant qu'il lui est impossible de justifier sa responsabilité, faudrait-il alors renoncer à justifier cette injustifiabilité même ? Et si l'an-archie n'est pas à la mesure de la conscience, comment pourrait-on – et comment Levinas peut-il – l'exposer philosophiquement ? Si l'extériorité absolue d'autrui est « proximité et *non pas vérité* sur la proximité » et si la responsabilité pour lui, qui assigne le Soi comme Soi est une « responsabilité qui m'engage et qui m'engage *avant toute vérité et toute certitude* »[3], faut-il en conclure que le discours philosophique de Levinas se tient en-deçà de la vérité ? Ou bien en-deçà de la vérité conçue comme certitude ? On le voit, ces questions sont toutes motivées par l'extériorité absolue qui, dans *Autrement qu'être*, à la différence de *Totalité et infini*, dénie toute activité minimale qui puisse assumer la passivité extrême de l'exposition.

Ce qui est remarquable, c'est que ces questions sont suscitées, tant pour Heidegger que pour Levinas, par la radicalité du tournant que chacun a

1. *AE*, p. 169.
2. *Ibid.*, p. 165. Nous soulignons.
3. *Ibid.*, p. 191.

accompli dans sa pensée : le premier dans les années 1930, schématiquement entre la parution de *Sein und Zeit* et les cours sur Hölderlin, le second entre l'écriture de *Totalité et Infini* (en 1961) et celle d'*Autrement qu'être* (en 1974). Alors que son premier chef-d'œuvre décrit cette situation où le Moi séparé, jouissant de son économie intérieure, est brusquement saisi par le visage d'autrui, par l'Infini, *Autrement qu'être* inscrit ce saisissement traumatique au cœur même du Moi – du Soi, le rendant ainsi plus impérieux, et donc plus injustifiable. Et le parallèle entre les deux tournants se poursuit lorsque l'on prend en compte le type de pensée à l'œuvre chez les deux auteurs – pensée qui apparaît, en premier lieu, comme contradictoire avec l'idée même de la méthode phénoménologique – méthode dont Levinas, comme Heidegger, étaient pourtant partis. Nous ne pourrons, faute de temps, que tracer les grandes lignes de ces deux pensées, mais de manière à faire ressortir davantage, en filigrane, la transcendance dont il s'agit de témoigner – en phénoménologie.

On comprend que si le Soi est l'en-deçà de la conscience – entendu comme rapport de soi à soi – qui la rend possible, il ne peut se laisser saisir par le type de pensée qui est le propre de cette conscience, pensée de la prise, de la com-préhension, ou de la représentation. Ce qui justement va à l'encontre de cette pensée, c'est le fait que le Soi n'est pas une entité fixe, déjà posée qui ensuite s'ouvrirait à l'être ou à autrui, mais qu'il est d'emblée et de part en part ouverture sur le mode d'une exposition et d'une assignation. La conséquence majeure, et qui nous occupera jusqu'à la fin de notre exposé, est la double exigence suivante : la pensée de la transcendance que l'on essaie de cerner se doit de pouvoir rendre compte de cette ouverture comme telle, à même cette ouverture, ou bien, en ce qui concerne plus particulièrement Levinas, d'arriver à concilier affirmation de cette exposition à la transcendance et incapacité de la suivre pas à pas, de pouvoir la justifier.

Tout d'abord, l'anarchie de l'hyperbole a pour conséquence le fait que « l'énoncé de l'au-delà de l'être [...] ne se laisse pas emmurer dans les conditions de son énonciation »[1]. S'instaure ainsi une diachronie entre le temps de l'exposition anarchique qu'il s'agit de thématiser – temps d'un passé plus passé que tout passé – et le temps de son énonciation, temps de la conscience, temps synchronique où la conscience embrasse son Dit. La pensée diachronique est la marque de l'écart irréductible entre l'énonciation théorique et sa propre origine anarchique, écart assumé et reconnu, mais qui n'empêche pas l'affirmation de l'anarchique :

1. *Ibid.*, p. 243.

> Penser l'autrement qu'être exige, peut-être, autant d'audace qu'en affiche le scepticisme qui ne redoute pas d'affirmer l'impossibilité de l'énoncé tout en osant réaliser cette impossibilité par l'énoncé même de cette impossibilité[1].

Nous poserons une question : cet essoufflement de la pensée, devant ce qui n'est plus phénomène – et qui donc n'est plus phénoménologie (si l'on en croit Levinas lui-même) – ne témoigne-t-il pas du respect de l'exigence phénoménologique première, celle formulée par Heidegger lui-même au § 7 de *Sein und Zeit*, qui est de « laisser voir (*sehenlassen*) à partir de lui-même ce qui se montre (*sich von ihm selbst*) tel qu'il se montre à partir de lui-même »[2] ? Certes, la transcendance d'autrui l'excepte du domaine phénoménal, mais la phénoménologie se résume-t-elle à un discours sur le phénomène ? Ne peut-on pas envisager une pensée phénoménologique qui s'attache à laisser voir le non-phénoménal tel qu'il se donne ou se refuse (la « phénoménologie de l'inapparent » de Heidegger), ou même, en ce qui concerne Levinas, tel qu'il s'excepte du jeu de la donation et du refus ? Plus généralement, à laisser voir la transcendance dans son altérité radicale ? Tel est en tout cas l'ambition de la pensée méditative de l'être, telle qu'elle est thématisée dans les *Beiträge*, et dont Heidegger nous dit ceci :

> Dans la méditation (*Besinnung*) et à travers elle a nécessairement lieu (*geschieht notwendig*) ce qui est toujours autre (*das Immer-noch-Andere*)[3].

Une telle pensée se caractérise par trois traits principaux : un questionner (*Fragen*), un renoncement (*Verzicht*) et un faire-silence (*Erschweigung*). Nous n'avons pas le temps d'étudier de près ces caractéristiques, mais si l'on prend en compte le fait que la question en jeu dans le *Fragen* est une « question ouvrante »[4] (*eröffnenden Fragens*), qu'elle nécessite une « endurance »[5] (*Ausdauer*), que le renoncement n'est pas une démission, mais « la tenue ferme (*das Festhalten*) de ce qui dépayse (*das Brefremdlichen*) et se déploie en son essence comme *l'être lui-même* (*als das* Seyn selbst *west*) »[6], il y aurait suffisamment d'indices pour remarquer qu'une telle méditation prend les contours du paradoxe de l'ipséité comme « instance dans l'exposition », qu'elle est une pensée ni aveugle à la Chose même, ni

1. *AE*, p. 20
2. *SuZ.*, p. 34.
3. *GA* 65, § 19, p. 52.
4. *Ibid.*, § 33, p. 72.
5. *Ibid.*, § 18, p. 47.
6. *Ibid.*, § 26, p. 62.

irrespectueuse de celle-ci, mais au contraire une pensée de l'accueil, à la mesure de cet équilibre entre passivité et activité : accueillir quelqu'un chez soi suppose en effet de le laisser venir, d'être exposé à sa venue, mais également de maintenir la porte ouverte.

La pensée diachronique de Levinas se dédisant sans cesse, n'est, en ce sens, pas sans liens avec la pensée méditative de Heidegger qui dit l'être, mais par un dire demeurant question, silence et retenue. La pensée épouse ainsi les traits de ce qu'elle-même s'assigne à penser, et à la radicalité, paradoxale ou hyperbolique, de l'intimité exposée du Soi, répond une pensée, méditative ou diachronique. Un mouvement serait ainsi commun à Heidegger et à Levinas : de l'altérité de la chose même naît une pensée autre ; par ce mouvement bel et bien phénoménologique, la phénoménologie est conduite à son au-delà, suscitant alors sa mise en cause perpétuelle, mais jamais définitive. Peut-on assigner à la philosophie de Levinas non seulement le terme de *Sache selbst*, mais également la méthode phénoménologique du « laisser voir », puisque la pensée éthique échappe au paradigme de la vision et du dévoilement ? Qualifier autrui de « chose même » de l'incertaine phénoménologie levinassienne impliquerait d'élargir considérablement – et peut-être de manière illégitime – le sens de la *Sache selbst*, et par conséquent de la phénoménologie. La question mériterait d'être posée. Un point semble sûr, tout du moins : les philosophies de Levinas et de Heidegger se caractérisent avant tout par leur capacité à réformer la pensée eu égard à l'altérité – plus ou moins radicale – de son « objet » ; une telle réforme ne nous paraît pas étrangère à l'esprit de la phénoménologie. Bien au contraire : qu'on se rappelle les difficultés rencontrées par Husserl au sujet de la « temporalité pré-phénoménale, pré-immanente », du « flux constitutif ultime de la conscience »[1], à propos duquel il dira que « les noms nous font défaut »[2]. Ce sont ces difficultés qui l'auraient amené à développer, au-delà de la seule méthode descriptive, une « phénoménologie constructive »[3]. C'est ce sens de la phénoménologie – celui d'une pensée se réformant devant l'altérité de ce qu'il s'agit de penser et qui se dérobe pourtant – qui serait commun à Levinas et à Heidegger, depuis Husserl.

Jérôme WATIN-AUGOUARD

1. E. Husserl, *Leçons pour une phénoménologie de la conscience intime du temps*, Paris, Puf, § 39, p. 105-109.

2. *Ibid.*, § 36, p. 99.

3. *Cf.* A. Schnell, *Husserl et les fondements de la phénoménologie constructive*, Grenoble, Millon, 2007.

LA DÉFORMALISATION SELON HEIDEGGER ET LEVINAS

Lorsque l'on tente de rendre compte de la réception levinassienne de Heidegger, et que l'on a passé plusieurs années à étudier la pensée de Heidegger sans trop d'égard pour celle de Levinas, la tentation est sans doute grande de se livrer à ce qui pourrait dégénérer en un véritable exercice de style – à savoir : démontrer que la critique levinassienne de Heidegger se construit sur la base de contresens préalables, contresens qui, une fois rectifiés par la lecture attentive et scrupuleuse des textes de Heidegger, entraînent l'effondrement de la critique qu'ils fondaient de façon à la fois hâtive et bancale. Certes, il faut bien reconnaître que certains jugements que Levinas porte sur Heidegger peuvent apparaître comme des jugements à l'emporte-pièce. Ainsi, par exemple, comment ne pas sursauter lorsque Levinas, à la fin de *Totalité et Infini*, qualifie la pensée du « second Heidegger » de « matérialisme honteux »[1] ? Le *Geviert*, que Levinas invoque pour justifier cette condamnation sans appel, ne fonde en effet, dans la pensée de Heidegger, ni un primat de la matière, ni un mot en « isme », mais une pensée de la chose, et plus précisément un renversement du rapport entre chose et monde tel qu'on le conçoit couramment, puisque ce n'est plus le monde qui inclut en soi des choses, mais au contraire la chose qui ouvre désormais un monde, et qui, à ce titre, est au plus loin de la matière du matérialisme.

On pourrait, sans trop de difficultés, approfondir et multiplier ce genre de réfutations, ou plus exactement de contre-réfutations de la critique levinassienne de Heidegger. On pourrait même, comme nous le disions à l'instant, en faire un véritable exercice de style heideggérien. Mais avant de s'y jeter à corps perdu, et d'y perdre peut-être, par la même occasion, son temps, le spécialiste de Heidegger doit faire un constat qui, compte tenu de ce qui vient d'être dit, s'avère quelque peu déconcertant : celui de

1. *TI*, p. 275 (p. 333).

l'extraordinaire subtilité du commentaire levinassien de Heidegger. Comment comprendre, en effet, que les critiques que Levinas adresse à Heidegger puissent être parfois si expéditives et, par ailleurs, que les commentaires qu'il consacre au penseur allemand soient si fins et si subtils ? Comment comprendre ce contraste apparemment saisissant entre la critique et le commentaire ? Précisons immédiatement que la finesse et la subtilité ne sont pas laissées ici à l'appréciation personnelle du lecteur, mais qu'elles se constatent de façon quasi-factuelle – au sens où, objectivement, Levinas, dans sa lecture de Heidegger, devance parfois les études heideggériennes de plusieurs décennies. Autrement dit, l'examen historiographique montre clairement que certains motifs heideggériens, presque inapparents dans les ouvrages que le penseur allemand a publiés de son vivant, mais révélés ensuite par la publication des nombreux cours de Fribourg et de Marbourg, ont été repérés par Levinas bien avant que les études heideggériennes ne fussent conscientes de leur importance. Ainsi en va-t-il, par exemple, du motif de la négation constitutive, c'est-à-dire d'une négation qui, loin d'être sous la dépendance logique d'une affirmation préalable, précède toute affirmation et doit être interprétée comme constitutive du phénomène[1]. Ce motif, révélé aux études heideggériennes par la publication des écrits de la fin des années dix et du début des années vingt, Levinas l'identifie dès 1949 dans une brève remarque de son texte « De la description à l'existence »[2]. Il en va de même, et d'une façon peut-être plus impressionnante encore, du motif dont nous souhaiterions traiter ici : la déformalisation.

Dans la pensée de Heidegger, ce motif est en effet lié à un autre concept, que le jeune Heidegger présente comme méthodologiquement capital : le concept d'indication formelle. D'un point de vue historiographique, la première étude qui signale l'importance de l'indication formelle dans la pensée du jeune Heidegger est le livre de Theodore Kisiel *The Genesis of Heidegger's Being & Time*, qui date de 1993. Le texte de Heidegger sur lequel T. Kisiel fonde l'essentiel de son analyse est le cours du semestre d'hiver 1920-1921 « Introduction à la phénoménologie de la religion », qui

1. Sur ce point, nous nous permettons de renvoyer au chapitre que nous avons consacré au problème de la négation dans notre ouvrage *Heidegger et l'indétermination d'Être et Temps*, Paris, Hermann, 2014, p. 205 *sq.*

2. *EDE*, p. 131 : « La description phénoménologique cherche la signification du fini, dans le fini lui-même, de sorte que les imperfections de la connaissance au lieu de passer à côté de l'objet visé, le définissent précisément. D'où le style particulier de la description. Chaque fois que la philosophie classique insiste sur l'imperfection du phénomène de connaissance, la phénoménologie ne se contente pas de la négation incluse dans cette imperfection, mais pose cette négation comme constitutive du phénomène ».

sera publié tout juste deux ans après la parution de l'ouvrage du commentateur américain, donc en 1995, comme tome 60 de l'*Edition intégrale.* Pour le dire très rapidement – mais nous serons bien entendu amenés à y revenir plus loin –, ce qui ressort du concept méthodologique d'indication formelle, c'est la nécessité de déformaliser ce qui *n'e*st *que* formel. Or formels, tous les concepts philosophiques le sont. La philosophie doit donc, selon le jeune Heidegger, lutter contre la tendance formalisante qui appartient non pas accidentellement, mais constitutivement, à son propre langage. Or cet impératif de déformalisation, que les études heideggériennes n'ont thématisé (répétons-le) que dans les années quatre-vingt-dix, Levinas en est conscient au moins depuis 1961, c'est-à-dire depuis *Totalité et Infini*, qui s'impose ouvertement de déformaliser les notions philosophiques auxquelles il recourt (le Même, l'Autre, la relation, etc.).

Mais en signalant ainsi l'acuité du regard de Levinas lecteur de Heidegger, s'agit-il simplement de montrer que cette lecture est prodigieuse, car en avance de trente ou quarante ans sur les études heideggériennes ? Au-delà de l'admiration qu'elle inspire, l'acuité levinassienne a ceci de particulier, qu'elle est souvent de nature méthodologique. Autrement dit, c'est lorsqu'il est question de méthode phénoménologique que le génie de la lecture levinassienne de Heidegger se signale avec le plus d'évidence. Nous évoquions plus haut le contraste entre l'apparente grossièreté de certaines critiques que Levinas adresse à Heidegger et l'extrême subtilité des commentaires qu'il consacre à ce penseur. En réalité, ce n'est pas l'opposition de la critique et du commentaire qui est ici éclairante – comme si Levinas, fin lecteur de Heidegger, perdait sa lucidité ou même (pourquoi pas ?) sa bonne foi lorsqu'il avançait ses propres thèses. C'est bien plutôt l'opposition du méthodologique et du thématique qui nous paraît ici pertinente – les questions de méthode phénoménologique étant, naturellement, abordées plus couramment dans les commentaires, et les aspects proprement thématiques, plutôt sous un angle critique.

À travers l'étude du motif, à l'origine purement méthodologique, de la déformalisation, il s'agira donc pour nous de voir comment la subtilité de l'entente levinassienne de la méthode phénoménologique rejaillit sur la critique que Levinas adresse au projet ontologique de Heidegger. Autrement dit, nous tenterons de rapporter le thème philosophique du dépassement de l'ontologie à l'impératif méthodologique de déformalisation, et de voir en quoi la finesse du travail que Levinas opère sur la notion de forme permet de comprendre comment la déformalisation peut prendre ici l'ampleur d'un dépassement de l'ontologie dans l'épiphanie du visage.

Cependant, pour comprendre l'origine de l'impératif méthodologique de déformalisation, il faut, au-delà de Levinas et de Heidegger, aller quérir un troisième homme – et ce troisième homme, comme souvent lorsqu'il est question de méthode phénoménologique, c'est évidemment Husserl. Nous commencerons donc par présenter, le plus succinctement possible, et sous le seul angle que définissent les besoins de notre exposé, le sens de la formalisation chez Husserl. Nous tenterons ensuite de monter comment sa réception, chez Heidegger, définit un impératif de déformalisation qui se trouve consigné dans le concept méthodologique d'indication formelle. Enfin, nous étudierons la réception et la métamorphose levinassienne de cet impératif de déformalisation. Pour ce faire, nous nous limiterons résolument à *Totalité et Infini.* Mais pourquoi s'en tenir à ce seul ouvrage ? Parce que l'étude de la déformalisation suppose aussi celle de son économie et de son processus au sein d'un même ensemble textuel. Dans ce cas, pourquoi *Totalité et Infini* ? Parce qu'il est probablement l'ouvrage le plus systématique de Levinas, systématicité que la notion de déformalisation, précisément, contribue à définir de façon décisive.

HUSSERL ET LA FORMALISATION

Dans la pensée de Husserl, la formalisation se comprend dans son opposition à un autre procédé : la généralisation. Par exemple, si je prends l'expression : « le merle qui est dans le jardin », je peux tout d'abord opérer une généralisation, c'est-à-dire progresser de l'espèce à son genre prochain, et de ce genre au genre qui le subsume – donc, dans notre exemple, de « merle » à « oiseau », de « oiseau » à « animal », et ainsi de suite. Mais la même expression : « le merle qui est dans le jardin », peut également faire l'objet d'une formalisation. Dans ce cas, au lieu de concentrer mon attention sur les termes de la proposition (ici : « merle » et « jardin »), je tente de m'en détourner pour faire ressortir tout ce qui les entoure et les articule logiquement (ici : « le », « qui », « est », « dans », « le »). C'est ce qui peut être facilité par le remplacement des termes par des variables (de type X et Y) – ce qui, pour la proposition : « le merle qui est dans le jardin », donnera : « le X qui est dans le Y ». Voici comment Husserl présente ce procédé – le texte figure dans le dernier chapitre des *Prolégomènes à la logique pure* :

> Quant à la matière, les objets restent entièrement indéterminés – ce que le mathématicien exprime de préférence par le terme d'« objets de pensée ».

> Car ils ne sont précisément déterminés ni directement comme singularités individuelles ou spécifiques, ni indirectement par leurs espèces ou leurs genres matériels, mais exclusivement par la *forme* des connexions qui leur sont attribuées[1].

D'après ce texte du § 70 des *Prolégomènes*, la formalisation consiste à supprimer un certain nombre de « déterminations ». Tout d'abord, les déterminations « singulières » – dans notre exemple, le merle dont je vise la singularité, et qui est là, devant moi, dans le jardin. Mais si les objets formels ne sont pas déterminés « directement comme singularités », Husserl ajoute qu'ils ne le sont pas non plus « indirectement par leurs espèces ou leurs genres matériels » – dans notre exemple : l'espèce « oiseau », le genre « animal », etc. Mais en étant ainsi frappés d'indétermination à la fois singulière, spécifique et générique, quelles déterminations les objets formels conservent-ils ? Ce que Husserl appelle ici « la forme des connexions ». Le mot « connexions » a, dans ce contexte, le sens de connexions logiques. La formalisation est ainsi, tout d'abord et tout simplement, la mise en lumière de ce qui, dans une proposition, relève du logique.

Cependant, la formalisation est loin de demeurer l'affaire du seul logicien : elle est aussi celle du phénoménologue. Car, selon une corrélation qui pourrait peut-être, en un sens, résumer le projet même des *Recherches logiques*, « formes logiques » signifie, pour Husserl, « modes de conscience ». C'est ainsi qu'on peut lire, au § 13 de la première *Recherche logique* :

> la même intuition peut (comme nous le démontrerons ultérieurement) fournir un remplissement à des expressions différentes, dans la mesure en effet où elle peut être saisie catégorialement de manières différentes [...]. Et par suite, les expressions, lorsqu'elles se tiennent en-dehors de la fonction de connaissance, se réfèrent aussi, en tant qu'intentions symboliques, aux unités *formées* catégorialement. C'est ainsi que différentes significations peuvent appartenir à la même intuition (mais différemment d'un point de vue catégorial), et par suite au même objet[2].

1. E. Husserl, *Logische Untersuchungen*, I, *Prolegomena zur reinen Logik*, Tübingen, Max Niemeyer, 1993⁷, § 70, p. 249, trad. fr. H. Elie, A. L. Kelkel et R. Scherer, *Recherches logiques, 1, Prolégomènes à la logique pure*, Paris, Puf, 1994, p. 274-275.

2. *Logische Untersuchungen*, II/1, *Untersuchungen zur Phänomenologie und Theorie der Erkenntnis*, Tübingen, Max Niemeyer, 1993[7], p. 49-50 ; trad. fr. H. Elie, A. L. Kelkel et R. Scherer, *Recherches logiques, 2, Recherches pour la phénoménologie et la théorie de la connaissance, 1re partie*, Paris, Puf, 1996, p. 56.

Qu'une « même intuition » puisse « fournir un remplissement à des expressions différentes », c'est ce qui est évident si, reprenant notre exemple, nous disons non plus : « le merle qui est dans le jardin », mais : « un merle », ou : « ce merle ». C'est bien à chaque fois la même intuition du merle se tenant devant moi dans le jardin qui fournit un remplissement à ces trois expressions. Cependant, pour peu qu'on procède à une formalisation de celles-ci, on obtient : « le X qui est dans le Y », « un X » et « ce X ». Autrement dit, si je me rapporte bien à chaque fois à la même chose, et plus précisément à la même intuition, je le fais selon des modes différents, c'est-à-dire en visant à chaque fois différemment la même chose – soit sur un mode défini (« *le* merle *qui est dans le* jardin »), soit sur un mode indéfini (« *un* merle »), soit encore sur un mode déictique (« *ce* merle »). C'est ce que Husserl appelle ici : « différemment d'un point de vue catégorial ». « Catégorial » est en effet, pour Husserl, synonyme de « formel ». La formalisation, en mettant en évidence les différences catégoriales, met du même coup en lumière les différences de modes de visée, c'est-à-dire de modes de conscience.

Avec la formalisation, la notion d'universalité acquiert ainsi un sens nouveau : l'universel ne désigne plus seulement, comme dans le cas de la généralisation, la matière la plus vaste et la moins déterminée ; désormais, il désigne également la forme qui traverse toutes les matières possibles. Parce qu'elle exprime un mode de conscience, la forme demeure libre à l'égard de la matière, c'est-à-dire à l'égard de ce dont ce mode de conscience est le mode de conscience. La forme ne plane donc pas, tels l'espèce et le genre, au-dessus des singularités : tout en étant un terme universel, elle se tient auprès des singularités auxquelles elle donne forme. Elle n'a donc pas la structure de la région, qui appartient à la généralisation : elle est au contraire libre de toute région, c'est-à-dire transrégionale. Cette transrégionalité va jouer un rôle capital dans la critique que Heidegger va adresser à la formalisation husserlienne. Mais avant cela, voyons dans quels termes les *Ideen I* décrivent, au § 13, cette transrégionalité du formel :

> les essences formelles de type logique (par exemple les catégories) ne « résident » pas dans les cas particuliers d'ordre matériel issus de l'individuation, comme le rouge considéré dans sa généralité « réside » dans les diverses essences du rouge, ou la « couleur » dans le rouge ou dans le bleu[1].

1. *Ideen zu einer reinen Phänomenologie und phänomenologischen Philosophie : Allgemeine Einführung in die reine Phänomenologie*, Tübingen, Max Niemeyer, 2002[6], p. 27 ; trad. fr. P. Ricœur, *Idées directrices pour une phénoménologie et une philosophie*

« Ne “résident” pas dans... » : ce qui définit le formel, ce n’est pas, comme dans le cas du général, un rapport d’inclusion, où l’espèce s’emboîte pour ainsi dire dans le genre et celui-ci à son tour dans son genre prochain, mais au contraire un rapport de transversalité, c’est-à-dire, en termes logiques, de transrégionalité.

Résumons-nous : la formalisation permet la mise en évidence des formes logiques d’une proposition, c’est-à-dire, d’un point de vue phénoménologique, des modes de visée ou de conscience, qui, parce qu’ils demeurent libres de ce qu’ils visent ou de ce dont ils sont la conscience, ne sont attachés à aucune région, et s’avèrent ainsi transrégionaux. Bref, la formalisation, en délimitant la sphère pure du logique, définit du même coup *le* domaine de la philosophie, du moins tel que les *Recherches logiques* le conçoivent. Comment Heidegger et Levinas reçoivent-ils cet héritage husserlien capital ? Et tout d’abord Heidegger ?

HEIDEGGER ET L’INDICATION FORMELLE

Chez l’élève, la réception du maître est, comme Jean-François Courtine l’a souvent rappelé, d’emblée critique. S’il fallait résumer d’une phrase la teneur de cette critique pour la question qui nous occupe, on pourrait dire que, selon Heidegger, les formes, loin de définir le sens et la tâche du discours philosophique, s’avèrent, du moins aussi longtemps qu’elles sont laissées à elles-mêmes, captieuses pour la philosophie. Qu’est-ce à dire ?

On a vu que la formalisation, c’est-à-dire le procédé de mise en évidence des modes de conscience, se voulait, chez Husserl, transrégionale. Or si Husserl a bien raison d’attribuer ce statut à la *formalisation*, il commet cependant l’erreur de négliger le problème que pose le *formalisateur*, c’est-à-dire celui-là même qui opère la formalisation, et qui, non pas fortuitement, mais constitutivement, a tendance à en compromettre à son insu le caractère transrégional. Dès ses premières années de cours fribourgeois, Heidegger relève en effet, au sein de ce qu’il appelle alors la vie facticielle, une tendance à comprendre toute chose sur le modèle offert par une seule et unique région de l’être : la région chose. Autrement dit, la vie facticielle comporte en elle-même une tendance à se comprendre sur le modèle de ce qui, à titre de chose, n’est pas de niveau avec elle – tendance que, pour cette raison, Heidegger nomme à partir du lexique de la chute (en 1920-1921,

phénoménologique pures, t. I, *Introduction générale à la phénoménologie pure*, Paris, Gallimard, 1998, p. 49.

Abfall, *abfallen*,[1] termes qui peuvent en quelque sorte être tenus pour les ancêtres de ce que *Sein und Zeit*, en 1927, nommera *Verfallen*). Voici comment Heidegger exprime, en 1920-1921, la nécessité, pour la philosophie, d'observer une règle de précaution à l'égard de cette tendance à tout comprendre à partir de la seule région « chose » :

> La nécessité de cette règle de précaution résulte de la déchéance qui appartient à l'expérience de la vie facticielle, laquelle menace toujours de glisser au niveau de ce qui est de l'ordre de l'objet, et dont nous devons malgré tout faire sortir le phénomène[2].

Heidegger définit ici l'*Abfall*, la « déchéance », à partir du risque de « glisser au nouveau de ce qui est de l'ordre de l'objet ». « Ce qui est de l'ordre de l'objet » – entendons : la région « chose ». Si donc formaliser permet en droit d'atteindre une dimension transrégionale, la déchéance qui appartient au formalisateur lui-même conduira de fait celui-ci à appréhender les formes de façon pour ainsi dire « chosique » ou « réale », et ainsi à en compromettre le caractère transrégional. Faut-il dès lors abandonner purement et simplement le procédé de formalisation ? Assurément pas. Le texte précité note en effet : « … et dont nous devons malgré tout faire sortir le phénomène ». C'est dans ce « malgré tout » que réside la tâche phénoménologique, qui suppose ainsi de compléter la formalisation, en elle-même tout à fait viable, d'un dispositif qui la protège du formalisateur et de sa tendance à choir au niveau de la seule région « chose ».

Ce dispositif est celui de l'indication. En différant l'accès au phénomène, le concept d'indication permet en effet de suspendre le caractère déterminant du formel, et ainsi de contenir la tendance qu'a le formalisateur à aller chercher immédiatement le phénomène là où il le trouve le plus spontanément – au niveau de ce qui est de l'ordre purement « chosique » ou « réal ». L'indication, comme mise en suspens de la détermination, opère une sorte d'ἐποχή de la déchéance qui appartient à la vie facticielle (le cours de 1920-1921 parle d'ailleurs ouvertement de « mise en suspens » – l'expression allemande étant *in der Schwebe gehalten werden*).

1. L'une des significations courantes de l'allemand *Abfall* est, comme on sait, « déchet ». Même si elle se trouve atténuée par le prolongement verbal de *Abfall* en *abfallen*, il convient en français d'en conserver quelque chose, ce qui est possible en rendant le terme allemand, comme l'a fait J. Greisch dans sa traduction, par « déchéance » et en jouant ainsi sur la consonance de « déchet » et « déchéance ».

2. *Einleitung in die Phänomenologie der Religion (Wintersemester 1920 / 1921)*, in *Phänomenologie des religiösen Lebens*, *Gesamtausgabe*, Band 60 (désormais noté *Ga* 60), Frankfurt-am-Main, Klostermann, 1995, § 13, p. 64.

Cette interprétation du concept d'indication comme dispositif de renvoi, Heidegger la trouve, là encore, dans les *Recherches logiques* – non pas cependant dans les analyses classiques des § 1 à 7 de la première *Recherche*, mais dans l'étude des expressions essentiellement occasionnelles menée au § 26 de la première *Recherche* et au § 5 de la sixième *Recherche.* Mais l'étude de ces paragraphes et de leur réception heideggérienne nous mènerait trop loin. L'important est ici son résultat – à savoir le mouvement d'aller et de retour que définit le concept d'indication formelle. Philosopher, c'est en effet inséparablement opérer un *aller* formalisant et un *retour* déformalisant. Autrement dit, c'est d'abord retenir des phénomènes leur seule forme, puis renvoyer cette forme à ce dont elle est la forme, donc faire retour au phénomène dont la forme a été extraite. En formalisant, le philosophe rend manifeste la structure du phénomène qui, dans le flux de la vie facticielle, demeure inapparente ; et en déformalisant, il surmonte le risque que cette structure formelle soit comprise sur le modèle de la simple chose, et trahisse ainsi le phénomène qu'elle était censée éclairer. Ce geste et ce contre-geste proprement philosophiques, dont le mouvement d'aller et de retour est d'ailleurs conforme au cercle herméneutique, supposent ainsi toujours de formaliser d'abord (ce que faisait Husserl) pour déformaliser ensuite (ce qu'il négligeait de faire). Comment Levinas s'approprie-t-il ce mouvement de retour au phénomène consécutif à un détour par la forme ?

LEVINAS ET L'ÉCLATEMENT DE LA FORME

De prime abord, Levinas, dans *Totalité et Infini*, semble s'imposer la même exigence de formalisation et de déformalisation que Heidegger. Exigence de formalisation d'abord :

> Nos analyses sont dirigées par une structure formelle : l'idée de l'Infini en nous[1].

À « l'idée de l'Infini en nous », qui est une « structure formelle », c'est-à-dire qui a été obtenue par formalisation, doit être imposée une déformalisation corrélative (nous citons la première occurrence du terme « déformalisation ») :

> Il faut dès maintenant indiquer les termes qui diront la déformalisation ou la concrétisation de cette notion, toute vide en apparence, qu'est l'idée d'infini[2].

1. *TI*, p. 52 (p. 78).
2. *TI*, p. 21 (p. 42).

On note d'ores et déjà le mouvement d'aller et de retour formalisant et déformalisant. Mais ce qu'il faut également noter, c'est l'acuité du regard phénoménologique de Levinas. Le verbe *entformalisieren*, « déformaliser », n'apparaît en effet qu'à deux reprises dans *Être et Temps*[1] – deux occurrences qui demeurent cependant suffisantes pour celui dont le regard a été formé à l'école de Husserl, c'est-à-dire pour celui qui a déjà eu l'occasion, par sa lecture attentive des *Recherches logiques* et des *Ideen*, d'identifier ce que la notion de formalisation comportait de phénoménologiquement capital.

On a vu que la déformalisation consistait, chez Heidegger, à opérer, après un détour par la forme, un retour au phénomène. Il semble en aller de même pour Levinas :

> La jouissance accomplit la séparation athée : elle déformalise la notion de séparation qui n'est pas une coupure dans l'abstrait, mais l'existence chez soi d'un moi autochtone[2].

La « notion de séparation » est une notion formelle ; la jouissance, en tant que « déformalisation » de cette notion, semble être le phénomène auquel Levinas fait retour. Or cette déformalisation, ou concrétion, semble répondre à la même exigence que chez Heidegger : éviter de tomber au niveau de la région « chose ». C'est ce que montre par exemple la critique que Levinas adresse à la théorie platonicienne du besoin, telle qu'elle se trouve par exemple présentée dans le *Philèbe* :

> [...] la théorie platonicienne des plaisirs négatifs ne s'en tient qu'au dessein formel de la jouissance et méconnaît l'originalité d'une structure qui ne transparaît pas dans le formel, mais tisse concrètement le vivre de...[3].

Qu'est-ce qui, dans la « théorie platonicienne des plaisirs négatifs », demeure purement formel ? Le fait que le plaisir soit entendu, précisément, de façon purement négative, c'est-à-dire comme pure satisfaction d'un besoin. Quoique Levinas ne le dise pas ici expressément, le plaisir est alors compris sur le modèle de la chose, c'est-à-dire à partir de l'image du vide et du plein, du contenant et du contenu – à quoi Levinas oppose une compréhension qui, dit-il, « ne transparaît pas dans le formel », et dépasse donc celui-ci : « le vivre de... ».

1. *SuZ*, p. 35 et p. 241.
2. *TI*, p. 88 (p. 119).
3. *Ibid.*, p. 110 (p. 144).

Et pourtant, malgré la parenté qui semble exister entre la déformalisation heideggérienne et levinassienne, le dépassement de la forme prend, chez Levinas, un tout autre chemin que celui d'un simple retour au phénomène. Dès la cinquième page de l'ouvrage, Levinas note, en parlant de la transcendance :

> Sa caractérisation formelle – être autre – fait son contenu.

La forme simple de la relation suppose une réversibilité de ses termes : A est l'autre de B, mais B est inversement l'autre de A. Or cette appréhension purement formelle de la relation suppose ce que Levinas appelle un regard « panoramique », c'est-à-dire un regard qui, s'abstrayant de la relation, la surplombe et la jauge depuis un autre lieu que la relation elle-même. A la forme simple de la relation, à laquelle on peut donner un contenu, Levinas oppose la forme-contenu, c'est-à-dire une forme qui *est* elle-même le contenu. Aussi peut-on lire :

> L'Autre métaphysique est autre d'une altérité qui n'est pas formelle [...]. Autre d'une altérité constituant le contenu même de l'Autre[1].

La forme est en quelque sorte d'emblée plus que formelle, puisque la forme ici analysée – l'idée de l'Infini – n'*a* pas de contenu, mais *est* son contenu. Mais qu'est-ce qu'une forme qui est son contenu ? Est-ce simplement, selon l'apparence que Levinas reconnaissait dans le texte que nous citions un peu plus haut, une forme « vide » ? Non, car une forme vide est justement une forme qui demeure susceptible d'*avoir* un contenu, et non de l'*être*. La forme qui *est* son contenu se définit tout d'abord, de façon négative, par son absurdité au regard des exigences de la logique formelle. Autrement dit, une forme-contenu est une forme logiquement absurde. Ainsi, au sujet du bonheur, condition de la séparation athée, donc aussi de la relation à l'Autre, Levinas concède :

> Même si, dans la logique formelle, la structure du bonheur – indépendance dans la dépendance – ou moi – ou créature humaine – ne peut transparaître, sans contradiction[2].

Logiquement, un terme A est soit dépendant, soit indépendant d'un terme B. A la limite, il peut devoir son indépendance vis-à-vis de B à sa dépendance à l'égard d'un troisième terme C. En revanche, il ne saurait être indépendant « par la dépendance » elle-même et en tant que telle. C'est ce qui fait dire ici à Levinas que la relation « ne peut transparaître

1. *Ibid.*, p. 9 (p. 28).
2. *Ibid.*, p. 87 (p. 118).

sans contradiction ». Cette dernière expression : « ne pouvoir transparaître sans contradiction », réapparaît presque textuellement lorsque Levinas traite de l'idée d'infini :

> Des relations comme l'idée de l'infini que la logique formelle du regard ne peut laisser transparaître sans absurdité... [1].

« Ne pas pouvoir transparaître sans contradiction » dans le texte précédent, « ne pas pouvoir transparaître sans absurdité » dans ce texte-ci : si la forme s'identifie, comme le montre magistralement Husserl, au logique, alors Levinas semble faire un usage de la forme qui la pervertit, puisqu'elle devient le foyer de l'illogique, c'est-à-dire du contradictoire et de l'absurde. Chez Heidegger, les formes, suspendues au concept d'indication, venaient peu à peu corriger les formes, jusqu'à ce que, de forme en forme, on fasse retour au phénomène. Jamais les formes ne venaient, comme chez Levinas, contrarier ou corrompre les formes.

L'étrange usage que Levinas fait des formes s'explique, on l'a déjà entrevu plus haut, par la spécificité de la relation à autrui. Reprenant le thème récurrent de la relation dont les termes demeurent absolus au sein même de la relation, c'est-à-dire de la relation dont la forme fait tout le contenu, Levinas écrit :

> La relation entre Moi et Autrui n'a pas la structure que la logique formelle retrouve dans toutes les relations. Les termes en demeurent absolus malgré la relation où ils se trouvent. La relation à autrui est la seule où pareil bouleversement de la logique formelle puisse survenir[2].

Si le caractère logiquement absurde de la relation avec autrui est, comme l'affirme ce texte, tout à fait spécifique à cette relation, la question, naturellement, se pose de savoir ce que *fait* la relation avec autrui, que *ne font pas* les autres relations. Qu'est-ce qui, d'un point de vue formel, caractérise en propre la relation avec autrui ?

Comme l'a bien vu Raoul Moati à la fin du chapitre qu'il consacre à « l'eschatologie messianique » dans son *Essai sur* Totalité et Infini,[3] la relation avec autrui a ceci de spécifique, qu'elle fait éclater la forme. Cette expression : « faire éclater la forme », figure à la p. 172 de *Totalité et Infini* :

> Et cependant cette nouvelle dimension s'ouvre dans l'apparence sensible du visage. L'ouverture permanente des contours de sa forme dans

1. *TI*, p. 265 (p. 321).
2. *Ibid.*, p. 155 (p. 197).
3. R. Moati, *Événements Nocturnes. Essai sur* Totalité et Infini, Paris, Hermann, 2012, p. 50 *sq*.

> l'expression emprisonne dans une caricature cette ouverture qui fait éclater la forme. Le visage à la limite de la sainteté et de la caricature s'offre donc encore dans un sens à des pouvoirs[1].

Le visage est ici présenté par Levinas sous l'angle de son « apparence sensible », qui ménage deux possibilités adverses. En tant qu'« apparence sensible », le visage présente tout d'abord les simples « contours de sa forme » – ce que nous appellerions les traits du visage – présentation qui ouvre la possibilité de la « caricature », laquelle manifeste précisément ces traits en les accentuant et les grossissant. Mais en tant que visage, c'est-à-dire en tant qu'« ouverture permanente des contours de sa forme », il comporte également la possibilité de « faire éclater la forme » – donc de faire éclater le trait même de la caricature – ouvrant ainsi une tout autre possibilité : celle de la « sainteté ». Si la déformalisation prend, chez Levinas, l'ampleur d'une absurdité, c'est-à-dire de ce qui rompt avec la forme et avec le logique, c'est qu'elle épouse en quelque sorte l'éclatement de la forme qui est le fait du visage et de sa possible sainteté. C'est ce que Levinas appellera ailleurs le « débordement de la concrétisation »[2], déformalisation et concrétisation étant, on l'a vu, synonymes.

A cette compréhension de la déformalisation comme éclatement de la forme dans l'épiphanie du visage, il convient cependant d'opposer une objection apparemment massive : la forme que fait éclater la présence du visage appartient, on y a insisté, au contexte de « l'apparence sensible ». Ce qui suppose que la forme ait ici un sens plastique, et non, comme dans le contexte de la déformalisation, un sens logique. Autrement dit, l'éclatement est celui de la *forme plastique du visage*, et non de *la forme logique du discours*. Soit – mais jusqu'à quel point cette opposition de la forme plastique et de la forme logique rend-elle ces deux sens de la forme étrangers l'un à l'autre ?

La forme plastique du visage s'inscrit dans un horizon bien précis : celui que définit, pour Levinas, le mot *représentation*. Cette coextensivité de la forme plastique et de la représentation du visage devient manifeste pour peu que l'on confronte un premier passage de *Totalité et Infini* :

> Se manifester comme visage, c'est *s'imposer* par-delà la forme [...][3].

... et un autre passage qui figure une dizaine de pages plus loin :

1. *TI*, p. 172 (p. 216).
2. *Ibid.*, p. 126 (p. 163).
3. *Ibid.*, p. 174 (p. 218).

> Le visage où autrui se tourne vers moi, ne se résorbe pas dans la représentation du visage[1].

« S'imposer par-delà la forme » et « ne pas se résorber dans la représentation » sont des expressions équivalentes. Autrement dit, par « forme plastique », il faut entendre le représenté. Or, comme le montre magistralement l'analyse husserlienne de la formalisation, seul ce qui est représenté est manipulable dans des formes logiques. Pour peu, donc, que la représentation éclate, la forme logique qui tentera de la saisir éclatera avec elle. Et inversement, l'éclatement de la forme logique entraînera un éclatement de la représentation. C'est ce qui se produit avec la déformalisation levinassienne qui, comme éclatement de la forme logique dans le contradictoire et l'absurde d'une forme qui est son propre contenu, produit l'éclatement représentatif de la forme plastique du visage. C'est pourquoi un texte que nous avons cité plus haut parlait (l'expression est capitale) de la « logique formelle *du regard* » : par « regard », il faut entendre ici la représentation, qui délimite le domaine au sein duquel la logique formelle prend sens et mesure.

Bien entendu, cet éclatement de la forme dans l'illogique et l'absurde ne se produit pas dans l'unique affirmation, à vocation formellement directrice, d'une forme-contenu. Si tel était le cas, à l'absurdité de cette affirmation risquerait fort de s'ajouter sa gratuité. L'éclatement logique, qui retentit d'abord comme un coup de pistolet au début de l'ouvrage, prend peu à peu, au fil des descriptions phénoménologiques qui se succèdent au long de l'ouvrage, l'épaisseur du phénomène – mais d'un phénomène fait de formes qui s'enchevêtrent dans leur propre succession et qui, en faisant ainsi éclater la représentation, ouvrent à l'autre du phénomène. Parcourir tous les degrés de cette déformalisation dans l'éclatement successif des formes enchevêtrées ferait l'objet d'une étude à part entière. Seraient alors élucidés formellement le désir, le discours, la jouissance, la demeure, etc., que nous avons dû nous borner ici à évoquer à titres d'exemples.

Mais si, au-delà de ses multiples déclinaisons dans *Totalité et Infini*, on tente de ressaisir généralement le sens proprement levinassien de la déformalisation, il faut noter que déformaliser, c'est, pour ainsi dire, « dé-représenter », c'est-à-dire rendre irreprésentable, mais par les moyens mêmes de la représentation – du moins les moyens mêmes dont la philosophie dispose pour représenter : à savoir les formes, c'est-à-dire les relations logiques comprises, depuis Husserl, comme expression des modes de visée ou de conscience. Pour le dire plus concrètement encore, déformaliser,

1. *TI*, p. 190 (p. 237).

c'est en quelque sorte mettre formellement en scène l'accueil du visage dans le face-à-face. Mettre *formellement* en scène – ou mettre *logiquement* en scène. La logique de ce passage d'un ordre à l'autre se trouve dite dans une phrase capitale, qui figure dans la première page de la conclusion de *Totalité et Infini*, page où se rencontre également la belle expression qui a donné son titre à l'ouvrage de Jean-François Courtine : *La trame logique de l'être.* Voici cette phrase aussi simple qu'essentielle :

> Il existe un passage logique du pareil au Même[1].

Le « pareil » appartient à la logique de la totalité. Cependant, cette logique ménage la possibilité d'un « passage » en direction du « Même », c'est-à-dire de ce qui ouvre à l'idée d'Infini. Ce « passage » est « logique », au sens où le « pareil » offre les moyens de son propre éclatement, et ainsi l'accès au « Même » – ces moyens étant des moyens logiques : la forme qui, dans la déformalisation levinassienne, éclate.

Ce « passage logique du pareil au Même », c'est-à-dire cette déformalisation, Levinas, dans la conclusion de *Totalité et Infini*, lui donne en définitive le nom qui lui revient sans doute le plus proprement : *déformation.* Voici le texte où figure cette expression capitale :

> La vérité de l'être n'est pas l'*image* de l'être, l'*idée* de sa nature, mais l'être situé dans un champ subjectif qui *déforme* la vision, mais permet précisément ainsi à l'extériorité de se dire, tout entière commandement et autorité : toute entière supériorité[2].

Déformaliser, c'est déformer. Jamais Heidegger – et encore moins Husserl ! – n'avaient pensé la déformalisation comme déformation – sans doute parce que jamais ils n'avaient pensé le visage comme autre qu'un phénomène – comme l'autre du phénomène et de son horizon formellement déterminé.

Essayons de ressaisir l'ensemble du chemin parcouru. Dans la pensée de Husserl, la forme, en tant que lieu du logique, délimitait le domaine même de la philosophie, au moins tel que le concevaient les *Recherches logiques*, pour lesquelles « formes logiques » signifiait : « modes de conscience ». Mais à la supposée transrégionalité de la forme, Heidegger opposait la tendance du Dasein à tomber au niveau d'une seule et unique

1. *Ibid.*, p. 265 (p. 321).
2. *Ibid.*, p. 267 (p. 323).

région de l'être : la région « chose ». Cependant, en suspendant, par le concept d'indication, cette tendance, il devenait possible, par le progrès de forme en forme, d'atteindre, ultimement, une conjonction formelle à peu près adéquate – conjonction qui demeurait toujours menacée par le *Verfallen*, c'est-à-dire par le risque de choir au niveau de ce qui est de l'ordre de la simple chose, et ainsi de tout comprendre en termes « chosiques » ou « réaux » – mais conjonction qui se trouvait garantie par la solide et complexe articulation formelle que constitue un traité comme *Être et Temps.* Dans la pensée de Levinas, en revanche, nul projet d'atteindre une conjonction formelle adéquate : uniquement le projet de rendre sensible l'éclatement de la forme par le moyen de la forme même, c'est-à-dire de rendre logiquement sensible l'épiphanie du visage.

Ce procédé d'éclatement de la forme par le moyen de la forme même nous conduit à formuler, ultimement, deux hypothèses. Tout d'abord, l'usage du logique comme moyen de transgresser le logique nous amène à nous interroger sur le rôle qu'a pu jouer ici la pensée de Hegel, *via* celle de Kojève, dont Levinas, comme on sait, a suivi les cours. Le moment dialectique résulte toujours, en effet, chez Hegel, d'une logique de l'entendement poussée jusqu'à son point paroxystique, paroxysme qui peut évoquer l'éclatement levinassien de la forme par les moyens de la forme même. La seconde hypothèse serait celle d'un lien entre l'éclatement de la forme et la spécificité de l'écriture levinassienne, qui consiste presque toujours en ce que Baudelaire appelait des « fusées » – c'est-à-dire en traits où le sens, parce qu'il procède par éclatement du sens, ne peut que fuser en des formules saisissantes, dépassantes et souvent quasi aphoristiques. Ce ne sont évidemment là que des hypothèses que, néanmoins, la déformalisation comme déformation et éclatement de la forme dispenserait difficilement de formuler.

Laurent VILLEVIEILLE

LEVINAS FACE À HEIDEGGER : UN « COMMERCE AVEC L'OBSCUR »

Dans le vaste corpus des études consacrées au différend Levinas-Heidegger, il est a priori difficile de mettre à jour une cohérence particulière. S'y laissent cependant – au moins schématiquement – discerner deux approches majeures. Selon une approche que l'on pourrait dire traditionnelle, l'antagonisme entre les deux penseurs revêt la forme d'une opposition simple, directe, frontale. A postuler avec Levinas que l'Être est le mal et le Bien un au-delà de l'Être ou un autrement qu'être, tout oppose, semble-t-il, l'éthique et l'ontologie. Entre l'Être et l'Autre, l'allégeance à l'Être et l'allégeance à l'Autre, rien de commun. Leur hétérogénéité ne saurait être que radicale et définitive.

Contre cette approche il convient d'invoquer l'immense dette que Levinas se reconnaît – si pénible qu'en soit pour lui l'aveu – envers l'auteur de *Sein und Zeit.* S'il se montre très tôt critique à son égard, il ne manque pas de prendre sur lui appui, excluant d'emblée que la pensée qu'il lui oppose se situe dans un cadre pré-heideggerien[1]. Ainsi une approche plus raffinée s'attache-t-elle à analyser les nombreux emprunts que Levinas fait à Heidegger : concepts calqués sur ceux de son « adversaire » ou, plus subtilement, gestes philosophiques qu'il lui reprend pour les retourner contre lui. Mieux, une telle approche invite à s'interroger sur la nature problématique, voire énigmatique du lien qui l'unit au penseur allemand. Une secrète proximité sous l'apparente hostilité – singulier mélange d'attirance et de répulsion –, serait-ce ce que recèle au fond un pareil lien ?[2] Par là peuvent s'expliquer les étonnants jeux de miroir entre l'Être et

1. *EE*, p. 19.

2. De cette ambivalence atteste avec éclat l'étonnant qualificatif – « *i*mprescriptible » – par lequel Levinas exprime la grandeur intemporelle de *Sein und Zeit*, en écho direct à l'imprescriptible des crimes nazis (*EN*, p. 205. Le qualificatif vient sous sa plume en 1987, quelques mois après la publication posthume de l'essai de W. Jankélévitch *L'imprescriptible*).

l'Autre, et en premier lieu la frappante homologie de structure entre ce que Levinas décrit comme la verbalité de l'Être heideggérien et ce qu'il déploie dans ses derniers écrits sous le nom de Dire éthique.

Il reste qu'une telle approche n'efface pas la ligne de partage entre les deux pensées, au sens où l'appropriation par Levinas des concepts heideggeriens se laisse encore interpréter dans la perspective d'une controverse extérieure. On peut néanmoins chercher à franchir un pas supplémentaire, en proposant de cette approche une version plus sophistiquée, qui livre la pensée de Levinas à une sorte de déconstruction. En effet, derrière son débat avec Heidegger, on peut chercher à déchiffrer – comme sur une scène intérieure – le débat qu'il ne cesse de poursuivre avec lui-même, de sorte que sa polémique anti-heideggerienne devient comme l'indice des tensions ou dissensions qui accompagnent le développement de sa pensée en sa dynamique interne. Par là les concepts heideggeriens ne sont pas seulement déplacés, détournés, retournés contre leur auteur. Perdant pour ainsi dire leur ancrage initial, ils sont comme réinscrits dans ce qu'on pourrait appeler le monologue intérieur de Levinas, curieuse ventriloquie où ce dernier laisse parler en lui la voix de Heidegger moins pour le contrer que pour dialoguer avec l'obscur alter ego qu'il reconnaît en lui et par là œuvrer à l'élaboration contradictoire de sa propre doctrine. Mais du même coup sa gestion de l'héritage heideggérien se révèle être une clé décisive pour retracer la genèse de sa pensée. Ce qui apparaît de prime abord dans son cheminement comme des tâtonnements, flottements, voire errements dénués de sens répond en réalité à une logique rigoureuse, traduit son rapport profondément équivoque à la conceptualité qu'il reprend au penseur de l'Être. D'où l'intérêt particulier de ses écrits qu'on pourrait qualifier de déviants, dans la mesure où ils marquent un écart, parfois notoire, par rapport à l'axe central de sa trajectoire. Car s'il est tentant de considérer ces écrits comme de simples accidents de parcours, ils sont en vérité révélateurs de l'évolution complexe de sa pensée, dont attestent notamment les stratégies retorses qu'il met en œuvre face à Heidegger.

Remarquable est à cet égard un texte paru l'an dernier dans le troisième volume des Inédits. Il s'agit d'un fragment des Notes sur éros[1], de datation incertaine (début des années 50 ?), mais qui annonce clairement le paragraphe intitulé L'infini du temps clôturant le dernier chapitre de *Totalité et infini* Au-delà du visage. Dans ce texte Levinas reconduit le mystère du temps à la notion de fécondité. Par la trans-substantiation qu'opère la fécondité, le sujet brise l'enfermement solipsiste auquel le voue son mode d'être

1. *ELP*, p. 196-203.

substantif pour se dépasser vers autrui. Dépassement qui est recommencement du temps au sens fort où, à travers l'alternance père-fils, le temps offre à l'être la possibilité inouïe de recommencer, libéré du tragique de son enchaînement irrémissible à soi.

Ce développement est à première vue conforme à celui qu'on rencontrera dans *Totalité et infini*, y compris l'hésitation nettement perceptible entre un langage encore ontologique – le temps comme évènement de l'Être ou dans l'Être – et la mise hors-jeu de l'ontologie – le temps comme au-delà de l'Être. Seule différence, aussi étrange que dramatique : dans le texte des Inédits, Levinas se place ouvertement dans une perspective englobante – intersubjective ou historique – qu'il exalte sous le nom de participation. Mieux, il rapporte cet englobement par lequel le sujet est d'emblée engagé dans une structure qui le dépasse à Heidegger et à son cercle herméneutique :

> Ce que vit un moi ne peut contenir la participation qui le dépasse[1].
> C'est dans la participation que se trouve la source des notions comme « le cercle de la compréhension » de Dilthey et de Heidegger – la nécessité d'être déjà entré pour entrer seulement…[2].

Comment expliquer que Levinas plaide ici pour un concept qu'il critique ailleurs avec la plus extrême vigueur ? Sans doute peut-on faire valoir qu'il n'a alors pas encore développé le maître-concept de séparation qui lui fera récuser dans *Totalité et infini* tout point de vue totalisateur. Pourtant, dès ses écrits d'après-guerre il rejette haut et fort l'idée de participation, directement associée à l'horreur de l'*il y a* et, si l'idée antagoniste de séparation n'est pas encore thématisée, elle s'impose déjà à travers la nécessité de l'hypostase, le mouvement par lequel le sujet s'arrache à l'exister anonyme de l'*il y a* – rompt avec la participation – pour émerger comme sujet souverain. Certes, ce moment est-il à son tour appelé à être dépassé. Sitôt institué dans son autonomie, le sujet se découvre irrémissiblement rivé à soi et, enchaîné à son ipséité, il ne devra son salut qu'à une ouverture singulière au temps ou à l'Autre qu'induit précisément l'expérience de la fécondité.

Comment comprendre dès lors le fragment des Inédits ? Faut-il en déduire que Levinas cherche le salut du sujet dans le dépassement du solipsisme qu'implique l'idée de participation, une idée à laquelle il accorderait malgré tout – dans une fidélité inavouée à Heidegger – une certaine valeur ? Pour asseoir cette hypothèse, il importe de relire un texte

1. *Ibid.*, p. 199.
2. *Ibid.*, p. 200.

où il rapproche expressément la pensée de Heidegger du concept de participation tel qu'il apparaît dans l'analyse que l'anthropologue Lévy-Bruhl fait de la mentalité primitive. Dans ce texte – l'article de 1957 « Lévy-Bruhl et la philosophie contemporaine » (repris dans *Entre nous*) –, Levinas relève une stricte analogie entre le statut du sujet dans la mentalité primitive et chez Heidegger. Dans la mentalité primitive selon Lévy-Bruhl, « être, c'est participer »[1], et la même formule vaut d'après Levinas pour la conception heideggérienne de l'existence. Ici et là, le sujet se trouve dépouillé de la maîtrise que lui reconnaît traditionnellement la métaphysique en le pensant sur le mode substantif. Toujours déjà engagé dans l'Être sans pouvoir aucunement s'en distancier, il en subit l'emprise comme s'il était livré à un champ de forces anonyme – « champ de forces de l'exister impersonnel » par lequel se définit aussi bien l'*il y a* que l'être-au monde du *Dasein* heideggérien.

Le rapprochement que Levinas propose entre Heidegger et la mentalité primitive signifie-t-il pour autant qu'il voie en eux un recours contre la conception solipsiste du sujet qui prévaut dans la métaphysique ? De prime abord, rien de moins sûr. L'extatisme qu'il aperçoit dans l'analytique du *Dasein* n'est-il pas dénoncé par lui comme l'extase – le transport extatique – qu'il condamne dans la religiosité primitive[2] ? Et le paganisme qu'il prête à Heidegger n'évoque-t-il pas tout ce qu'il repousse avec horreur dans l'expérience primaire du sacré : le mythe, la mystique, le mystère, les Dieux sans visage… ? Sans doute et pourtant force est de reconnaître que le mode de pensée qu'il critique si sévèrement ne manque pas en secret d'exercer sur lui un attrait considérable. En témoigne en premier lieu un texte d'avant-guerre dans lequel on le voit curieusement faire l'apologie du rite en revendiquant le mode de pensée qu'il va plus tard rejeter sans appel. Il s'agit de l'article de 1937 « La signification de la pratique religieuse »[3]. Que la religion se réduise dans la modernité au seul domaine de la vie intérieure, voilà qui explique que l'homme moderne ignore la nature profonde du rite. Car le rite – et Levinas vise nommément le rite juif – ne prend sens que dans l'expérience authentique du religieux, laquelle plonge dans ce qu'il nomme le surnaturel, le mystère, la « résonance mystique » ou la « face sacrée » des choses. C'est seulement là que le rite révèle son rôle primordial dans l'économie de l'Être, rôle que Levinas résume dans l'énoncé suivant : « Il est efficace et transitif, il est travail, il accomplit, il

1. *EN*, p. 56.
2. *EE*, p. 138-9, O II, p. 136, *DL*, p. 29.
3. *Les Cahiers du judaïsme* 6, Paris, 1999-2000.

est évènement ». Or à travers cet énoncé – et en particulier le concept de transitivité que Levinas associe étroitement à la verbalité de l'Être heideggérien –, on est précisément renvoyé au mode de pensée commun à Heidegger et à la mentalité primitive, à propos duquel on lit dans l'étude sur Lévy-Bruhl :

> L'exister nu se manifeste désormais [...] comme efficacité, influence, emprise et transitivité[1].

Est-ce à dire qu'il faille reconnaître au texte sur le rite un statut d'exception, texte unique – hapax – dans un parcours où Levinas, dès les années 30 et a fortiori après la guerre, rejetterait sans équivoque le mode de pensée référé au couple Heidegger-mentalité primitive ? Hypothèse séduisante mais que bat justement en brèche le texte des Inédits sur la fécondité. En effet, non seulement Levinas y exalte l'idée de participation mais il le fait dans les mots mêmes qui lui servent à faire l'éloge du rite. Evènement, accomplissement, efficacité, transitivité : autant de termes par lesquels il salue, sous le signe implicite de Heidegger, le dépassement du solipsisme qu'opère la fécondité, au point d'y voir – on a peine à le croire ! – le cœur de sa propre doctrine :

> Existence transitive : telle est la notion de l'existence qui préside à toute ma philosophie[2].

Mais si la « déviance » du texte sur le rite n'est pas unique, qu'en conclure ? Que Levinas, après avoir rompu avec Heidegger, retombe épisodiquement, et comme malgré lui, sous le charme de sa pensée ? Ne serait-ce pas plutôt que sa rupture avec le penseur de l'Être n'est jamais pleinement consommée, le rapport qu'il entretient avec lui ne cessant d'être subrepticement marqué au sceau d'une trouble ambivalence ? Ce rapport ne serait-il pas pour lui comme un dialogue avec la part d'ombre qu'il recèle au dedans de soi – le « commerce avec l'obscur » évoqué dans l'essai de 1947 « La réalité et son ombre » ?

A l'appui d'une telle hypothèse, on peut citer la conclusion, pour le moins équivoque, de l'article consacré à Lévy-Bruhl. Sans doute Levinas met-il en garde contre les dangers du mode de pensée qu'il réfère conjointement à Heidegger et à la mentalité primitive. Menace du retour à une pensée de l'irrationnel – et Levinas songe bien sûr au nazisme –, donnant libre cours à ce qu'il nomme « l'horreur des mythes »[3]. Pourtant,

1. *EN*, p. 59.
2. *ELP*, p. 203.
3. *EN*, p. 63.

d'un autre côté, il souligne l'originalité de ce mode de pensée au regard du rationalisme étriqué des Lumières, allant jusqu'à en attendre une « extension de la notion même de Raison »[1]. Ainsi peut-on supposer que Levinas entend s'inspirer de l'approche de Lévy-Bruhl pour repenser le rapport à l'Autre à partir d'une réflexion originale sur le lien social qui mette en question le primat traditionnel du sujet métaphysique et de fait il suggère que les travaux de l'anthropologue devraient amener à considérer « l'expérience sociale comme la première intuition de l'être »[2].

Il s'en faut cependant qu'une telle équivoque soit limitée au seul texte sur Lévy-Bruhl. En réalité elle est déjà parfaitement repérable dans le parcours initial de Levinas, et notamment dans les deux premiers essais où son analyse déborde le cadre du simple commentaire phénoménologique : le texte de 1933 en lituanien où il oppose esprit français et esprit allemand, et l'article de 1934 « Quelques réflexions sur la philosophie de l'hitlérisme ». Il apparaît d'emblée que les deux essais reposent sur un même dualisme. D'un côté, un rationalisme fondé sur la séparation cartésienne du corps et de l'esprit, assurant au sujet autonomie, souveraineté, liberté ; de l'autre, une perspective qui, visant l'existence concrète, ne sépare pas l'esprit du corps mais le montre au contraire assujetti, dans une obscure fatalité, au domaine de l'affect, des passions ou des pulsions : nul doute que Levinas situe Heidegger du côté du point de vue plus profond, ouvert sur l'envers obscur de la rationalité. Tandis qu'il le cite nommément dans le premier texte, il parle dans le second d'un enchaînement de l'esprit au corps qui le rend inséparable « des formes concrètes où il s'est d'ores et déjà engagé »[3] – engagement antérieur au libre choix du sujet qui, associé à la formule « d'ores et déjà », est pour Levinas la marque même de la facticité heideggérienne[4].

Une question incontournable est dès lors celle du parti que prend Levinas face à ce dilemme crucial et du même coup face à Heidegger. Dans la mesure où il établit une connexion directe entre l'assujettissement au corporel et le racisme nazi, on s'attendrait à ce qu'il se pose sans détour en défenseur de la rationalité. Pourtant, le double qualificatif qu'il applique à l'hitlérisme – « effroyablement dangereux » mais « philosophiquement

1. *EN*, p. 63. Sur la rationalité autre, plus profonde que celle de la métaphysique traditionnelle, que Levinas appellera de ses vœux, cf. *EN*, p. 72-73, p. 82.

2. *EN*, p. 62-63.

3. *IH*, p. 38.

4. Dans le Post-scriptum qu'il joint plus tard à « Quelques réflexions sur la philosophie de l'hitlérisme », Levinas établit un lien direct entre le Mal élémental dénoncé dans l'article comme la source de la barbarie nazie et l'ontologie heideggérienne.

intéressant »[1] – suggère une position moins tranchée et de fait on le voit au fond hésiter entre les deux termes du dilemme. Dans la conclusion de l'essai en lituanien, il se garde de prendre parti et, s'il admet le risque d'une « perversion de l'idéal allemand » par des « partis politiques extrémistes », il justifie cet idéal, même dans ses errements, pour la ressource qu'il offre contre les travers de l'esprit français[2]. Tout aussi équivoque se révèle être sa démarche dans l'essai sur l'hitlérisme. S'il semble au départ évident qu'il se réclame de la tradition rationaliste et libérale issue de la culture judéo-chrétienne, sa position s'avère au fil de l'analyse nettement plus indécise. Non moins dangereux que le poids fatal d'un engagement irrémissible – celui de l'enchaînement au corps – est le refus frileux de s'engager d'une liberté qui cherche sans cesse à se préserver : danger de la société moderne qui, faute de garder un contact vivant avec les vraies valeurs – valeurs d'effort, de créativité, d'héroïsme – tombe dans la dégénérescence morale, alors que, selon une formule surprenante, voire inquiétante, pour un texte écrit en 1934, « l'idéal germanique de l'homme apparaît comme une promesse de sincérité et d'authenticité »[3].

Que devient cette équivoque au-delà des deux premiers essais de Levinas ? Que dès 1935, dans *De l'évasion*, puis dans ses écrits ultérieurs, il décrive l'expérience primordiale du sujet comme enchaînement irrémissible à soi/à son être signifie-t-il qu'il finisse par donner raison au mode de pensée lié à Heidegger ? L'hypothèse serait recevable s'il s'accommodait de cet enfermement du sujet dans l'être. Or bien au contraire, toute sa quête tourne autour des moyens de l'en libérer, sauf qu'à la différence de la tradition rationaliste, il ne suppose pas cette liberté d'emblée présente mais seulement acquise au terme d'un processus où elle se voit totalement redéfinie, et en premier lieu dissociée des notions connexes d'autonomie, de souveraineté ou de pouvoir.

Plus précisément, on peut retracer le cheminement de sa pensée depuis une métaphore remarquable, dont il use à trois reprises dans des textes différents. C'est l'image du nœud gordien qu'Alexandre le Grand tranche au lieu de le dénouer, signe annonciateur de sa conquête de l'Asie ou, au plan symbolique, présage de la maîtrise que la rationalité occidentale voudra exercer sur les mystères de l'Orient. L'image se rencontre une première fois dans l'article en lituanien, où le geste tranchant d'Alexandre vient

1. *IH*, p. 27.
2. *CS*, p. 75-76 (*La compréhension de la spiritualité dans les cultures française et allemande*, Paris, Payot-Rivages, 2014).
3. *IH*, p. 38-39.

illustrer le mouvement par lequel la raison, éprise de lumière, se coupe des profondeurs obscures de la vie, chères à la culture allemande :

> La raison n'est-elle pas l'oubli des profondeurs suscitant l'angoisse? [...] N'élimine-t-elle pas la complexité et la richesse de l'existence, telle l'épée d'Alexandre, éternel symbole de la raison qui sait trancher le nœud, mais non pas le dénouer ?[1].

Le mouvement par lequel la raison se sépare de son envers obscur est-il pour Levinas légitime ? On ne sera pas étonné de retrouver ici l'équivoque dont on s'attache à suivre la trace. D'un côté, « l'oubli des profondeurs » est nécessaire à l'avènement du sujet. Pour émerger comme un être séparé, le sujet doit rompre avec la participation, ce qui, selon la formule de *Totalité et infini*, suppose « l'oubli des profondeurs infinies du passé »[2]. Mieux, ce processus est déjà au cœur de l'analyse de *De l'existence à l'existant*, qui le rapporte explicitement à la métaphore du nœud gordien. S'arracher à l'*il y a*, c'est pour le sujet n'exister qu'à partir de soi ; mais par là c'est briser tout lien avec le passé, se tenir sur l'extrême pointe de l'instant présent ou encore trancher le nœud gordien du temps sans le dénouer[3]. Il ne faut cependant pas s'y tromper. A insister sur la nécessité de ce moment – moment de l'athéisme, selon le lexique de *Totalité et infini* –, Levinas est loin d'avoir dit son dernier mot. Comme on l'a déjà noté, le sujet livré à lui-même ne tarde pas à se découvrir enchaîné à soi et il ne doit son salut qu'au paradoxal recommencement du présent qu'apporte la fécondité, délivrance qui se désigne aussi dans *De l'existence à l'existant* comme une façon de dénouer le nœud du temps[4]. Ainsi, alors même que Levinas concède une certaine légitimité au geste qui tranche le nœud gordien du temps, tout se passe comme s'il se démarquait de son caractère simpliste, veillant, à la manière de Heidegger, à reconnaître la complexité de la scansion originelle du temps ou encore à rejeter la perspective qui réduit le temps à la seule dimension du présent.

Instructif est à cet égard l'article « Être juif », où Levinas prend en un sens le contrepied de son point de vue dans *De l'existence à l'existant*, bien que les deux textes soient quasiment contemporains. Non seulement il y dénonce le repli fondateur du sujet sur le présent – un présent coupé de son ancrage irréductible dans le passé – mais il use pour ce faire d'un argument clairement repris à Heidegger. A la base de la conception moderne

1. *CS*, p. 70.
2. *TI*, p. 121 (p. 157).
3. *EE*, p. 125.
4. *EE*, p. 159.

du sujet – conception héritée du christianisme en tant qu'à l'inverse du judaïsme, il se rapporte au Fils plutôt qu'au Père – est la vie au présent ou qui « se comprend à partir du présent »[1]. Primat du présent dans un geste réducteur qui, rompant d'un coup le fil du passé, évoque à nouveau « le glaive d'Alexandre qui ne dénoue pas les nœuds [...] mais qui tranche »[2]. Au contraire, la pensée que Levinas appelle de ses vœux suppose, sur le modèle juif de la filialité en Dieu, un ancrage absolu dans le passé. Ancrage éprouvé par le sujet comme une facticité irrémissible, facticité à laquelle il ne saurait avoir de rapport que dans une passivité radicale, marque singulière de sa condition d'être créé ou élu.

Dans un jeu subtil Levinas laisse ici entrevoir à la fois sa proximité et sa distance à l'égard de Heidegger. Dénoncer le nivellement du temps dont se rend coupable la pensée moderne en se comprenant essentiellement à partir du présent, c'est reprendre littéralement la critique que Heidegger adresse à la représentation dominante du temps au sein de la métaphysique. Levinas souligne du reste que le privilège accordé dans la modernité au présent vaut avant tout pour la vie quotidienne et on retrouve là le corollaire de la critique heideggérienne du temps de la métaphysique – la critique de l'existence quotidienne en tant que le présent de l'*Alltäglichkeit* atteste d'un mode déchu de la temporalité. Fidèle à Heidegger, Levinas l'est de surcroît lorsqu'il oppose au privilège du présent le poids d'une facticité qui, telle la *Geworfenheit*, scelle le lien indissoluble du sujet avec son passé. Mais au même moment Levinas, loin de revendiquer la *Geworfenheit*, s'en distancie sous deux aspects majeurs :

1. D'abord, ignorant la dimension adverse de l'*Entwurf*, du projet, avec ce qu'il implique pour le *Dasein* de libre assomption et donc de maîtrise, Levinas propose de la facticité une version hyperbolique face à laquelle le sujet, dépouillé de tout pouvoir, se découvre irrémédiablement passif[3]. Un tel déplacement peut laisser croire qu'avec Levinas s'aggrave, en même temps que la passivité du sujet, le tragique de la facticité. Or un autre déplacement, en sens contraire, vient démentir cette hypothèse.

2. Que le sujet soit reconnu en sa condition de créature, et son rapport à l'origine cesse d'être une affaire de pouvoir, tout comme cesse d'être tragique la facticité à laquelle il se heurte. S'éprouver impuissant face à son origine, ce n'est plus vivre l'enfermement dans l'Être comme une tragédie irréparable mais, à la faveur d'un retournement paradoxal, faire

1. *EJ*, p. 101-103.
2. *EJ*, p. 102.
3. *EJ*, p. 104.

fond sur une position dans l'Être que Levinas nomme, en référence au langage biblique, assise, sécurité ou gloire[1] : « Retournement de la malédiction de la *Geworfenheit* en gloire »[2], ou, dans une analyse à la résonance religieuse encore plus explicite :

> N'y a-t-il pas avec le commencement une relation autre que celle de « pouvoir ou de ne pas pouvoir » ? [...] La relation avec le commencement, au lieu de constituer le malheur de la *Geworfenheit*, ne doit-elle pas apporter la foi dans le Père, la sécurité d'un monde créé ?[3].

Comment entendre ce retournement de la *Geworfenheit* ? S'il s'explique bien par le passage d'un registre tragique au registre biblique, il s'éclaire mieux encore par son contexte spécifiquement juif. Comme nous l'apprend une précieuse remarque de Jacques Rolland, l'homologie est frappante entre ce que Levinas présente dès 1935 – dans *De l'évasion* – comme l'expérience fondamentale du sujet, le fait qu'il soit irrémissiblement rivé à son être, et ce qu'il décrit la même année comme l'épreuve du juif en proie à l'antisémitisme hitlérien :

> Le sort pathétique d'être juif devient une fatalité. On ne peut plus le fuir. Le juif est inéluctablement rivé à son judaïsme[4].

Qui plus est, cette homologie met directement en correspondance la facticité juive entendue comme persécution inéluctable et ce que Heidegger désigne dans l'analytique du *Dasein* par les concepts de *Faktizität* et de *Geworfenheit.* En effet, dans l'article de 1932, « Martin Heidegger et l'ontologie », Levinas décrit aussi le *Dasein* comme « rivé à ses possibilités » (ou jeté au milieu d'elles)[5]. Mais à partir de là on comprend mieux comment se renverse pour lui le sens de la *Geworfenheit.* Si, comme il l'affirme dans « Être juif », l'expérience de la facticité juive fait fond sur un point d'ancrage absolu dans le passé – celui de l'assise en Dieu[6] –, elle ne livre pas immédiatement sa signification positive. Vécue au départ comme la facticité tragique du destin réservé au peuple juif persécuté, elle s'éprouve d'abord dans une extrême passivité – telle la passivité victimaire du Serviteur souffrant au chap. 53 d'Isaïe –, et ce n'est que dans un singulier retournement

1. Si le terme d'assise apparaît bien dans « Être juif » (*EJ*, p. 104), cette thématique est surtout développée dans les Inédits, *CC*, p. 446-448, *PS*, p. 135-140. Sur la notion de gloire, *cf.* le commentaire des éditeurs, *PS*, p. 30-31.

2. *PS*, p. 137.

3. *PS*, p. 102.

4. « L'inspiration religieuse de l'alliance », p. 144, dans *Cahier de l'Herne. Emmanuel Levinas*, Paris, L'Herne, 1991, *DE*, p. 70-71, p. 86-87, p. 103-104.

5. « Martin Heidegger et l'ontologie », p. 417, dans *La Revue philosophique* 5-6, 1932.

6. *EJ*, p. 104.

dialectique, « virement inattendu de la malédiction en exultation », qu'elle révèle sa valeur de fondement dans un rapport filial à Dieu adossé au passé de la création et de l'élection[1].

À l'appui de cette analyse, notons que, derrière le motif de l'ancrage en Dieu se profile une expérience aussi marquante que poignante que Levinas fait durant sa captivité. Comme il le relate dans le texte de 1945 intitulé « L'expérience juive du prisonnier », c'est l'expérience aux accents quasi-mystiques qu'il fait lors des prières – notamment de Rosh Hashana et de Yom Kippour – auxquelles il participe avec les autres prisonniers juifs :

> Du fond de l'abîme, implorer le Seigneur comme Jonas [...] Dans la passivité totale de l'abandon [...] se sentir comme entre les mains du Seigneur, ressentir sa présence. Dans la brûlure de la souffrance distinguer la flamme du baiser divin. Découvrir le mystérieux retournement de la souffrance suprême en bonheur. Qu'est-ce donc en fin de compte le judaïsme [...] sinon l'expérience depuis Isaïe, depuis Job de ce retournement possible [...] de la douleur en bonheur ; la découverte dans la souffrance même des signes de l'élection[2].

Le rapprochement est immédiat entre cette expérience et l'argument principal d'« Être juif ». Epreuve d'une souffrance endurée dans une totale passivité mais aussi retournement paradoxal de la souffrance en bonheur dès lors qu'elle se révèle être marque d'élection : tout ce que « Être juif » dit au plan conceptuel de l'ancrage en Dieu comme trait distinctif de la facticité juive fait en réalité écho à une expérience vécue : l'expérience bouleversante par laquelle ce que Levinas perçoit d'abord comme malheur, malédiction, déréliction – *Geworfenheit* – du destin juif lui apparaît soudain sous son envers glorieux, comme le signe d'une vocation ou d'une mission, la vocation ou mission sacrificielle qui est au cœur de l'élection d'Israël.

S'il semble qu'on ait laissé derrière nous notre question de départ – celle de l'hésitation primordiale de Levinas entre rationalisme et envers de la rationalité –, on ne s'en est pas vraiment éloigné. En effet, comme il ressort du commentaire de Benny Lévy sur « Être juif » – et peu importe ici le jugement que l'on porte sur lui –, il est tentant de voir dans cet essai un texte « déviant » par rapport à l'axe principal de la pensée de Levinas, telle qu'elle se développe depuis les écrits d'après-guerre jusqu'à *Totalité et infini.* Tout se passe comme si celle-ci avait pour postulat premier – postulat d'inspiration éminemment rationaliste – l'autonomie du sujet qu'emblématise

1. *EJ*, p. 103.
2. *CC*, p. 213.

le concept de séparation. Séparé – ou athée –, le sujet l'est essentiellement en ce qu'il rompt avec la participation, avec tout lien au divin sur fond de drame sacré, qu'il soit de l'ordre du mythe, de la mystique, du mystère. Séparation du sujet qui est la condition même pour qu'il assume le religieux selon la seule modalité légitime aux yeux de Levinas, à savoir le religieux réinscrit « dans les simples limites de l'éthique ». Or – on l'a bien vu avec la métaphore du nœud gordien – tout se passe comme si « Être juif » mettait en exergue une facticité, la facticité juive de l'ancrage en Dieu, incompatible avec le postulat de l'autonomie du sujet. Serait-ce, comme on l'a déjà suggéré, qu'» Être juif » croise quelque part le mode de pensée rebelle à la raison que Levinas associe à la fois à Heidegger et à la pensée primitive ? C'est ce que laisse du moins supposer une remarque lourde de sens sur laquelle s'ouvre le texte. Observant que les valeurs universelles léguées par le judaïsme à l'humanité – celles de la morale monothéiste – sont désormais le lot de tous les peuples, Levinas se demande quelle peut être au fond la véritable raison d'être du judaïsme. C'est ce qui le conduit à attacher à l'être juif une singularité irréductible à l'universel. Singularité d'une facticité éprouvée comme la souffrance d'un pur pâtir, marque inversée de l'élection d'Israël, voué à un destin sacrificiel sur le modèle du Serviteur souffrant au chapitre 53 d'Isaïe. Il s'en faut cependant que Levinas réserve cette approche à la seule analyse d'« Être juif ». Loin d'être pour lui exceptionnelle, elle indique au contraire un trait constant de sa pensée. Alors même qu'il revendique a priori l'éthique sous les espèces d'un humanisme universel – au point de se défier de tout particularisme, dénoncé comme dangereux enracinement dans un sol –, ce point de vue lui apparaît en réalité profondément insuffisant. Dès lors qu'il cherche en même temps à donner sens – un sens actuel – au destin singulier du peuple juif (destin qui ne saurait selon lui s'être limité à la diffusion des principes universels de la morale), il vient aussi à donner à son éthique un tour irréductiblement singulier en la repensant à partir de ce qu'il suppose être la vocation sacrificielle d'Israël. Mais du même coup il est comme amené à prendre en compte – pour le réinterpréter éthiquement – cela même qu'il récuse dans la sphère religieuse sous le nom de drame sacré, de mystique ou de mystère. C'est ce que laisse bien entrevoir un article de 1939 où, à côté de l'universalisme juif, il défend avec vigueur l'idée d'un particularisme d'Israël[1] :

1. « La "Journée Juive" au Congrès mondial des Croyants », dans *L'Univers israélite*, 14 juillet 1939. Dans ce texte aussi, Levinas justifie le « particularisme juif » en faisant valoir que, si la mission d'Israël avait seulement consisté à « propager un certain nombre de vérités morales et religieuses », elle pourrait avoir désormais perdu sa raison d'être.

> Peut-on admettre que l'essence de la religion réside dans quelques vérités abstraites séparées des dogmes particuliers, du Mythe et de l'Histoire, du drame ou du mystère à travers lesquels elles nous viennent ?

À cette question cruciale, il répond par la négative en arguant de la double mission d'Israël :

> Peuple de prêtres, Israël propage dans l'univers les vérités dont il est dépositaire ; mais par sa souffrance il accomplit quotidiennement un mystérieux sacrifice expiatoire pour le genre humain [...] Si étrange que cela puisse paraître, le judaïsme est tourné vers le monde parce qu'il est élu et posé à part le monde. Mais c'est dans son pouvoir de souffrir pour le genre humain qu'éclate le sens de cette élection [...] souffrance qui [...] élève mystiquement l'existence particulière d'Israël au rang d'un événement cosmique et laisse percevoir dans son histoire les pulsations de l'histoire universelle.

Sans doute ce texte est-il largement antérieur à l'émergence du Levinas penseur de l'éthique. Mais à partir de lui – en le recoupant avec d'autres textes où l'on voit la mission sacrificielle d'Israël servir expressément de modèle à l'idée de responsabilité hyperbolique pour l'Autre –, on mesure à quel point Levinas demeure proche, dans l'élaboration même de son éthique, du mode de pensée réfractaire à la raison dont il s'applique à dénoncer le danger.

Non seulement une telle proximité n'est pas le fruit du hasard mais elle s'avère être une clé essentielle au décryptage de sa pensée. Comme j'ai tenté de le montrer ailleurs[1], c'est précisément ce qu'il rejette au départ comme emprise de l'Être – emprise qu'il entend au sens heideggérien d'une facticité préalable à la libre initiative du sujet – qu'il va par la suite réinterpréter, et à la faveur d'une systématique inversion de signes, exalter dans sa doctrine éthique comme emprise de l'Autre. Mieux, ce renversement fait directement pendant au retournement par lequel il découvre dans la facticité juive le bonheur d'une élection aux antipodes du malheur de la *Geworfenheit.* C'est précisément ce qu'il pointe au départ comme l'irrémissible du destin juif – destin sans échappatoire d'où il tire l'idée même de l'enfermement irrémissible dans l'Être – qui se révèle, en son envers positif, vocation irrésiliable d'Israël au service de l'humanité ou encore vocation irrésiliable du moi au service de l'autre homme.

1. *Levinas et le tournant sacrificiel*, Paris, Hermann, 2012.

Nombreux sont les recoupements textuels susceptibles d'étayer cette grille de lecture. Parmi eux, il en est deux qui mettent parfaitement en lumière l'impact de la conception heideggérienne sur l'éthique de Levinas :

1) Pour exprimer l'horreur de l'*il y a*, Levinas en appelle à Phèdre mais aussi à Jonas en tant que « héros de l'évasion impossible », clair indice du parallèle qu'il établit en secret entre fatalité de l'enfermement dans l'Être et fatalité de l'assignation par le divin. Ce parallèle affleure lorsqu'il qualifie la mission de Jonas de fatalité[1] ou encore lorsque, citant plus tard la parole de Dieu à Josué « Je ne te délaisserai pas, je ne te lâcherai pas » (Josué 1, 5), il insiste sur le « caractère irrémissible du saisissement divin »[2]. Sans doute n'y a-t-il pas « d'asservissement plus complet que ce saisissement par le Bien »[3]. Mais dès lors qu'un tel asservissement est au service du Bien, il cesse précisément d'en être un : « Paradoxale responsabilité dans l'irrémissible [...]. Dieu vous tient sans vous lâcher mais sans vous asservir » et, comme pour mieux articuler cet irrémissible au destin juif, Levinas évoque

> une certaine passivité d'appartenance, la conscience d'une participation irrécusable – préalable à l'initiative – aux responsabilités d'une Histoire sainte. Appartenance malgré soi, comme par l'effet d'un saisissement[4].

On peut s'étonner de rencontrer ici le mot de participation. Associé par Levinas à l'horreur de l'enfermement ontologique, est-ce un hasard qu'il revienne sous sa plume pour exprimer le saisissement par le Bien? Probablement pas, comme le confirme une stricte correspondance textuelle. Parler de saisissement à propos du Bien, c'est viser la passivité d'un sujet engagé « en deçà » de son pouvoir de liberté ou encore la diachronie d'une « obéissance antérieure à la représentation du commandement »[5]. Une telle « responsabilité préalable à l'engagement » ou « obéissance antérieure à la représentation » est, Levinas y insiste, l'idée matricielle de toute sa dernière pensée. Or, constat décisif, c'est par une formule identique qu'il définit la participation dans son article de 1957 sur Lévy-Bruhl. Rapprochant mentalité primitive et pensée heideggérienne de l'existence, il exhume ici et là un sujet en proie à une même facticité, jeté au monde avant même d'avoir pu le mettre à distance en se le représentant : « Antérieurement à la représentation, il est engagé d'une façon saisissante dans l'être »[6].

1. *EE*, p. 115.
2. *DL*, p. 227.
3. *HAH*, p. 76-77.
4. *AV*, p. 24.
5. *HAH*, p. 77, *AE*, p. 192 (p. 235).
6. *EN*, p. 61.

2) Il est encore un motif qui donne à voir de quelle manière l'emprise de l'Être se renverse chez le dernier Levinas en emprise de l'Autre. A la substantivité de l'étant-sujet, ce motif oppose ce que Levinas pense à la suite de Heidegger comme la verbalité essentielle de l'Être. Autour de cette opposition tourne tout l'argumentaire de *De l'existence à l'existant* : montrer comment « dans le pur verbe d'être, dans l'*être en général*, sede un "étant", un substantif qui s'en rend maître » [1], ou encore décrire à travers l'hypostase l'instauration d'un Je substantif, comme arraché à la verbalité de l'*il y a*[2]. Il va de soi que Levinas propose par là un contrepoint au geste inaugural de Heidegger dans l'analytique du *Dasein*. Mettre en avant, comme il le dit, « la transmutation du pur évènement d'être en substantif de l'hypostase »[3], c'est inverser le geste par lequel Heidegger dévoile derrière le sujet-substance l'évènement d'être, évènement de nature purement verbale, qui est au fondement du *Dasein*[4] :

> Mon *Da* – évènement même de la révélation de l'être ... L'essence de l'homme est dans cette œuvre de vérité ; l'homme n'est donc pas un substantif mais initialement verbe ; il est dans l'économie de l'être le « se révéler » de l'être, il n'est pas *Daseiendes* (étant-là) mais *Dasein*[5].

Or, si ce postulat de la substantivité du sujet se maintient en quelque manière jusque dans *Totalité et Infini*, il ne résiste pas au tournant d'*Autrement qu'être*. Dans un geste dramatique qui apparaît largement inspiré par Heidegger, le sujet perd alors son statut d'étant substantif, comme emporté par la verbalité d'un Dire, le Dire éthique, qui lui interdit de se refermer sur lui-même – ou plutôt ne le lui permet qu'à travers une scansion, celle du Dire et du Dit, manifestement calquée sur la scansion de l'Être et de l'étant au sein de ce que Heidegger nomme la différence ontologique. L'antériorité heideggérienne de l'Être verbal sur l'étant substantif, c'est ce que Levinas transpose désormais à l'éthique, comme l'antériorité – le déphasage irréductible – du Dire – de l'assignation anarchique par l'Autre – sur le Dit – par quoi il entend, contre Heidegger, ce qui relève de l'instance pour lui seconde ou dérivée de l'ontologie :

1. *EE*, p. 16.
2. *EE*, p. 16, p. 140-42, p. 169.
3. *EE*, p. 125.
4. Si la nouveauté de Heidegger consiste à affirmer la maîtrise ou emprise de l'Être verbal sur l'étant substantif, Levinas prétend au contraire montrer, à travers l'émergence du sujet, comment l'existant se rend maître de son exister : « L'existant est maître de l'exister. Il exerce sur son existence le viril pouvoir du sujet [...]. Liberté de l'emprise même de l'existant sur son exister » (*TA*, p. 34, *EE*, p. 16-17).
5. *EDE*, p. 58.

> C'est là l'antériorité irréversible [...] du Verbe par rapport à l'Être, le retard non-rattrapable du Dit sur le Dire[1].

Comment se produit ce retournement, réhabilitant la verbalité aux dépens de l'étant substantif? Remarquons qu'il se laisse bien retracer à partir du motif du nom ou de la nomination. Evènement par lequel « le verbe innommable d'être se mue en substantif », l'hypostase se produit avant tout comme accès au nom[2]. Pour le moi qui s'arrache au bruissement anonyme de l'Être, c'est une même chose d'émerger sur le mode substantif d'un sujet autonome et de recevoir un nom[3]. Or c'est par une sorte de mouvement inverse que, dans *Autrement qu'être*, le sujet est, en même temps que destitué de sa souveraineté, comme dépossédé de son nom. Que le moi se trouve assigné à autrui dans la pure passivité d'un soi et il est ramené à un « accusatif que ne précède aucun nominatif »[4]. Totalement dé-substantivé, il est privé du droit même de porter un nom. Effacement du nom, voire de l'identité, qui cependant n'évoque plus l'horreur de l'asservissement à un Être impersonnel – l'Être que Levinas dénonce chez Heidegger – mais au contraire le « sublime » de l'assujettissement sans réserve à l'Autre.

On le voit : que Levinas en appelle contre Heidegger à l'idée d'un sujet substantif ou à l'inverse qu'il fasse valoir contre lui une verbalité – celle du Dire éthique – plus radicale que la verbalité de l'Être, c'est toujours en jouant avec la conceptualité du penseur allemand – et en jouant avec elle sous des angles multiples – qu'il s'en démarque. Aussi bien ce jeu apparaît-il souvent comme un jeu de miroirs ou un jeu de rôles où, dans son débat avec Heidegger, Levinas adopte tour à tour des points du vue opposés, bien qu'à chaque fois empruntés à son adversaire.

Un chiasme de ce genre est repérable dans l'usage qu'il fait alternativement – et contradictoirement – des notions d'immanence et de transcendance. D'un côté il invoque contre la transcendance du *Dasein* l'immanence à soi du sujet substantif. A l'inverse du *Dasein* qui n'existe qu'en se projetant vers le monde – ex-istence comme ex-tase ou transcendance –, le sujet se définit chez Levinas par l'immanence de sa rentrée en soi, par le in de son in-stance/in-sistance dans l'être, entendu comme un demeurer – une stance ou une stase – au-dedans de soi[5] :

1. *EDE*, p. 212.
2. *EE*, p. 142.
3. *EE*, p. 98, p. 125, p. 141-142, p. 149, p. 169.
4. *EN*, p. 70.
5. *EE*, p. 138-9, cf. *EE*, p. 122, p. 128.

> L'ici de la conscience [...] diffère radicalement du *Da* impliqué dans le *Dasein* heideggérien. Celui-ci implique le monde. L'ici dont nous partons – l'ici de la position, précède toute compréhension, tout horizon, tout temps [...] Tout illuminé par la compréhension le *Da* est déjà extatique ; alors que, dans la description [...] qui vient d'être faite, l'ici est origine et base, terme d'un mouvement vers l'origine ; ou, plus exactement, un non-mouvement, une non-transcendance, une in-sistance, précisément une position[1].
>
> L'ici ne ressemble donc pas au *Da* heideggérien. La position est absolument sans transcendance. Se comprendre, c'est-à-dire se saisir par le fait de se tenir, n'est pas une projection, n'est pas une transcendance. Ou, si l'on veut, c'est une immanence[2].

Cependant, tout se passe, d'un autre côté, comme si ce schème se renversait. S'il est vrai que le *Dasein* transcende, il s'agit d'une fausse transcendance ou d'une fausse sortie de l'immanence. En effet, selon Levinas, le pouvoir qu'a le *Dasein* de transcender – de se projeter hors de soi à travers la saisie anticipatrice de la compréhension, *Verstehen* – l'assure paradoxalement d'une certaine maîtrise qui l'empêche au fond de sortir de soi. Au contraire, la pure immanence à soi du sujet levinassien est le gage paradoxal de sa possible sortie hors de soi. Enfermé dans son identité, il se libère d'elle à la faveur d'un mouvement radical de trans-substantiation – celui qu'opère la fécondité – sur lequel il n'a aucune maîtrise mais qui par suite le fait accéder à la vraie transcendance – la transcendance de l'Autre.

Derrière un tel chiasme se dissimule en réalité un constat singulier. Pour schématiser, on pourrait dire que Levinas fait appel à deux postulats contraires, qu'il oppose tour à tour à Heidegger, alors qu'ils sont au fond tous deux d'inspiration heideggérienne. D'une part il postule, à rebours de la tradition métaphysique, que le sujet est comme dépassé, débordé, excédé par ce qui bat en brèche sa souveraineté. Postulat repris à Heidegger lorsque Levinas suppose le sujet irrémissiblement rivé ou livré à l'Être mais aussi retourné contre lui lorsque, comme on l'a vu, l'emprise de l'Être se mue dans sa dernière pensée en l'emprise de l'Autre. Or, plus discrètement, on le voit aussi faire sien un postulat inverse, dont le rapport à Heidegger n'est pas moins compliqué. Contre le postulat de la subordination primordiale du sujet à l'Être, il met en avant la nécessité pour lui de se constituer en sujet autonome. Nécessité d'un sujet-substantif arraché à la verbalité de

1. *PS*, p. 136.
2. *PS*, p. 164.

l'Être, par quoi s'affirme la maîtrise de l'existant sur son exister[1]. Postulat ouvertement dirigé contre Heidegger mais qui, à y regarder de plus près, renferme aussi une dimension capitale que Levinas réfère curieusement à Heidegger. Si le sujet est capable d'autonomie, c'est par un pouvoir de repli sur soi, de dégagement, de suspens ou d'époché qui contredit a priori le postulat heideggérien de l'assujettissement du *Dasein* à l'Être. Pourtant, un tel pouvoir est selon Levinas aussi quelque part l'apanage du *Dasein*. En effet, bien que toujours déjà engagé dans le monde, le *Dasein* se projette vers lui dans un acte de compréhension qui suppose toujours une distance, un horizon, une lumière, grâce à quoi il garde une certaine maîtrise sur ce qui lui vient du dehors, un dehors qu'il éprouve en quelque manière comme venant de soi. Et Levinas de critiquer ce pouvoir encore reconnu par Heidegger au sujet, au motif qu'il interdit la véritable expérience de l'altérité, expérience purement passive face à laquelle il ne saurait y avoir aucune mise en suspens ou mise à distance.

Comment expliquer que Levinas adresse à Heidegger deux griefs de sens contraires ? On peut l'expliquer par la stratégie passablement tortueuse qu'il met en œuvre contre le penseur allemand. S'il défend l'autonomie du sujet contre l'emprise de l'Être qu'il met au compte de Heidegger, son propos s'inverse lorsqu'il en vient à définir l'éthique par l'emprise de l'Autre. Dès lors, c'est bien plutôt l'autonomie du sujet qui devient suspecte en tant qu'elle permet d'échapper à cette emprise et Heidegger se révèle en l'occurrence complice de la métaphysique, pour qui, de Descartes à Husserl, la souveraineté du sujet demeure un axiome indéracinable.

Il est douteux, cependant, que la coexistence chez Levinas de ces points de vue antagonistes s'explique par de simples considérations stratégiques. Plus profondément, ils reflètent une sorte de dialectique interne à sa pensée qui, constat remarquable, se laisse elle-même reconduire à Heidegger. Tout se passe comme s'il voulait faire droit en même temps à deux réquisits opposés : d'une part, le débordement du sujet par ce qui excède radicalement son pouvoir ; mais aussi le droit du sujet à subsister malgré tout face à ce qui le déborde. Ce double réquisit est manifeste dans la scansion du Dire et du dit, expressément articulée autour de deux moments : le moment initial où le sujet est comme débordé par l'excès d'un Dire éthique qui met en question jusqu'à son droit même à exister. Et le moment second de l'entrée en scène du tiers, moment de rééquilibrage où le sujet, cessant d'être infiniment redevable à l'Autre, se trouve face à lui comme légitimé dans son existence. À travers cette scansion, l'être – avec tout qui en procède

1. *EE*, p. 16-17, *TA*, p. 34.

sur le mode d'un rassemblement synchronique dans le présent : le sujet, la conscience, la vérité… – n'est pas donné d'emblée (ce qui ferait de lui une *archè* contemporaine du premier moment) mais comme dérivé d'un au-delà de l'Être que sa nature diachronique ou anarchique dérobe essentiellement à la présence.

Une présence qui n'est pas originaire mais comme dérivée d'une origine toujours déjà en retrait ou en réserve : on reconnaît là le schème qui commande toute la pensée heideggérienne de l'Être. Est-ce là pour autant la preuve d'une influence décisive de cette pensée sur Levinas ? Contre une telle conclusion on peut arguer que la scansion du Dire et du dit n'apparaît chez lui que tardivement, ne venant au premier plan qu'avec *Autrement qu'être.* Sans doute, et pourtant elle affleure dans sa réflexion bien plus tôt, encore une preuve, s'il en était besoin, de l'empreinte massive laissée sur lui par Heidegger. J'en donnerai ici un seul exemple. Dans *De l'existence à l'existant*, le sujet avec ses attributs métaphysiques de présence, conscience… est comme dérivé d'une origine ineffable, l'*il y a*, symbole de la verbalité primordiale de l'Être :

> Conscience, position, présent, « je » ne sont pas initialement […] des existants. Ils sont des évènements par lesquels le verbe innommable d'être se mue en substantif[1].

Il importe cependant de le rappeler : sitôt que Levinas reconnaît au sujet une légitimité à exister sur le mode substantif – sur le mode non extatique d'une stance ou instance dans l'être –, il le montre emprisonné dans son identité et l'engage à s'affranchir par le mouvement de transcendance qu'induit la fécondité. Par là le balancier semble à nouveau pencher du côté de la verbalité aux dépens du sujet substantif. Mais, comme il ressort d'une note des Inédits qui remonte vraisemblablement aux années 50 (à moins qu'elle n'ait été retouchée plus tard), Levinas s'empresse de rétablir l'équilibre entre les deux réquisits. Si le sujet risque de se perdre dans le « trans » de la transcendance, il faut, dit-il, qu'il « subsiste dans sa transsubstantiation » – nécessité qui annonce clairement le « il faut la justice », et avec elle « la comparaison, la coexistence, la contemporanéité, le rassemblement, l'ordre… » par quoi *Autrement qu'être* définira le moment de l'intervention du tiers[2] :

> L'individu a une existence certes marquée par la transcendance totale de la fécondité, affranchie à l'égard de sa propre identité ; mais où l'individu

1. *EE*, p. 141-142.
2. *AE*, p. 200 (p. 245).

> se pose aussi dans son instant et s'assure par la conscience, la lumière, la vérité, la coexistence, la contemporanéité qui équivaut à un pouvoir[1].

Un mot, pour finir, au sujet de la question qui a accompagné tout notre exposé – celle de l'énigmatique proximité de Levinas à Heidegger. On peut au final se demander si une métaphore privilégiée de cette proximité ne serait pas à chercher dans la notion même d'*il y a*. Horreur de l'*il y a*; horreur de l'Être impersonnel dans lequel baignent les mythes païens; horreur du nazisme qui, selon la formule de Levinas, « vint un jour s'associer au nom de Heidegger »[2]; horreur du destin juif, marque apparente d'un assujettissement irrémissible à l'Être sur lequel lève le voile aussi bien la philosophie de l'hitlérisme que la doctrine de *Sein und Zeit* : autant d'indices du lien inextricable qui unit Heidegger à l'*il y a*. Mieux, dès lors que l'*il y a* donne à voir le pur champ de forces auquel se réduit l'Être sans l'étant ou l'exister antérieur à l'existant, il est comme dérivé de la « mise en suspens » du monde – de la totalité des étants – à laquelle Heidegger procède, comme Descartes avec le doute hyperbolique, pour viser l'Être en tant que tel. Heidegger, en qui Levinas salue régulièrement le génial penseur de l'Être, ne serait-il pas au fond son malin génie[3] – génie du mal pour autant que Levinas identifie l'Être même avec le mal? Peut-être, encore faut-il observer qu'il n'aperçoit pas simplement en Heidegger une figure emblématique de l'Être. Selon lui, c'est bien plutôt l'*il y a* qui incarne la pure horreur de l'Être en ce qu'il ne cesse de revenir par delà sa disparition, alors que l'expérience heideggérienne de l'Être se noue pour l'essentiel autour de l'angoisse du néant. Assurément, et pourtant le fatal retour de l'Être qu'indique l'*il y a* avec tout ce qu'il recouvre de hantise d'un mourir qui n'en finit pas, d'existence spectrale des morts comme morts-vivants ou revenants, ne pointerait-il vers ce qu'on pourrait appeler chez Levinas l'obsession par une certaine revenance heideggérienne? Si l'hypothèse peut sembler hasardeuse, elle trouve un écho dans l'argument central de *De l'existence à l'existant* et ce qu'il annonce quant au parcours total de l'œuvre. Postuler qu'au départ le sujet émerge sur le mode substantif en s'arrachant à l'*il y a*, c'est pour Levinas comme se libérer du joug de Heidegger, de l'assujettissement irrémissible à l'Être qui constitue l'axiome premier de *Sein und Zeit*. Qu'en revanche, avec le tournant d'*Autrement*

1. *PS*, p. 149-150.
2. *EN*, p. 205.
3. La formule est de Raphaël Lellouche qui, dans son étude sur la pensée de Levinas, évoque « ce qui finalement et contre toute attente la rapproche de son malin génie Heidegger » (R. Lellouche, *Difficile Levinas : peut-on ne pas être levinassien ?*, Paris, L'Éclat, 2006).

qu'être disparaisse le droit même du sujet à exister sur le mode substantif, et il n'est peut-être pas interdit de parler d'un retour du refoulé heideggérien[1]. Sans doute l'emprise de l'Être cède-t-elle alors la place à ce qui lui est de prime abord le plus étranger – l'emprise de l'Autre. Mais s'il est vrai, comme le reconnaît Levinas, que la signifiance sublime de l'assignation par l'Autre demeure sans cesse au plus près du non-sens de l'*il y a*, jusqu'à sa confusion toujours possible avec lui, peut-être faut-il pareillement reconnaître que Levinas n'aura cessé de développer sa pensée au plus près de ce qui en constitue pour lui comme l'envers maléfique – celui qu'il aura toujours vu ou entrevu en Heidegger.

David BREZIS

1. Dès *De l'existence à l'existant*, l'avènement d'un sujet substantif est en un sens voué à l'échec. Un tel échec consistant dans ce que Levinas nomme le fatal retour du sujet à soi (*EE*, p. 13P. 136, p. 142, p. 164-165), on peut apercevoir dans cette fatalité de l'enchaînement à l'Être l'annonce du « fatal retour » à Heidegger que va marquer en quelque manière la dénonciation de tout repli du sujet sur un « quant à soi » au-delà de *Totalité et infini*.

DIEU. *EREIGNIS*. TOUT-AUTRE. HEIDEGGER ET LEVINAS

Le thème de ce colloque m'évoque immédiatement le vieux souvenir du sujet de mon mémoire de « maîtrise » : « L'Être et l'Autre. Hegel, Heidegger et Levinas », que j'avais présenté et soutenu ici même devant Henri Birault, en réalité réservé voire réticent en voyant le nom de son ancien collègue Levinas associé et comparé à celui auquel il avait consacré, non sans vénération, l'essentiel de sa carrière universitaire. Je ne renie rien de ce premier travail à ceci près que j'y méconnaissais, et pour cause, les thèses contenues dans les *Beiträge* et qui ont été révélées en 1989 dans l'édition du tome 65 de la *Gesamtausgabe* sur le « tout-autre » et le « dernier dieu » et que, Dieu merci, j'ai pu par la suite intégrer dans ma thèse.

Si « Dieu » et « Tout-autre » constituent deux concepts communs aux deux œuvres de Heidegger et de Levinas, il faut admettre que tout ou presque en sépare les thématisations. Cette séparation ne saurait être appréciée cependant à partir du seul mode de différenciation qu'on en retient habituellement, que Levinas avait introduit avec le puissant écho que l'on sait, et qui concerne le statut de l'ontologie[1]. On se rappellera d'une part la réappropriation levinassienne tout à fait singulière de l'ontologie notamment en 1975, lors d'un débat à l'université de Leyde (Pays-Bas) : « L'éthique est plus ontologique que l'ontologie »[2] et, d'autre part, de l'affirmation heideggérienne, la même année au *Séminaire de Zurich*, de la séparation nette entre l'être et Dieu : « Être et Dieu ne sont pas identiques et je ne tenterais jamais de penser l'essence de Dieu au moyen de l'être »[3].

1. « L'ontologie est-elle fondamentale ? », *Revue de métaphysique et de morale*, 56/1, 1951, p. 88-98.

2. « Questions et réponses », *DQVI*, p. 143. Paru initialement dans *Le Nouveau Commerce* 6-37, printemps 1977.

3. « Séminaire de Zurich » [1951], compte-rendu et trad. fr. F. Fédier, dans *PO&SIE* 13, 1980, p. 60.

Si l'on est accoutumé à la revendication d'un Dieu levinassien « non contaminé par l'être »[1], on peut comprendre que des structures homologiques tout à fait édifiantes, ajoutées aux proximités langagières, aient pu susciter ici des rapprochements précipités ; ils nous sont en réalité interdits.

La question spéculative de Dieu au sens classique de « théologie philosophique » n'est certes pas systématiquement traitée dans l'œuvre de Levinas, et l'usage du lexème « Dieu » n'y est pas aussi fréquent qu'on le croit d'ordinaire, mais la problématique divine y est nettement déchiffrable tant au début qu'à la fin de l'œuvre. Dans ses célèbres entretiens de 1982 avec Philippe Nemo, Levinas déclarait ne rien redouter du mot « Dieu » et qu'il en assumait toutes les mentions faites, élaborées ou non, au long de ses différents essais[2].

Quant à Heidegger, nous ne sommes pas moins démunis et devons travailler avec des surfaces de problématiques notablement étendues. Posée continûment au long de son œuvre[3], la question de Dieu exprime sans doute ce que Hermann Heidegger estimait être l'obsession permanente de son père ou encore ce que son biographe Ulrich Häussermann rapportait : « Le plus ardent espoir de sa mère était qu'il devint annonciateur de la parole divine »[4]. Au terme de l'œuvre, nous ne connaissons que trop la formule popularisée au lendemain de sa mort en 1976 par *Der Spiegel*, et prononcée dix ans plus tôt : « Nur noch ein Gott kann uns retten » ; « Seul un dieu peut encore nous sauver ». Mais pour en comprendre la force et l'énigme, il faut parcourir les « scènes » successives sur lesquelles Heidegger a fait jouer la question théo-logique, ce dès les moments de jeunesse de grande ferveur religieuse, au cours desquels, par exemple dans *Der Akademiker*, il n'hésitait pas à stigmatiser « les assauts actuels contre les preuves traditionnelles de l'existence de Dieu » et condamner les erreurs « modernistes ». Par-delà cette considération qui sans être négligeable reste mineure, ce qui détermine radicalement la séparation entre les thématisations « divines » de nos deux auteurs, et qui forme l'argument principal de la présente étude, tient à la place stratégique qu'occupe dans l'œuvre du second Heidegger, le concept d'« *Ereignis* ».

1. *AE*, p. 10.
2. *EI*, p. 101.
3. On mentionnera, parmi les nombreuses études qui ont compté à cet égard, l'excellent collectif publié par R. Kearney et J. O' LEARY, *Heidegger et la question de Dieu*, Paris, Grasset, 1980, rééd. Paris, Puf, 2010.
4. Mot rapporté par J. Beaufret, *Dialogue avec Heidegger*, t. 4, Paris, Minuit, 1985, p. 59.

On ne saurait y venir correctement, sans distinguer les trois sites principaux du questionnement théo-logique de Heidegger : 1) « Comment le concept de Dieu vient-il à la phénoménologie ? » 2) « Comment le dieu est-il entré en philosophie ? » 3) « Comment le « dernier dieu » vient-il à l'*Ereignis* ? » Cette triple interrogation indique l'itinéraire par lequel aux yeux de Heidegger, Dieu doit achever sa sortie de la théologie confessante et de la religion.

À relever ces trois questions, on prêtera cependant attention à ne point scinder les différentes topiques dans lesquelles elles sont posées.

COMMENT LE CONCEPT DE DIEU VIENT-IL À LA PHÉNOMÉNOLOGIE ?

Ce premier site de questionnement comprend lui-même deux foyers d'interrogations : « phénoménologico-scripturaire » et « phénoménologico-ontologique ». Ils sont entés sur deux découvertes principales du jeune Heidegger : l'une qui concerne la « corrélativité » et qui date de sa thèse d'habilitation en 1915, notamment dans le côtoiement de Hegel ; l'autre la « facticité » qui date du tout début des années 1920 dans le cadre des relations étroites qu'il avait nouées avec la théologie protestante mais aussi en vertu de la lecture renouvelée d'Aristote. Sans la prise en compte de ses deux découvertes, on ne peut guère saisir la teneur des développements qui aboutiront après 1925 à la mise en relief des structures de la métaphysique occidentale et, après les années 1936, à la thématisation du divin et du dernier dieu.

Premier foyer : le Dieu et l'explicitation phénoménologique des écritures néotestamentaires.

Alors qu'il s'apprête à se séparer du « système du catholicisme » (janvier 1919), son double rapprochement avec Husserl et avec le monde protestant n'y étant pas indifférent, Heidegger élabore durant l'été 1918 un plan de Cours dont le titre annoncé est : *Die philosophischen Grundlagen der mittelalterlichen Mystik*[1], dont l'objet est de ressaisir les phénomènes religieux dans une « compréhension phénoménologique originaire », de *dégager*, *de faire place à* la tendance originaire de la vie religieuse, à sa facticité, à son mouvement propre. D'où son plan de travail sur la constitution

1. *GA* 60, p. 303-337. Nous avons fourni un commentaire détaillé de ce cours dans « Heidegger et la mystique médiévale », *Transversalités* 60, 1996, p. 73-84 ; repris dans nos *Études heideggériennes*, Paris, Hermann, 2016, chap. 2.

de la mystique comme telle. Ainsi intervient et s'entend cette question dont la forme est alors inédite : « comment se constitue l'objet "Dieu" » ? Se constitue-t-il dans la prière ou bien est-il déjà pré-donné dans la foi ? En ce dernier cas, la prière est-elle un comportement périphérique, extérieur à l'égard de l'objet « Dieu » ? Se pose du même coup la question du rapport du sujet croyant à l'Absolu : quelle est la nature de ce rapport, de cette relation ? L'Absolu mystique soit l'objet originel, n'est pas provisoirement indéterminé, mais est justement sans détermination. Comment donc penser la relation du sujet à ce qui est *sans détermination* ? C'est une question analogue que le Professeur De Boer posa à l'université de Leyde lors d'une conférence de E. Levinas sous la forme suivante à : comment peut-on mettre en discours la relation métaphysique à l'Autre ? (Mai 1975). En 1918, la réponse préventive de Heidegger fut : si le semblable ne peut être connu que par le semblable, c'est la théorie du sujet qu'il faut reconsidérer ; et c'est auprès de Maître Eckhart que Heidegger s'y emploiera : il y a « absoluité (*Absolutheit*) de l'objet et du sujet » au sens où leur unité est radicale[1].

D'où la critique conjointe de Schleiermacher et de ce qu'il appelait la « dépendance absolue » vis-à-vis de Dieu. Cette notion est encore trop grossière, estime Heidegger, car elle tend à une objectivation extérieure et à une théorisation de l'être. Là contre, il faut privilégier le fait plus originaire que la conscience religieuse est « affectée de quelque part ». La phénoménologie rend ainsi attentif à la structure originelle du sujet qui est celle de « l'être ouvert pour ce qui a de la valeur en général » et qui le rend en mesure d'être appelé par un autre ; c'est une telle structure, d'*ouverture* et d'*appel*, qui rend possible que le sujet soit comblé par certains biens et « devienne par un autre », soit un *être-par-un-autre.*

La question, sans doute la plus délicate dont se saisit Heidegger est de savoir comment, dans cette expérience religieuse fondatrice, les réalités vécues par le sujet telles que « le plus haut que toi et moi », « ce qui nous est supérieur », sont maintenues comme telles au moment où elles émanent de l'expérience. La réponse esquissée consiste à tenir que le phénomène du processus de constitution de la présence de Dieu est un phénomène originaire. Dieu ne saurait être considéré comme un objet extérieurement constitué, il est présent à la disposition qui cherche à comprendre le monde, à l'analyser et à l'interpréter. Décrire phénoménologiquement, c'est donc rejoindre le sujet historique qui existe en interprétant son monde lequel est aussi bien la demeure de Dieu. Ainsi intervient la référence au Château

1. *GA* 60, p. 316.

intérieur de Thérèse d'Avila : « Celui qui ne croit pas qu'il puisse y avoir quelque chose de semblable tel que le demeurer de Dieu dans l'âme [...] n'en aura pas non plus l'expérience »[1].

2ᵉ foyer : Dieu en perspective phénoménologico-ontologique ou le Dieu délogé.

En réponse à la même question : comment l'idée de Dieu vient-elle à la phénoménologie, cette fois, Heidegger dit : celle-ci ne lui doit rien. La rupture avec la première période de travaux phénoménologiques (1918-1923) est alors établie. L'expression la plus aboutie à cet égard en est la célèbre Conférence *Phänomenologie und Theologie*, prononcée en 1927, répétée en 1928 et publiée seulement en 1969[2].Elle est doublement impliquée dans notre question : d'une part, elle fut – il n'y a pas si longtemps – sollicitée pour fournir les critères d'une soi-disant saine partition entre phénoménologie et théologie[3] et d'autre part, non moins étonnamment, pour dessiner les traits canoniques d'une tâche conforme à l'objet même de la théologie. Or, Heidegger s'attachait dans cette conférence à affranchir définitivement la phénoménologie ontologique de tout vecteur de foi selon un prix fort consistant à régionaliser la théologie *i. e.* la cantonner dans la seule positivité de la foi, et à la placer ainsi en dehors du travail de la pensée comme telle. Le recentrement de la théologie sur son seul *Positum* scripturaire, se poursuivra de façon cohérente par une procédure de disqualification sans appel qu'achèvera avec le cours de 1935 « *Einführung in die Metaphysik* » : le Dieu de la foi n'est pas, s'il en est un, le dieu pensé[4].

1. *Ibid.*, p. 337.

2. « Phänomenologie und Theologie », Conférence du 9 mars 1927, répétée le 14 février 1928 à Marbourg. Une mouture remaniée à partir de la seconde partie de la conférence : « La positivité de la théologie dans sa relation avec la phénoménologie », a été publiée dans *Archives de philosophie* : « Philosophie et Théologie », éd. bilingue, trad. fr. M. Méryvol, vol. XXXII, 1969, p. 386-396. Édition allemande *Wegmarken*, *GA* 9, 1970 et 1978, p. 47-67. Autre édition française dans E. Cassirer, M. Heidegger, *Débat sur le kantisme et la philosophie*, Paris, Beauchesne, 1972, p. 103-121.

3. D. Janicaud, *Le tournant théologique de la phénoménologie française*, Paris, L'Éclat, 1991, dernière page. Voire notre critique dans *Finitude et mystère II*, chap. IX : « Phénoménologie et théologie. La double irréductibilité », Paris, Le Cerf, 2013.

4. ...Ce que corroborera la déclaration produite en 1957, dans une séance de l'Académie évangélique à Hofgeismar : « À l'intérieur de la pensée, rien ne saurait être accompli, qui puisse préparer ou contribuer à déterminer ce qui arrive dans la foi et dans la grâce. Si la foi m'interpellait de cette façon, je fermerais mon atelier. – Certes, à l'intérieur de la dimension de la foi on continue encore à penser ; mais la pensée comme telle n'a plus de tâche ». Texte cité dans *Heidegger et la question de Dieu*, Paris, Grasset, 1980, p. 335.

Comment le Dieu entre-t-il en philosophie ?

Cette seconde topique, très commentée, se caractérise par la mise au jour des structures de dé-divinisation de Dieu, ce en vertu de deux opérations conjointes : celle qui concerne l'onto-théologie « philosophique » laquelle, dès Parménide et jusqu'à Nietzsche, résorbe la question de l'être dans l'Étant maximum ; et celle qui concerne l'onto-théologie « théologique » qui, dès saint Augustin puis tout au long de la tradition théologique, protestante comprise, forme le geste blasphématoire : l'installation de Dieu au rang de valeur suprême.

Devant les assignations à résidence qu'impliquaient les motifs de l'ontothéologie, plusieurs stratégies de relève ont été élaborées[1] : 1) l'une de facture « historienne » a cherché à démontrer comment, dans l'histoire des idées philosophiques et théologiques, plusieurs « moments » majeurs doivent être exonérés de la posture fondatrice de l'étant (Plotin, Thomas d'Aquin notamment). 2) Une stratégie « métaphysique » a continué à revendiquer une hétérogénéité totale de l'ontologie et du projet de la théologie. 3) Deux autres stratégies, cette fois formées dans le champ théologique, ont voulu d'une part déchiffrer dans la grande tradition de la théologie négative chrétienne ou directement dans les écritures sacrées, les traits d'une réponse préventivement apportée aux apories manifestées par l'équation ontothéologique et son schème fondationnel ; d'autre part jouer – et non sans force – d'une alternative entre le discours de l'« un » fondateur et la révélation du Dieu « trinitaire » et ainsi tenter de rejoindre les réquisits que formulait un Heidegger pourtant peu soucieux de les honorer lui-même : « *Causa sui.* Tel est le nom qui convient à Dieu dans la philosophie. Ce Dieu, l'homme ne peut ni le prier ni lui sacrifier. Il ne peut devant la *Causa Sui*, ni tomber à genoux plein de crainte, ni jouer des instruments, chanter et danser »[2].

Il est toutefois et paradoxalement possible de relever en quelques-uns de ces lieux un accord objectif entre Heidegger et Levinas : ce dernier en effet n'avait pas de mots assez rudes pour stigmatiser ce qu'il appelait lui-même la « théologie rationnelle » et dont il voyait non sans force les racines dans l'idée d'« expérience religieuse », expérience où Dieu, disait-il,

1. … que nous avons examinées dans une étude antérieure : « Meta, theos ed eccedanza. Tra metafisica e teologia », *Giornale di Metafisica*, 2009/2, p. 259-274 ; publiée en version française dans notre *Finitude et mystère II*, Paris, Le Cerf, 2013, p. 133-145 et dans C. Canullo (dir.), *Pensare la religione*, Roma, InShibboleth, 2015, p. 117-135.

2. *Identität und Differenz*, Pfullingen, Neske, p. 71, trad. fr. A. Préau, *Questions I*, Paris, Gallimard, 1990, p. 306.

est déjà interprété en termes d'immanence et où sa « révélation » se trouve assimilée au « dévoilement philosophique »[1] ; ainsi, la théologie rationnelle n'a pu se constituer qu'en acceptant cette « vassalité »[2] : « Foncièrement ontologique, la théologie rationnelle s'efforce à faire droit dans le domaine de l'être, à la transcendance en l'exprimant par des adverbes de hauteur appliqués au verbe être : Dieu existerait éminemment ou par excellence »[3]. Non seulement, ce type de théologie n'aura, à ses yeux, rien fait surgir devant l'histoire de la philosophie occidentale qui n'aura été une destruction de la transcendance. En ôtant en 1977, lors d'un colloque à Rome, le qualificatif « rationnelle » à « théologie » Levinas dira encore : « D'Aristote à Heidegger, la théologie, demeurée pensée de l'Identité et de l'Être [...], fut mortelle au Dieu et à l'homme de la Bible ou à leurs homonymes »[4]. Ici s'exprimaient de façon exemplaire les motifs proprement levinassiens de la disqualification de la théologie scolastique.

COMMENT L'IDÉE DU « DERNIER DIEU » VIENT-ELLE À LA PENSÉE DE L'*EREIGNIS* ?

Pour Heidegger, l'affaire est entendue dès 1936-1938 lorsque dans les *Beiträge zur Philosophie*, plaçant sur le même rang de la « *Weltanschauung* », donc en reléguant tout uniment de manière insupportable le « christianisme », le « communisme », et le « nazisme », il thématise l'originaire de l'*Ereignis* : « La dispensation de l'être : un enfant qui joue »[5]. Plus profond que la simple décision subjective qui veut, fût-ce à nouveaux frais, produire quelque théorisation, l'« autre commencement de la pensée » place l'homme pensant dans un « lieu » impensé où il s'agit d'« entreprendre plus originellement ce qui fut pensé de façon grecque, de le prendre en vue dans sa provenance[6]. À sa manière, ce regard est grec, et pourtant, à l'égard de

1. *DQVI*, p. 103, « Dieu et la philosophie » initialement paru dans *Le Nouveau commerce* 31, 1975.

2. *Ibid.*, p. 94.

3. *Ibid.*, p. 95.

4. *Ibid.*, p. 168. Du texte « herméneutique et au-delà », repris d'une conférence donnée lors du colloque organisé par le Centre international des études humanistes et l'Institut français de Rome.

5. *Der Satz vom Grund*, Pfullingen, Neske, 1957, p. 188.

6. « *Le premier* (*erste*) *commencement* fit l'épreuve de la *vérité de l'étant* sans questionner en direction de la vérité en tant que telle [...]. *L'autre* (*andere*) *commencement* fait l'épreuve de la vérité du *Seyn* et qui questionne en direction du *Seyn* de la vérité ». *GA* 65, p. 178 ; trad. fr. (modifiée), *op. cit.*, p. 208.

ce qu'il prend en vue, il n'est plus, ne peut plus jamais être grec ? »[1]. Au *séminaire du Thor*, dans la séance du 11 septembre 1969, Heidegger dira : « Avec l'*Ereignis*, ce n'est plus grec du tout » (*Mir dem Ereignis wird überhaupt nicht mehr griechische gedacht*)[2].

Mais déjà au § 168 des *Beiträge*, on peut lire ces deux séquences éloquemment solidaires : « Le Da-sein se dit de l'événement dans l'*Ereignis* en tant qu'essence du *Seyn.* Mais c'est seulement au fond du *Da-sein* que le *Seyn* (orthographié selon le vieil allemand afin de marquer la distance d'avec l'être « grec ») vient à la vérité »[3]. Se trouve alors introduit le vocable « *zwischen* » *i. e.* le moment qui appartient au Dasein et qui est celui de son abandon à son être et à l'être. Ce moment requiert le *Da-sein* à la fois, dit Heidegger, comme « chercheur du *Seyn* – c'est-à-dire de l'*Ereignis* », comme « berger de la vérité de l'être » et comme « veilleur du passage silencieux du dernier dieu »[4]. Au temps de la fuite des dieux, le poète affronte le péril sans l'appui des sécurités reposantes car il voit « l'absence de salut "en tant que" absence de salut »[5]. C'est dans l'obscurité et le désarroi du présent, pensés comme tels, que peut advenir l'espace du Sacré, accueillant à la divinité des dieux. Car il s'agit non point de chasser le dieu ou les dieux, mais de se tenir dans une *disposition* qui atteste d'une conception de Dieu plus divine et libère une nouvelle expérience spirituelle. Toute méprise doit être ici écartée. Une telle disposition n'est (surtout) pas finalisée par la survenue de Dieu : elle la rend (seulement) possible au temps de la détresse. Celle-ci « en tant que détresse nous montre la trace du salut. Le salut évoque le Sacré. Le Sacré relie le divin. Le divin approche le dieu »[6]. L'absence de Dieu est la trace, un signe, un avis du divin lui-même. « Avec la venue et le sacrifice du Christ, a commencé pour l'expérience historiale de Hölderlin, la fin du jour des dieux. C'est la tombée du soir. Depuis que les "trois alliés substantiels", Héraclès, Dionysos et le

1. *Unterwegs zur Sprache*, Pfullingen, Neske, 1959, p. 134-135 ; trad. fr. *Acheminement vers la parole*, Paris, Gallimard, p. 125 (modifiée).

2. « Seminar in le Thor 1969 » in *Vier Seminare*, Frankfurt-am-Main, Klostermann, 1977, p. 104 ; trad. fr. *Questions IV*, *op. cit.*, p. 302.

3. *GA* 65, p. 293.

4. *Ibid.*, p. 294. Nous passons rapidement sur la traduction française de « der letzte Gott » qui hésitait jusqu'ici entre deux options légitimes : « Le dernier dieu » et « le Dieu ultime » et qui a fait connaissance en 2013 avec une autre option : « Dieu à l'extrême » qu'on trouve dans la version de Gallimard, mais qui manifeste davantage un exercice de commentaire que de traduction. Sur la notion de « dieu extrême », voir Fr. Dastur, « Le dieu extrême de la phénoménologie. Husserl et Heidegger », *Archives de Philosophie*, vol. 63, Paris, Beauchesne, 2000, p. 195-204.

5. *Holzwege*, Frankfurt-am-Main, Klostermann, 1949, p. 252.

6. *Ibid.*, p. 294.

Christ, ont quitté le monde, le soir de cet âge décline vers la nuit »[1]. Dans un texte, écrit en 1959, assez peu connu, Heidegger écrit : « N'oublions pas trop tôt le mot de Nietzsche de l'année 1886 : "La réfutation de Dieu – en réalité seul le Dieu moral est réfuté" – ceci signifie pour la pensée méditative : le Dieu qui est pensé comme valeur, fût-elle la plus grande, n'est pas un Dieu. Donc Dieu n'est pas mort. Car sa divinité vit. Elle est même plus proche de la pensée que de la foi »[2]. Le diagnostic laisse ouvert l'espace d'un divin authentique. Heidegger insiste : il n'est guère possible d'engager la moindre caractérisation de dieu[3]. Alors pourquoi thématiser aussi obsessionnellement dans les *Beiträge* le « dernier Dieu » ?

Il n'est plus et ne doit plus être ce que, aux yeux de Heidegger, le christianisme historique en a fait : « le Transcendant » toujours compris comme une « Idée, ou une Valeur ou un Sens »[4], tenté par les élans voraces de la résorption totalisante. Si le vocabulaire de la « transcendance » reste toutefois mobilisé, c'est en ce qu'il désigne l'ouverture possibilisante de l'*Ereignis* : « L'*Ereignis* livre le dieu à l'homme et approprie celui-ci à dieu »[5].

On a pu s'étonner de la référence ici déclarée à un dieu « un ». De fait, la question posée ici par Heidegger n'est pas : « comment le dieu entre-t-il dans la philosophie ? » mais bien : « comment l'idée d'un dieu vient-elle à la pensée donc la pensée de l'*Ereignis* ? ».

L'*EREIGNIS* ET LE DERNIER DIEU

« Qu'est-ce que l'*Ereignis* ? Il est le « es » de « es gibt ». En effet, comment nommer le "Il" qui "donne" être ? » Heidegger répond : « Nous le nommons : das Ereignis », tout en précisant : « L'*Ereignis* est l'histoire originaire elle-même (*Das Er-eignis ist die ursprüngliche Geschichte selbst*) »[6]. Ce qui est radicalement posé, c'est, à l'abri de tout dualisme onto-théologique, la solidarité « être-temps » pour l'unique destin de la diffusion originelle qui donne originellement.

1. *Ibid.*, p. 248.
2. « Aufzeichnungen aus der Werkstatt » in *Neue Zürcher Zeitung*, t. 180, 1989, p. 152 ; reproduit in *Denkerfahrungen*, Frankfurt-am-Main, Klostermann, 1983, p. 85-86.
3. Heidegger cite *Protagoras* B, 4 : « Quant à envisager quelque chose au sujet des dieux, j'en suis hors d'état, ni qu'ils soient ni qu'ils ne soient pas, ni comment ils seraient en leur aspect », *Holzwege*, *op. cit.*, p. 97.
4. *Ibid.*, p. 25
5. *Ibid.*, p. 26.
6. *Ibid.*, p. 32.

Précisons. Il ne s'agit point là d'une nouvelle détermination « absolue » de l'Être[1]. Si chez Hegel, l'Être est pensé comme Absolu dans la relève [*Aufhebung*] de la finitude de l'homme, chez Heidegger, « c'est la finitude, non seulement celle de l'homme, mais aussi celle de l'avènement lui-même qui se trouve précisément révélée »[2]. La finitude convient à l'*Ereignis.* Heidegger commente : « Dans ce domaine, suivant la parole du poète, le principe de raison n'a pas d'autorité ». Plus loin : « Angelus Silesius ne veut pas nier que la floraison de la rose ait une raison. La rose fleurit parce que – elle fleurit. [...] la sentence d'Angelus Silesius ne parle pas, parce qu'il pense à des choses encore plus secrètes »[3]. Ainsi de l'*Ereignis* qui se « présente » : sa gratuité ne se mesure ni ne s'explique, son secret est cela vers quoi elle nous conduit, dans son « retrait ». Heidegger dit en conquérir le motif auprès du fragment 123 d'Héraclite « L'Être aime se retirer – aime son propre retrait »[4]. Il est dit là non pas le ce « que » (*was*) de l'*Ereignis*, mais le « que » (*dass*), le fait « que » il est, dans sa capacité à se mouvoir, dans la limite qu'il s'accorde lui-même; tel est son jeu propre.

De là, peut s'entendre le long développement du chapitre VII des *Beiträge* que Heidegger réserve tout spécialement au thème du « dernier dieu ». L'ensemble discursif auquel il appartient est composé à la manière d'une « fugue »[5], dont les six motifs sont rassemblés dès le premier paragraphe : « Ce qui va être dit, est questionné et pensé dans l'*interlude* du premier et de l'autre commencement, à partir de l'*intonation* du *Seyn* dans la détresse

1. Que l'*Ereignis* soit une détermination absolue, telle fut la théorie de Puntel qui en 1969 écrivait de l'Être selon Heidegger : « L'Être flotte entre les extrêmes d'une indétermination complète et d'une hypostase totale; ces deux extrêmes ont d'ailleurs en commun de laisser à l'extérieur le domaine de l'étant ... et du rapport être-étant » L.-B. Puntel, *Analogie und Geschichtlichkeit*, Freiburg im Breisgau, Herder, 1969, p. 507. Puntel semble n'envisager la pensée de l'être que dans le maintien d'une continuité avec les étants. Or un tel maintien ne permet pas d'échapper au discours métaphysique de la détermination, il lui est au contraire pleinement coextensif. Pour une critique circonstanciée de la thèse de Puntel, *cf.* J. Greisch, « Identité et Différence dans la pensée de Martin Heidegger. Le chemin de l'Ereignis », *Revue des Sciences philosophiques et théologiques*, 1973, p. 106 *sq.*

2. « Zeit und Sein » in *Zur Sache des Denkens*, *op. cit.*, p. 53; trad. fr. « Protocole sur Temps et Être », dans *Questions IV*, *op. cit.* p. 86.

3. *Der Satz vom Grund*, Neske, p. 69 et p. 71; trad. fr. *Le Principe de raison*, Paris, Gallimard, 1962, p. 103 et p. 106.

4. Cf. *Wegmarken*, *op. cit.*, p. 298; trad. fr. *Questions II*, *op. cit.*, p. 275. *Vorträge und Aufsätze*, *op. cit.*, p. 271; trad. fr. *Essais et Conférences*, *op. cit.*, p. 328. On peut lire, dans ce dernier texte, une traduction originale de Heidegger : « Das Aufgehen (aus dem Sichverbergen) dem Sichverbergen schenkt's die Gunst » (« L'émerger (hors du se-cacher) accorde sa faveur au se-cacher »). Autres traductions in *Wegmarken*, *op. cit.*, p. 298; in *Vorträge...*, *op. cit.*, p. 271; in *Der satz vom Grund*, *op. cit.*, p. 113.

5. *GA* 65, p. 4.

de l'abandon de l'être, en faveur du *saut* vers l'être, dans le but de la *fondation* de sa vérité comme préparation du *peuple à venir* du *dernier dieu* »[1].

Si l'expression « der letzte Gott » forgée par Heidegger, doit s'entendre à la fois en écho au « dernier homme » nietzschéen de *Zarathoustra*[2] et au diagnostic porté sur l'époque nihiliste actuelle, elle s'inscrit dans le refus de la domination technique et calculante de notre civilisation et dans l'exigence du salut que dit le poète. Au chapitre de conclusion, *Das Seyn*, Heidegger écrit : « La détermination historiale de la philosophie se tient dans la connaissance de la nécessité de travailler à l'écoute de la parole de Hölderlin »[3]. Dans l'écoute de cette parole, un autre ordre de rencontre entre l'homme et le dieu peut commencer et la question du sens de l'être [*Seyn*] comme *Ereignis* peut être enfin honorée. Le motif du « dernier dieu » ne coïncide donc pas avec l'acte de croyance en une révélation, vocabulaire devenu étranger à Heidegger. Il n'indique pas non plus le terme d'une série de figures divines ou la marque d'une nouvelle « époque » de l'Absolu. Le « dernier » n'est pas la « fin » : « Der letzte Gott ist kein Ende »[4] ; au contraire, il est lui-même « l'autre commencement de la possibilité incommensurable de notre histoire (*der andere Anfang unermesslicher Möglichkeiten unserer Geschichte*) »[5].

Mais un tel « commencement » ne peut pas ne pas combattre ce qui entrave encore sa survenue, en premier lieu, le Dieu chrétien. L'exergue du chapitre VII des *Beiträge* est à cet égard sans équivoque : « Le tout autre contre ceux qui ont été, en particulier contre le chrétien (*Der ganz Andere gegen die Gewesenen, zumal gegen den christlichen*) »[6]. Le combat ne saurait prendre l'allure d'une simple opposition ni consister en une simple relève des diverses figures des dieux enfuis ; mais il se présente dans l'originaire de l'*Ereignis*. Ni terme final, ni dernier de suite, le « dernier Dieu » exprime le dieu ultimement pensable, il correspond à la décision qui élève à son point le plus haut l'essence de l'unicité de l'être-dieu[7].

En ce sens, le « dernier dieu » ne fait plus alternative avec le Dieu chrétien ou le Dieu juif ; il ne se présente guère comme un nouveau dieu

1. *Ibid.*, p. 7. C'est nous qui soulignons.

2. Nietzsche, *Ainsi parlait Zarathoustra*, Prologue, 5.

3. « Die geschichtliche Bestimmung der Philosophie gipfelt in der Erkenntnis der Notwendigkeit, Holderlins Wort das Gehor zu schaffen », *GA* 65, p. 422.

4. *Ibid.*, respectivement p. 411 et p. 416.

5. *Ibid.*, p. 411.

6. *GA* 65, p. 403.

7. *Ibid.*, p. 406.

contre les anciens. Il est plus nouveau que les nouveaux dieux parce que lui surgit de l'originaire, qui est l'à-venir. « L'absence [...] est la présence [...] de la plénitude cachée de ce qui a été, et qui ainsi rassemblé, est : du divin chez les Grecs, chez les prophètes juifs, dans la prédication de Jésus. Ce "ne... plus" est en lui-même un "ne... pas encore", celui de la venue voilée de son être inépuisable »[1]. Ce privilège accordé l'à-venant est le corollaire du refus d'un Dieu qui pro-vient et qui, comme tel, est toujours susceptible d'être mis en dépôt, dépôt de la Révélation. Il est ce pourquoi le dernier est le « ce qui vient » dont l'unicité correspond non pas à un monothéisme mais à un neutre, le neutre du « ce qui vient » : « Le dernier Dieu possède un aspect suprêmement unique : il se tient en dehors de la détermination comptable que repèrent les dénominations : « mono-théisme », « pan-théisme », « a-théisme ». [...] La pluralité des Dieux n'est subordonnée à aucun chiffre ; au contraire, elle dépend de la richesse intime des fondements et des abîmes dans le site d'instantanéité où scintille et où se met à couvert le signe qu'envoie le dernier dieu »[2].

D'où, *dans les Beiträge*, cette formule récurrente : « Le dieu a besoin du *Seyn* » aux allures faussement idolâtriques, ce que Le *locus classicus* de la *Lettre sur l'humanisme* aura pu induire : « Ce n'est qu'à partir de la vérité de l'Être qu'est à penser ce qu'il en est du Sacré. Ce n'est qu'à partir de ce qu'il en est du Sacré qu'est à penser ce qu'il en est de la Déité. Ce n'est que dans la lumière de ce qu'il en est de la Déité que peut être pensé et dit ce que doit nommer le mot "Dieu" »[3]. En réalité, le propos se veut cohérent avec l'exigence facticielle de la rencontre de dieu et du sujet humain auprès de la finitude du *Seyn*[4].

Ainsi, le dieu « un » de Heidegger est le chiffre de rassemblement de ce qui doit être attendu dans l'écoute de ce qui vient et qui ne fait que passer ; il coïncide avec l'événement qui se livre comme tel, dans la nouveauté imprévisible qui lui appartient en propre.

1. « Lettre à un jeune étudiant », in *Vorträge und Aufsätze (Post-scriptum)*, *op. cit.*, p. 183.

2. *GA* 65, p. 411.

3. « Brief über den Humanismus », in *Wegmarken*, *op. cit.*, p. 347-348.

4. Dans un entretien avec Roger Munier, en 1949, Heidegger précise : « *Sein ist nicht der Dimension* in der Gott », *Cahier de l'Herne. Martin Heidegger*, Paris, 1983, p. 151-155 ; repris dans R. Munier, *Stèle*, Paris, Arfuyen, 1992, p. 9-23.

Un « tout autre » tout autre

On le voit : le « tout-autre » de Levinas est tout autre que le « tout-autre » de Heidegger. Celui-ci a congédié le vocabulaire de l'infini afin que la pensée, donc la pensée du divin et du Dieu, se maintienne dans sa condition qui est celle de la finitude. L'infini de Levinas fait écho à l'infini cartésien tout comme au non-savoir originaire de Rosenzweig : « La notion cartésienne de l'idée de l'Infini désigne une relation avec un être qui conserve son extériorité totale par rapport à celui qui le pense ». Je serais l'auteur de l'idée d'infini à même ma finitude ? L'objection, si toutefois c'en est une, était déjà relevée et traitée dans les années 1940, à l'époque de la « captivité » : « L'infini n'est [...] pas le corrélatif de l'idée d'infini ».

La bifurcation entre nos deux auteurs a lieu ici : d'un côté, une pensée de la finitude où transcendance et immanence coïncident dans le dépassement de "*Ereignis*" et de l'autre une pensée de l'infini antécédent qui affecte. Pour Levinas, il s'agit de commettre un geste inédit : renverser l'intentionnalité, celle du sujet transcendantal non plus vers celle de l'être, mais vers celle qui avoue simultanément la précédence et l'excédance de ce qui vient à moi *sans moi*. « Tout savoir en tant qu'intentionalité suppose déjà l'idée de l'infini, *l'inadéquation* par excellence »[1]. Empruntant très tôt le lexique du « bouleversement », Levinas formait déjà l'essentiel de sa thématique contre-intentionnelle : l'infini « désarçonne »[2]. Et dans *Totalité et infini* : on lit « C'est précisément dans la disproportion entre l'idée de l'infini et l'infini dont elle est idée – que se produit ce dépassement des limites »[3] ; « ... le paradoxe d'un infini admettant un être en dehors de soi qu'il n'englobe pas – et accomplissant grâce à ce voisinage d'un être séparé, son infinitude même »[4].

Commentaire 1 : Le possible de la fécondité est en parfaite rupture avec le possible de l'« être » à l'infini, toujours déjà pris, selon Levinas, dans les rets de la réitération : « Le temps discontinu de la fécondité rend possible une jeunesse et un recommencement »[5].

Commentaire 2 : Levinas n'hésite pas à convoquer centralement le lexique du pardon, pour dire « l'œuvre même du temps », un pardon sans la morale de la faute, un pardon sans oubli et sans annulation, plus fort que

1. *TI*, Préface, p. XV; nous reproduisons ici l'orthographe originale, dans le texte de Levinas, de « intentionalité ».

2. *CC*, p. 277.

3. *TI*, Préface, p. XIV-XV.

4. *Ibid.*, p. 106.

5. *Ibid.*, p. 259.

le retour à l'innocence. Si la *durée continue* de Bergson ne le convainc pas, c'est que le temps ajoute à l'être « de l'absolument nouveau »[1]. D'où une conception, dramatique et pacifiante à la fois, du temps que laissaient déjà entrevoir les notes des *Carnets de captivité* et par quoi la rupture avec Heidegger était en réalité déjà largement consommée[2].

La finitude de l'Ereignis contre l'infini de l'Autre. Que Levinas ait allégé de son altérité le verbe de l'être heideggérien, lui-même annonciateur du congé donné par Heidegger à l'être grec, ce dès le milieu des années 1930, cela n'est pas essentiel à la démonstration : l'extériorité levinassienne de la séparation « signifie la résistance de la multiplicité sociale à la logique qui totalise le multiple »[3]. Ce qui est conséquemment appelé l'« anarchie essentielle à la multiplicité » indique le geste infiniment natif, l'origine à partir de rien. « Les "moi" ne forment pas de totalité. Il n'existe pas de plan privilégié où ces moi's pourraient se saisir dans leur principe »[4]. Pour Levinas, l'arrachement à l'ordre est premier; il faut que « cet arrachement précède son entrée dans l'ordre »[5].

Mais comment dire un tel arrachement? « La figure conceptuelle [...] où se fait une entrée postérieure au retrait et qui, par conséquent n'a jamais été contenue dans mon temps et est ainsi immémoriale, nous l'appelons trace. Mais trace n'est pas un mot de plus, elle est la proximité de Dieu dans le visage de mon prochain »[6]. Le concept levinassien de « trace » doit être entendu en propre comme la traduction d'un motif biblique : il renvoie à une transcendance autrement qu'être, à l'incommensurable qui ne se laisse enfermer pas même dans le « signe » ou l'« indiquer ». Son lieu est un non-lieu originel, un passage antérieur au signe délivré : « Dans la trace a passé un passé absolument révolu »[7]. Mais là encore, malgré l'usage d'un même vocabulaire, celui de passage », loin de désigner quelque accord métaphysique entre Levinas et Heidegger, le commentaire doit se résoudre à y voir un fossé infranchissable. Chez le premier, ce qui a signifiance de trace, c'est le visage : il est la mise en nous de l'idée d'infini : « L'Infini ne peut se concrétiser en un terme, il conteste sa propre présence. Dans son superlatif inégalable, il est absence, au bord du néant. Toujours il faut.

1. *TI*, p. 260.

2. « Ce n'est pas la finitude de l'être qui fait l'essence du temps, comme le pense Heidegger, mais son infini », *ibid.*, p. 260.

3. *Ibid.*, p. 268.

4. *Ibid.*, p. 270.

5. Intervention de Levinas à la « Semaine des Intellectuels Catholiques français », *Recherches et débats*, Paris, Desclée de Brouwer, 1969, p. 189.

6. *Ibid.*

7. *EDE*, p. 200.

Mais il laisse le vide, une nuit, une trace »[1] ; chez Heidegger, c'est l'absence qui laisse une trace ; trace d'un passage qui exprime l'étrangeté indépassable du dernier dieu ; celui-ci n'a d'autre « fin », sans finalité, que de surprendre dans un événement singulier, il « a lieu » à même l'événement de l'*Ereignis*.

Le « tout-autre » de Heidegger est celui qui s'ajuste au secret de l'*Ereignis*, le « tout-autre » de Levinas est celui qui s'ajuste au mystère que l'antériorité préserve ; celui de Heidegger est le Dieu qui ne peut que venir, un à-venir ; celui de Levinas est celui qui fut toujours déjà et qui comme tel donne à penser son venir. Tous deux donc l'événement. Mais l'événement vient-il au titre de l'imprévisible ou au titre de la justice ?

Philippe CAPELLE-DUMONT

1. *Ibid.* p. 230.

LA QUESTION DU *THAUMA* DANS UNE CONFRONTATION ENTRE HEIDEGGER ET LEVINAS

Levinas écrit en ces termes dans *Totalité et Infini* :

> La vérité de la chose en soi ne se dévoile pas. La chose en soi s'exprime. L'expression manifeste la présence de l'être, non pas en écartant simplement le voile du phénomène. Elle est, de soi, présence d'un visage et dès lors appel et enseignement, *entrée en relation* avec moi – relation éthique[1].

Comment se réapproprier cette opposition radicale entre une expression et un dévoilement ? Entre une expression qui se révèle sans se dévoiler, et un dévoilement qui contredit et abandonne l'avènement du visage ?

Levinas fait nettement la distinction entre la scène d'un dé-voilement et la relation éthique. Dans sa nudité exposée, dans son retrait exposé, *le visage est sans voile*, en ce sens phénoménalité in-dévoilable.

Dans la ligne de ces affirmations de Levinas, le visage, dans lequel la relation éthique est toujours déjà ouverte, est comme un horizon dénudé de la nature d'un dévoilement. Ouverture en dehors de la métaphore de l'horizon, puisque si le visage est le nom de l'ouverture, si l'ouverture a la nudité du visage, l'ouverture est sans horizon. Il y a toujours un voile qui dévoile quand l'horizon devient la métaphore du seuil de l'ouverture.

Dans la leçon de Levinas, notamment dans *Autrement qu'être*, c'est justement le dire de la philosophie, le dire dans sa radicale distinction d'avec le dit, qui doit rendre témoignage de cette impossible superposition du visage et de l'horizon. Un dire avec une forme différente de celle du dire qui fait résonner l'ouverture dans le dévoilement de l'horizon doit correspondre à l'ouverture qui advient sur le seuil sans voile du visage.

1. *TI*, p. 157 (p. 198).

Il devra donc y avoir un dire qui s'expose sans voile. Qui ne se voile ni se dévoile lorsqu'il dit, qui expose donc un certain retrait dans le dire.

Mais qu'est-ce qu'un dire *exposé* sans voile doit impliquer pour la philosophie ? Qu'est-ce que cette adhérence d'un événement exposé dans sa nudité à la phénoménalité, s'exposant parfois sans voiles, doit comporter pour la philosophie ?

N'est-ce pas là aussi un moment crucial pour se confronter radicalement avec le *dire* de Heidegger ? Le *dire* et le *dit* de la philosophie de Heidegger correspondent-ils, ou non, à cet appel à la nudité exprimé dans *Autrement qu'être* ?

Afin de faire cette confrontation radicale entre Levinas et Heidegger à propos du rapport insidieux et compliqué entre voilement, dévoilement et exposition nue, il convient avant tout de reconnaître une certaine dette que la notion de nudité sans voile a vis-à-vis de la radicalisation heideggérienne d'un impératif phénoménologique. En effet, c'est justement le jeune Heidegger qui s'impose à lui-même, très tôt, de dissocier la pure phénoménalité du voilement.

Dans un célèbre passage d'*Être et temps*, il affirme en ces termes de manière quasi péremptoire : « *Verdecktheit ist der Gegenbegriff zu "Phänomen"* ». Dans la traduction française de Martineau : « L'être-recouvert est le concept *complémentaire* du "phénomène" »[1]. Ainsi qu'on peut le voir ici, il évoque le statut de la phénoménalité, et par conséquent le statut de la différence ontologique. Si l'être voilé est le contraire du phénomène, la *phénoménalité* est dans le *non être voilé.*

*A*vec cette cohérence stricte et inflexible que Heidegger s'impose comme gage de son adhésion à la prétention phénoménologique depuis les temps de Fribourg, *hors retrait (Unverborgenheit*) et *non voilement* affirment la même chose.

Si l'être voilé est le contraire du phénomène, en tant que non voilé, l'être de l'étant dans sa nudité est le plus exposé de tous. Si exposé qu'il en devient inapparent, d'une inapparence qui ne se confond toutefois pas avec un simple non-être-manifesté. Nous devrions parler d'un inapparent exposé comme non voilé.

Cette formulation ne fait rien d'autre qu'exprimer d'une autre façon ce que Heidegger appelle, également très tôt, *le non caché.* Autre manière encore de dire le *toujours déjà compris.*

Le phénomène est donc le *non caché* en tant que *non voilé.* C'est justement en tant que *non caché* qu'il est irréductible au seuil d'une simple

1. *SuZ*, p. 36, trad. fr., p. 48.

présentation. Tout ceci, suivi de la cohérence rigoureuse qu'il impose à Heidegger lui-même, et qui consent peut-être à prendre la mesure de quelques moments cruciaux de son énorme travail spéculatif, indique que le dé-voilement ne peut traverser le seuil de l'apparaître.

Heidegger radicalise donc, un peu avant Levinas, l'idée selon laquelle l'apparaître phénoménologique se convertit en un inapparent spécial lorsqu'il est porté à l'extrémité de son apparaître. Ainsi, un non-caché, exposé comme inapparent, radicalise l'idée que l'apparaître phénoménologique se convertit en un inapparent spécial lorsqu'il est porté à l'extrémité de son apparaître.

Selon le jeune Heidegger, cette convertibilité de la plénitude de l'apparaître avec l'inapparent n'abandonnerait pas le terrain de la visibilité phénoménologique, mais l'interpréterait dans sa cohérence plus radicale.

Tout cela comporte une conséquence importante, et dans un certain sens redoutable, pour la tradition de la philosophie, et pour le projet de l'analytique existentielle lui-même : si un quelconque voile dévoilait le phénomène, la différence ontologique se trouverait manquée dans son impératif le plus radical.

La fidélité radicale au principe de la phénoménologie requiert donc d'adhérer à un *hors retrait (Unverborgenheit*) qui doit se dissocier de toute pratique du voilement. Si le phénomène est le sans voile, alors chaque pratique ou scène de voilement manque la phénoménalité.

À ce point nous pouvons tirer une première conclusion : Levinas et Heidegger appartiennent, et en cela Janicaud a raison, au même versant de torsion de la tradition phénoménologique. La phénoménalité advient chez tous les deux, dans l'exposition d'une certaine nudité, d'une nudité comme *hors retrait* (*Unverborgenheit*) ou comme exposition. Le visage de Levinas est sur le même versant phénoménologique que l'être de l'étant. Celui-ci aussi, faudrait-il dire, diffère de l'étant.

L'ouverture au seuil du visage est très différente d'un étant. Pour Levinas, toutefois, la tradition de l'ontologie à laquelle Heidegger renvoie inévitablement, ne serait plus en mesure de respecter toutes les conséquences et les implications que ce report sans différence comporte pour le langage de la philosophie, et donc pour son dire. Plus précisément encore : il ne serait pas en mesure d'empêcher que la philosophie elle-même se constitue comme horizon voilant de l'ouverture toujours déjà ouverte de la relation éthique au seuil du visage. Ce voilement dévoilant est en particulier toujours impliqué et engagé, à partir du moment où la philosophie se désigne elle-même comme lieu privilégié de la manifestation de l'être de l'étant.

Nous verrons à présent, en restant dans la lignée des leçons de Levinas, comment pourrait se développer une critique de Levinas envers Heidegger, et comment, dans la trame de cette critique, il est possible de mieux déplier certains moments centraux de cette même philosophie de Heidegger, de se mettre en chemin à partir de la nécessité du tournant des années 30. Nous verrons enfin s'il est possible de soutenir que la pensée de l'*Ereignis*, pensée qui abandonne la méthode de l'analytique existentielle, peut se considérer plus proche des notions fondamentales d'*Autrement qu'être.*

Afin de mieux comprendre les moments dans lesquels Heidegger et Levinas se retrouvent dans une grande proximité, mais pour comprendre surtout les moments dans lesquels ils demeurent extrêmement éloignés dans une radicale incompatibilité, nous pourrions nous poser une question qui aide peut-être à réunir les questions décisives en peu de passages. Interrogeons-nous donc : le visage de Levinas advient-il dans une quelconque variante de la figure du *thauma*? Pourrions-nous dire qu'un *thauma* peut être évoqué ici comme seuil même d'une convocation particulière, comme si le « me voici » était le contrecoup d'un événement *thaumatique*?

Et dans cette lignée : est-il possible de trouver un rapport quelconque entre la méthode de l'analytique existentielle et le *thauma*, l'antique *thauma* avec lequel, depuis toujours, la tradition de la philosophie raconte la convocation même de son propre commencement?

Lisons avec attention cet extrait. Levinas écrit :

> La luisance de la trace est énigmatique, c'est-à-dire équivoque dans un autre sens encore qui la distingue de l'apparoir du phénomène[1].

Levinas ne valorise pas fréquemment la figure de la splendeur, et pourtant, nous ne saisissons pas la visibilité invisible de la trace sans la saturation de cette lumière. La trace luit comme l'invisibilité même de la *gloire.* La saturation de cette lumière ne renvoie pas tant à un excès qui exercerait une pression irrépressible sur la saisie intentionnelle, qu'à une certaine impossibilité du passage; quelque chose d'aporétique signe la splendeur de cette trace.

Cette visibilité saturée propose l'idée d'une trace qui s'efface dans son tracement même. Une trace qui ne renvoie pas à ce qui manque. Qui ne fait pas signe à ce qui manque, qui ne présente pas une absence qui manque. Il ne s'agit pas seulement d'un manque de renvoi à une absence, mais de la somme d'une absence pour ce qui n'a jamais eu de présence. Dans la splendeur de cette trace on repousse toute une dialectique prétendant faire de ce qui *vient à manquer*, donc d'une trace d'absence, le seuil dévoilant de la phénoménalité. Ce qui vient à manquer vient ici toujours déjà à

1. *AE*, p. 15 (p. 27).

manquer, toujours déjà retiré dans son être exposé pour pouvoir être sous la trace d'une indication qui dévoile. L'*énigme* dont parle Levinas ne dit rien d'autre que cette impossibilité du dévoilement. Je crois que nous pourrions également dire la chose suivante, très lourde de sens : cette trace sans renvoi à une présence manquante, n'a rien à voir avec la stupeur du *thauma.* Si nous voulons pleinement comprendre la critique adressée à la tradition de l'ontologie, à cette conjoncture spéciale pour laquelle la philosophie est convoquée dans une particulière *pensée de l'être*, nous devons donner tout l'accent nécessaire à cette problématique.

Nous ne comprenons pas jusqu'au bout la cohérence extrême qui pousse Levinas à marquer cette trace d'une certaine splendeur aporétique, si nous n'insistons pas autant qu'il est nécessaire, sur la distinction entre l'expérience du *thauma* avec laquelle la philosophie se raconte depuis toujours son propre commencement, et sa vocation. Nous ne comprenons pas son éloignement ou son étrangeté à la tradition de l'ontologie, la confrontation elle-même avec Heidegger, si nous ne séparons pas résolument l'appel du *thauma* de l'appel de la trace immémoriale.

Dans la lignée et dans l'héritage de Levinas, nous sommes donc en train de nous demander si la fidélité à ce *ne pas être caché* avec laquelle la phénoménologie trompe la démonstration métaphysique a à voir avec le seuil de cette stupeur. On se demande si le *thauma* de cette stupeur est, de quelque façon, à chaque fois, le juste commencement ou le juste moment par rapport à ce que la phénoménologie, portée aux extrémités de ses possibilités, s'impose de poursuivre. En somme, nous nous demandons si le *non être caché* se répète, en s'intensifiant, dans le *thauma*, et donc s'affirme à chaque fois que la philosophie vit et se relance dans son commencement ou bien alors, au contraire, dans un écart total, si le *thauma* n'est pas le commencement même de la passion onto-métaphysique avec le point aveugle de la phénoménalité de l'apparaître. Si le *thauma* n'est pas le moment pendant lequel la philosophie a déjà abandonné ce que la phénoménologie recherche comme apparaître porté à l'extrémité de l'inapparent. Une économie autre, une scène autre, un appel autre (nous dirons plus tard appel *sans rappel*) que la trace sans renvoi à une absence manquante à laquelle renvoie Levinas dans *Autrement qu'être.*

En raison de cela, dans le sillon de l'héritage de Levinas, en suivant sa critique de la tradition de l'ontologie, il serait nécessaire, encore une fois, après d'innombrables fois, de réinterroger le célèbre passage du *Théétète.* Théétète y décrit la merveille en ces termes :

> Par tous les dieux, Socrate, je suis extrêmement étonné de ce que tout cela peut être [il se réfère aux « apparences »], et quelquefois en vérité, lorsque j'y jette les yeux, ma vue se trouble entièrement [ou dans une autre traduction : « je me sens véritablement pris de vertige »] [1].

Peu de textes expriment aussi complètement que celui-ci l'expérience par laquelle, depuis toujours, la philosophie témoigne et se raconte sa propre naissance ou sa propre origine. Où elle se raconte, se transmet et se répète son propre commencement, le *rappel* de son commencement. Un *rappel* ou un *appel* que nous ne comprendrons jamais dans sa juste tension si nous ne saisissons pas le rapport entre le regard qui fixe les apparences à partir d'un certain point et puis après, et le vertige qui s'y ouvre.

À partir de son commencement et dans son commencement, la philosophie rappelle le merveilleux du moment d'un vertige ; à ce qui surprend dans ce qui *vient à manquer* d'une apparence, en tant qu'apparence qui s'approfondit dans un sans fond. La merveille est comme le *tremblement* de ce vertige. Et le vertige est ce qui *vient à manquer* d'un certain fond de l'apparaître.

Il n'y aurait pas de vertige sans la fixité d'un point, sans ce renvoi très vif entre une fixation et quelque chose qui vient à manquer, quelque chose qui vient à manquer et une fixation.

Dans une très grande complexité que l'on ne cessera jamais de devoir mettre en évidence : un fond qui vient à manquer, justement tel un sol qui s'enfonce sous nos pieds, ne cesse de se produire et *de se porter en avant* dans ce qui vient à manquer. Comme si l'origine survenait dans la philosophie, dans l'avancée de ce fond, dans la merveille même de ce vertige, au cœur d'une espèce de rapport entre fond et vertige.

En suivant la leçon de Levinas nous pourrions dire que la phénoménalité est perdue dans le *thauma*, déjà perdue, ou plus précisément encore, annoncée comme *venant à manquer*. En ce sens, ce qui *vient à manquer* devient le seuil d'accessibilité à la phénoménalité en tant que telle. Il devient la méthode par laquelle la philosophie comme ontologie estime devoir accéder à la phénoménalité. Il devient la voie ou la méthode par laquelle, dans l'approfondissement ou l'intensification de ce qui *vient à manquer*, il semble pouvoir gagner l'être de l'Étant. Ce qui *vient à manquer* devient la trace qui dévoile l'être de l'étant. Qui trace le *se dévoiler* de l'étant dans son être.

C'est justement parvenue à ce point que la leçon de Levinas, ainsi que sa critique de la tradition de l'ontologie, deviennent prenantes. Levinas

1. Platon, *Théétète*, 155e.

dirait que la trace du visage n'a rien d'une expérience de ce qui *vient à manquer.* Le *retrait exposé* du visage n'appartient pas à la logique du manque, n'est pas un apparaître qui tremble dans sa possibilité d'absence. Dans le visage il n'y a pas de fond dans lequel on puisse s'enfoncer, de même qu'il n'est pas possible de jeter l'ancre d'une prise théorétique. Le *thauma* est l'expérience du dévoilement du phénomène, tandis que le *visage* est justement ce que le dévoilement perdrait dans sa nudité d'événement exposé dans son retrait.

À la suite de Levinas nous devrions dire que la nature, et l'économie de l'appel, changent. Le rappel d'un phénomène dévoilé dans le *thauma* n'est pas le même appel que la trace resplendissante du visage.

Thème énorme, comme on voit, que celui d'une confrontation possible avec l'*appel* de Heidegger, avec le rappel de conscience du *Dasein.* Comme si, en suivant Levinas et sa critique de la tradition de l'ontologie dans la pensée de l'être, nous serions autorisés à faire cette hypothèse extrême : une espèce de variante du *thauma* antique serait, encore une fois, à l'œuvre chez Heidegger. Une espèce de variante de cette expérience de dévoilement servirait de méthode dans le cercle de l'analytique existentielle, et d'une autre façon, résisterait encore plus tard lorsqu'elle devra abandonner le dispositif d'*Être et temps.* N'importe quelle variante de l'expérience *thaumatique* interdirait à Heidegger de dissocier complètement l'être comme *hors retrait* (*Unverborgenheit*), donc la phénoménalité non voilée, de l'économie d'un dévoilement. En ce sens, Heidegger ne réussirait pas à mener jusqu'à ses dernières conséquences, ce principe auquel il renvoie pourtant, et qu'il présente le premier de manière décisive, et par conséquent la phénoménalité de l'*ouverture* comme *hors retrait* (*Unverborgenheit*).

Afin de rester cohérents par rapport à cette hypothèse, nous devrions trouver chez Heidegger un type de rapport entre la voix qui appelle ou rappelle, et une certaine expérience de ce qui *vient à manquer.* Dans ce qui *vient à manquer* nous retrouverons le *thauma* et une élection spéciale que la philosophie recevrait au moment où elle formule ses questions fondamentales.

Dans *Être et temps* nous pourrions retrouver ce rappel dans un passage tel que celui-ci : « Quand on ne trouve pas quelque chose à sa place, la proximité environnementale se rend explicitement accessible en tant que telle »[1]. Une chose que l'on ne trouve pas à sa place, perdue ou venant à manquer dans son être présent, revient dans la surprise en rappelant. Ce

1. *SuZ*, § 22, p. 104, p. 99.

qui *vient à manquer* la *rappelle*, et dans ce rappel le sujet se trouve parfois r-appelé. Il arrive que quelque chose manque parce que s'ouvre une espèce d'accès au non-caché. Comme si, dans une espèce de quelque chose qui *vient à manquer*, on remontait d'un couvert à un dé-couvert. Le fait de ne pas trouver quelque chose à sa place, et donc de le signaler comme *manquant*, plus présent, aurait l'efficacité d'une répétition intensifiée dans son avoir-été-présent dans la phénoménalité du *non caché.*

Au cours de l'œuvre *Les problèmes fondamentaux de la phénoménologie*, dans la partie dédiée à la temporalité, Heidegger écrit :

> Éprouver que quelque chose fait défaut, ce n'est pas simplement découvrir qu'elle n'est pas à portée de la main, mais encore présentifier expressément ce qui est précisément déjà et encore à portée de la main. C'est la modification du *praesens* en *absens*, modification qui apparaît dans le faire-défaut, qui donne à remarquer l'étant disponible[1].

Ailleurs encore, Heidegger est encore plus explicite dans sa revendication d'une clarté particulière, ou d'un supplément de clarté qui proviendrait de la privation ou de ce qui *vient à manquer* : « Tout ce qui est positif se laisse principalement mettre en lumière à partir du négatif »[2].

Cette clarté spéciale dote de quelque chose de plus, et de différent, du simple donné présent dans sa subsistance. Le fait de ne-pas-être-à-sa-place pour un étant jetterait une clarté spéciale sur l'être dans son étant. Comme s'il pouvait orienter la méthode par laquelle la philosophie peut transcender l'étant vers son horizon d'apparition. En d'autres termes, cette clarté fait allusion à quelque chose de commun entre la *négativité* d'un étant qui vient à manquer à sa place, et l'*horizon* dans lequel se manifeste son être-là. La relation qui lie ensemble ce qui *vient à manquer* et le *temps*, est la même qui renvoie à un rapport particulier avec l'*horizon.* Naturellement, Heidegger ne veut pas dire que l'horizon de l'étant a l'évidence de ce qui *vient à manquer*, mais plus subtilement qu'une certaine clarté, ou nous pourrions dire un certain accès à celui-ci, se trouve comme accru dans l'expérience de la *négativité* qui accompagne ce qui *vient à manquer.*

On peut donc affirmer que s'intensifie ici le fait de se trouver toujours déjà dans le champ du regard (*im Blick*) de l'horizon dans lequel advient toute présentation. Nous verrons plus avant combien cette intensification créera de questions et de problèmes pour Heidegger lui-même.

1. *Les problèmes fondamentaux de la phénoménologie*, trad. fr. J.-F. Courtine, Paris, Gallimard, 1985, p. 374.

2. *Ibid.*, p. 371.

À présent il convient encore d'insister sur la pertinence de cette implication interne entre ce qui vient à manquer et l'horizon de manifestation. Si ce qui vient à manquer peut servir de trace pour l'horizon non thématique, c'est parce que celui-ci est pensé dans la modalité d'une transcendance que la figure de ce qui est *dans le champ du regard (im Blick)* exprime parfaitement. Quand Heidegger insiste sur le lien entre le manque, ou ce qui vient à manquer, et la modalité de présentification, quelque chose de très sérieux est en train de faire muter la notion précoce de phénoménalité comme *hors retrait* (*Unverborgenheit*). Ce *hors retrait*, comme expérience d'une facticité ni présente ni absente, avec laquelle Heidegger portait l'apparaître phénoménal à son extrémité, jusqu'aux limites de l'inapparent, se plie dans la notion d'*horizon* parfois creusé dans l'intimité de ce qui est dans le champ du regard (*im Blick*). Cette variation se produit au cours de l'analytique existentielle et il ne serait pas difficile de montrer son extrême cohérence avec la notion d'être-au-monde venant de Heidegger. En particulier lorsque la familiarité originaire du non-caché s'exprime complètement comme *commerce* avec l'étant. Lorsque la notion la plus ancienne de familiarité ou de facticité, en tant qu'être-à (*In-sein*), se précise comme *commerce* avec l'étant, quelque chose d'essentiel change les traits spéculatifs de tout ce qui pouvait rapprocher la familiarité de l'être-à (*In-sein*) de la notion de fiabilité. En d'autres termes, dans le passage à l'être-à (*In-sein*) comme *commerce* avec l'étant, Heidegger abandonne une voie qu'il avait rencontrée et explorée de plusieurs façons à Fribourg, et dans laquelle familiarité et fiabilité se croisaient. Et elles se rencontraient en un point crucial dans lequel, par exemple, la temporalité authentique de Paul de Tarse s'animait d'un événement en raison duquel la philosophie se retrouvait à l'abri d'un événement théologique. La *familiarité* abandonne la *fiabilité* lorsqu'elle se livre complètement à l'être-à (*In-sein*) comme *commerce.* Celui-ci règle parfois toutes ses instances sur la notion d'outil (*Zeug*) de l'être-à-portée-de-la-main (*Zuhandenkeit*), véritablement cardinale pour toute l'analytique existentielle. Heidegger l'écrit également en ces termes : « La quiddité de l'étant que nous rencontrons quotidiennement se définit par son caractère instrumental »[1].

Pour Heidegger, ce qui appartient à l'analytique existentielle, c'est la considération de l'étant comme moyen-pour qui éloigne de la simple subsistance rendant possible une compréhension plus adéquate de la temporalité ontologique. La temporalité propre de l'être-à-porté-de-la-main (*Zuhandenkeit*) de l'étant exprime la temporalité de notre commerce avec

1. *Ibid.*, p. 365.

le monde. Nous ne pourrions faire aucune expérience de la temporalité ontologique si nous ne perdions le caractère originaire de l'être-à-portée-de-la-main (*Zuhandenkeit*) de l'étant. À cette étape de sa pensée, Heidegger est convaincu que la compréhension de l'étant comme être-à-portée-de-la-main (*Zuhandenkeit*) enclenche un tournant dans la description phénoménologique. C'est la temporalité de l'intentionalité phénoménologique elle-même qui la contraint à muter, elle la contraint à passer radicalement du *qu'est-ce que* au *comment.* L'étant est dans le *comment* de son apparaître dans son *être-à-portée-de-la-main (Zuhandenkeit*), qui renvoie parfois à la temporalité propre de notre habiter dans le monde. Dans un passage particulièrement incisif, Heidegger s'exprime en ces termes : « La familiarité originaire avec l'étant est impliqué dans le *commerce* qui lui est approprié »[1]. En d'autres termes, le commerce avec l'étant comme familiarité de l'être de l'étant n'est rien d'autre qu'une *conformité.* La forme de l'être-là est conforme à cet étant qui se donne comme outil de l'être-à-portée-de-la-main (*Zuhandenkeit*). La forme de l'être-à-portée-de-la-main (*Zuhandenkeit*) et la forme de la familiarité à celui-ci sont *conformes.* La familiarité n'est telle que dans la mesure et le temps de cette *conformité.* Si le commerce avec l'étant, donc la familiarité, peut se constituer comme une présentification-s'attendante-retenante, c'est parce que le monde est un complexe d'outils des êtres-à-portée-de-la-main (*Zuhandenkeit*) dont le plus crucial est cependant en dernière instance l'être-outil de l'étant. C'est seulement parce que les étants sont, au fond, des êtres-à-portée-de-la-main (*Zuhandenkeit*), donc des moyens-pour, qu'ils peuvent imposer cette compréhension préliminaire de la *tournure* (*Bewandtnis*). À un regard plus attentif, au fond, la *tournure* (*Bewandtnis*) est le point central du commerce intramondain et le moment qui exprime parfaitement l'étant comme moyen-pour.

Mais comment définir la *tournure (Bewandtnis*) de la manière la plus adéquate possible? La *tournure (Bewandtnis*) renvoie directement à la nature de renvoi dans laquelle les étants se donnent; et le renvoi ne peut se comprendre à son tour en dehors d'une certaine *finalité.* Si l'étant n'est pas simplement subsistant, c'est parce qu'il renvoie chaque fois à sa fin, il finit dans sa fin, il a la limite de son être dans sa fin. On pourrait dire que, dans la limite de sa fin, il perd sa simple subsistance. La *tournure (Bewandtnis*) n'est rien d'autre que l'exécution d'une certaine fin avec la précompréhension de sa finalité. C'est seulement dans la précompréhension de la fin qu'il peut en effet prendre tournure.

1. *Les problèmes fondamentaux de la phénoménologie*, *op. cit.*

À ce moment de l'analytique existentielle, la fin comme finalité d'usage, comme finalité et calcul d'usage, drastiquement soulagé de toute logique d'échange économique, impose son propre statut afin d'exprimer l'intimité de l'être-à (*In-sein*). La *fin* organise le plan de la transcendance lui-même comme horizon, et en dernière instance impose la règle des schèmes temporels. Non seulement la fin oriente l'être-outil régulant la transcendance ; mais pour la logique même de la trame de renvois dans laquelle il se trouve, en dernière instance, elle ne peut que rappeler la *fin* même de l'*être-là (In-sein)*. La trame des renvois rejoint en effet la fin, rejoint dans la fin, seulement à partir du moment où elle renvoie à la fin même de l'être-là (*In-sein*). Il ne peut pas ne pas rappeler sa fin, donc son être mortel, par conséquent la *fin* de son *finir* mortel. C'est ainsi que l'être-pour-la-mort comme fin de l'être-là, comme fin de cet étant par excellence qui s'exprime comme *être-pour* de l'être, est emblématique plus que du moment final ou de la dernière fin, de la *tournure (Bewandtnis*) de l'être du moyen et donc de l'être-à du commerce mondain. C'est seulement parce que l'être-là s'achève dans le fait de mourir, qu'il a donc sa fin dans la mort, qu'il peut transcender sa simple subsistance. Cependant, contrairement à tous les autres étants qui meurent simplement dans la fin de leur être outil, cet étant privilégié peut anticiper sa fin, et dans cette anticipation, anticiper toutes les fins des êtres-outils.

De cette manière, toutes les fins sont illuminées par cette *fin* de la mort. En dernière instance, elles ont leur *éclaircissement* dans le mourir. Elles reçoivent de celui-ci cette nature d'horizon dans lequel se régule le schème de la temporalité de l'être-moyen. Elles reçoivent cet éclaircissement puisque l'anticipation de la mort fait l'expérience exemplaire de ce qui *vient à manquer* ou du *manquer.* Si l'être-là ne pouvait faire cette expérience, s'il ne pouvait prévenir la possibilité que le manque vienne à manquer, il ne pourrait tirer une clarification sur cette correspondance dans laquelle se développe le commerce avec le monde, de l'être moyennant les étants venant à manquer.

L'interprète attentif à cette période heideggérienne d'*Être et temps* fait toujours une erreur s'il ne met pas l'accent juste sur l'importance de cette notion de l'*être-à-portée-de-la-main (Zuhandenkeit*). Ainsi qu'on sait, la *Zuhandenheit* reprenant certains moments de la philosophie pratique d'Aristote, non seulement règle la distinction avec l'univers théorique de la *Vorhandenheit*, et donc avec une certaine approche de la phénoménologie husserlienne, mais gouverne et guide aussi les cohérences plus internes dans lesquelles mûrit la notion de transcendance, et celle de temporalité.

Ainsi que l'on disait auparavant, la notion du *non caché* subit une variation importante. Elle contient le caractère d'un *horizon dans le champ du regard (im Blick*). La fidélité phénoménologique intime que pouvait exprimer la radicalisation phénoménologique de l'apparaître comme inapparent, recevant un éclaircissement décisif par l'anticipation de la mort, donc de l'expérience de ce qui *vient à manquer*, perd quelque chose d'essentiel de cet inapparent. Elle prend sur elle cet inapparent dans un *dit* réglé sur l'expérience ou la trace de ce qui *vient à manquer.*

Le dévoilement se retrouve dans le pli de l'*absence* et de la *présence.* L'absence voile la présence en la dévoilant comme telle. Cette modification d'une présence en absence devient le caractère propre de la temporalité. Heidegger est contraint de renvoyer à une intimité essentielle d'être et de rien, de présence et d'absence.

Heidegger et Levinas sont sur le même versant de la radicalisation phénoménologique quand la phénoménalité est pensée comme le *hors retrait (Unverborgenheit*) d'un apparaître qui se convertit en inapparent à son extrémité.

En revanche, ils sont très loin lorsque, dans le cours de l'analytique existentielle, s'impose un certain privilège de ce *qui vient à manquer* comme trace de *ce qui n'est pas caché.* Ce qui *vient à manquer* impose une nature particulière à ce qui *n'est pas caché.* Il la traduit dans la nature d'un horizon qui reste parfois dans une certaine anticipation. Quelque chose qui est dans le champ du regard (*im Blick*) anime l'horizon, et un horizon animé par ce qui est dans le champ du regard aura toujours à faire à un regard qui appelle ou à un appel qui regarde.

Tirant parti de la leçon de Levinas, nous devrions parler en ces termes : Heidegger perd la radicalisation phénoménologique et se retrouve au centre de la tradition de l'ontologie. Dans cette tradition il y a toujours un événement *thaumatique* qui impose une centralité particulière à la philosophie comme milieu de la manifestation de l'être. Quand la philosophie se pense dans l'intimité d'un certain *thauma*, elle a déjà abandonné la nudité exposée d'un horizon d'ouverture. C'est seulement si l'on insiste sur cela avec l'accent nécessaire que nous sommes en mesure d'apprécier l'insistance importante de Levinas sur la trace laissée par l'Infini :

> L'Infini ne saurait donc être suivi à la trace comme le gibier par le chasseur. La trace laissée par l'Infini n'est pas le résidu d'une présence ; sa luisance même est ambiguë. Sinon, sa positivité ne préserverait pas plus l'infinité de l'infini que ne la préserve la négativité[1].

1. *AE*, p. 15, (p. 27).

L'infini doit donc être préservé de la présence, mais encore plus du renvoi possible d'une absence. En tant qu'absence d'une présence, par conséquent renvoi possible à celle-ci, la trace n'exprime pas la trace de l'Infini.

Pour Levinas, soutenir cette absence comme trace intensifiant une présence signifie rester et confirmer la tradition de l'ontologie, signifie exprimer la somme plus originaire de l'intimité dialectique de l'être et du néant. Cela signifie également stabiliser une corrélation particulière entre le dit et le dire de la philosophie selon laquelle le dit dévoile toujours quelque chose de décisif sur le témoignage possible du dire. Mais tout cela comporte aussi une issue importante en ce qui concerne la notion d'horizon. Si nous considérons l'infini de Levinas comme un synonyme exact de l'ouverture heideggérienne, nous devrions parler en ces termes : l'ouvert ne laisse pas de trace, pas même dans le champ du regard (*im Blick*) de l'horizon. La figure de l'horizon elle-même, en effet, est toujours sur le point de se constituer comme trace de l'ouverture. Pour Levinas, tout cela ne fait rien d'autre que reprendre cette transcendance interne constituée par le renvoi de rétention et de protention de la temporalité husserlienne, sans parvenir à valoriser cette notion de passivité originaire qui, dans les reprises de Levinas, se traduit comme passé d'un présent qui n'est jamais parvenu à advenir à temps.

Ce passé sans origine évoque au fond, avec toutes les précautions possibles, une différence être/étant, qu'il faut parfois soustraire à toute possibilité de différer. Soustraire à toute ouverture comme horizon puisque, lorsque la figure d'un horizon s'impose, quelque chose qui est dans le champ du regard (*im* Blick) est déjà en train de voiler et donc de temporaliser ce passé non-originaire, dans l'instance d'une rétention-protention.

Voici pourquoi Levinas peut écrire : « La trace se dessine et s'efface dans le visage comme l'équivoque d'un dire et module ainsi la modalité même du Transcendant »[1].

On n'insistera jamais assez sur cette relation interne entre la trace qui efface son renvoi et cette notion d'équivocité qui se trouve appelée ici comme cause et même modalité elle-même du transcendant.

Entre l'univoque et l'équivoque qui a conduit tant de fois la tradition de la philosophie à opter pour l'analogue comme solution privilégiée de l'aporie, Levinas penche pour une *énigme* dans laquelle on ne tranche ni pour l'univocité, ni pour l'analogie.

1. *Ibid.*

Au cours des années trente, Heidegger abandonnera la méthode de l'analytique existentielle. Plusieurs interprètes citent fréquemment un passage exemplaire qui explique le nœud problématique qui soutiendra la nécessité d'un tournant par rapport à *Être et temps.*

Il s'agit d'une note ajoutée plus tard à *De l'essence du fondement* où Heidegger écrit en ces termes : « la formulation de la vérité de l'être est ici entièrement actualisée dans le cadre de la métaphysique traditionnelle et correspondant, de manière simple et répétitive, à la vérité de l'étant et au *hors retrait* (*Unverborgenheit*) de l'étant, et au dévoilement *(Enthülltheit)* de l'étanticité »[1].

Ainsi qu'on sait, il s'agit d'une critique radicale que celui-ci adresse particulièrement à la méthode de l'analytique existentielle. La méthode de la transcendance du *Dasein* ne serait pas suffisamment radicale, elle continuerait en quelque sorte de répéter le renvoi de l'ontique à l'ontologique. Dans sa vivacité plus interne elle répliquerait quelque chose d'essentiel pour tout platonisme.

On pourrait dire que Heidegger abandonne *Être et temps* lorsqu'il redéfinit la notion clef de l'*horizon* et son ambiguïté. Quand lui apparaît plus nettement la tromperie d'une relation entre *transcendance* et *horizon.* Entre transcendance et extase temporelle. L'horizon, donc les extases temporelles ne sont pas en mesure de répéter-intensifier la différence ontologique.

L'*horizon* exprimait d'une autre manière l'expérience de la précompréhension. Heidegger se convaincra que cette notion n'est rien d'autre qu'une répétition de l'attitude fondamentale de tout platonisme : rencontrer l'étant à partir d'un terme qui le transcende, qui, en le transcendant, le rend immanent dans la compréhension.

Heidegger doit admettre une ouverture plus originaire de l'horizon perspectif à l'intérieur duquel l'étant est présent, et pour cela aucune transcendance de l'étant en tant que telle ne peut remonter à l'*ouvert.* Tandis que l'horizon vient à notre rencontre dans l'étant de la même manière que l'étant est rencontré en celui-ci, l'*ouvert* se retire déjà avant chaque rencontre.

À ce point, Heidegger doit élaborer une pensée qui renonce définitivement à la logique de l'analytique existentielle. Il s'agit de penser non pas dans l'économie du *toujours déjà compris* mais dans la logique de l'*au-delà de toute compréhension.*

1. « *Der Ansatz der Wahrheit des Seyns ist hier noch ganz im Rahmen der überlieferten Metaphysik vollzogen und in einfacher und wiederholender Entsprechung zur Wahrheit des Seienden und Unverborgenheit des Seienden und Enthülltheit der Seiendheit* », (*GA* 9, p. 126, note).

Au premier regard, il y a de nombreux moments pendant lesquels Levinas semble se trouver extraordinairement proche du Heidegger qui s'éloigne de la perspective d'*Être et temps.* Il semble même possible de soutenir la thèse selon laquelle Levinas n'aurait pas su saisir quelque chose de relativement proche de sa critique de la tradition de l'ontologie, dans la perspective de l'*Ereignis.* Il n'aurait pas su saisir, dans la notion radicale de retrait comme retrait (*Verborgenheit*), une expérience prochaine du visage comme trace de l'Infini.

Il semble plausible de soutenir que, chez Levinas, la notion d'un passé qui n'est jamais parvenu à advenir à temps, en dehors de toute mémoire possible, appartienne à la même figure spéculative que l'oubli premier du retrait (*Verborgenheit*) de Heidegger. Cela voudrait dire que la notion même de trace dans le dernier Heidegger serait proche de la trace de Levinas. Les deux traces feraient référence au même retrait (*Verborgenheit*) dans la même expérience du retrait.

Tout cela voudrait dire qu'une dette non reconnue lierait ensemble ce qu'il y a de traditionnel dans l'ontologie heideggérienne de l'*Ereignis*, et Levinas. Cela voudrait dire que les critiques de Levinas portant sur la tradition de l'ontologie heideggérienne seraient acceptables en ce qui concerne *Être et temps* mais deviendraient injustes et hors de portée pour le second Heidegger. D'autant plus injustes en tant qu'elles sont liées par une dette non reconnue.

Cette thèse ne saisit pas la radicalité des positions de Levinas et ne sait pas comprendre le tournant des années trente chez Heidegger, dans la complexité d'une continuité incontournable de sa philosophie.

C'est un moment exemplaire dans lequel la proximité entre Heidegger et Levinas semble possible. Nous trouvons cette proximité lorsque Heidegger se confronte avec le texte poétique, avec la relation entre le *dire* et le *dit* de l'œuvre poétique. On peut en effet observer, dans cette confrontation, un glissement du mouvement de l'*Erörterung* qui finit par exercer une pression sur le couple pensé-impensé, à partir de la relation entre le *dire* et le *non-dit.* Dans certains textes de Heidegger, le non-dit de l'œuvre poétique ne semble pas se superposer à l'impensé-non-dit de la tradition philosophique. Le non-dit du texte poétique semble contraindre à faire une distinction de cela avec tout ce qui donne naissance à l'intimité entre un pensé et l'impensé, et semble reformuler la relation entre la trace gardée dans le langage et le retrait (*Verborgenheit*) du voilement. La parole poétique apparaît en fait comme quelque chose de différent du lieu dans lequel résonne l'injonction d'un retrait de l'ouvert aussi dans l'*ethymon.*

Dans un passage de *L'origine de l'œuvre d'art* Heidegger écrit : « La réserve comme dérobement est à chaque fois déjà quelque chose de plus que simplement à la limite de la connaissance : il est le début de l'éclaircie de l'ouvert. Mais en même temps, il y a aussi une réserve – d'un autre genre il est vrai- à l'intérieur de l'éclaircie. De l'étant se glisse devant l'étant, l'un voile l'autre [...] »[1].

Il y a peu d'autres endroits où Levinas et Heidegger pourraient apparaître si proches. Heidegger est ici en train d'affirmer, contrairement à *Être et temps*, que ce qui *vient à manquer* dans une présence habituelle n'intensifie pas l'expérience du non-être-caché de l'être de l'étant. Dans ces passages, Heidegger affirme quelque chose qui semble briser le charme qui enveloppe la philosophie dans l'idéologie de la lumière. Il semble affirmer que le *retiré (verborgen*) est l'origine obscure de la lumière à la condition de penser cet obscur retrait (*Verborgenheit*) comme quelque chose de radicalement différent de la dialectique de l'ombre et la lumière.

Les positions progressivement affirmées au cours de la seconde moitié des années trente se condensent dans ce texte sur le poétique.

Plus Heidegger se convaincra du résidu platonicien de la notion d'*horizon*, plus il considérera important de devoir conjuguer l'acquisition antique de Fribourg de l'être comme *hors retrait (Unverborgenheit*) et la logique d'un *retrait radical.* La notion du *hors retrait (Unverborgenheit*) apparaît trop fragile pour soutenir l'expérience d'un retrait au-delà de la figure spéculative de l'*impensé.* Celle-ci apparaît toujours sur le point de céder ou de se plier dans le champ du regard (*im Blick*) de l'horizon. Il convient donc de s'employer à développer une pensée d'un retrait comme oubli essentiel.

Ce texte sur l'origine de l'œuvre d'art a en outre hérité de la renonciation progressive de Heidegger à cette notion de familiarité fiable avec laquelle il avait transformé l'intentionnalité husserlienne. Il a donc derrière lui l'abandon de la notion de familiarité jointe à celle de temporalité de la *Zuhandenheit.* Heidegger a déjà mûri la certitude selon laquelle la familiarité est toujours une forme de *Zuhandenheit* qui implique parfois, et convoque, une inévitable instance platonicienne.

Tandis que dans *Être et temps*, dans ce *auprès de* la *Zuhandenheit*, on faisait l'expérience du *hors retrait (Unverborgenheit*), deux choses adviennent ensuite en même temps dans ce « auprès de » : l'être se cache et l'étant est totalement au premier plan dans le calcul productif. Il n'y a pas de calcul sans cette destination d'être. Mais l'être est en dehors de l'expérience, littéralement impensé.

1. « L'origine de l'œuvre d'art », dans *Chemins qui ne mènent nulle part*, *op. cit.*, p. 41.

À partir du moment où il écrit ce long essai sur l'œuvre d'art, Heidegger a mûri la certitude selon laquelle la philosophie ne pourrait rien dire de cette occultation, sans un quelconque dialogue avec la poésie. La philosophie tomberait toujours dans une métaphysique ou une simple pensée de l'être sans cette confrontation radicale avec l'expérience de l'œuvre poétique. Le *non dit* de l'œuvre poétique semble plus radical que l'impensé que peut rejoindre la pensée de la philosophie.

Mais, justement au moment où le *non dit* du texte poétique de Heidegger et le *retrait* du visage de Levinas apparaissent dans une extraordinaire proximité, Heidegger accomplit un pas décisif que Levinas ne pourrait pas suivre.

Un pas que Levinas ne suivrait pas et qui a le nom de *provenance.* Heidegger écrit à un point particulièrement décisif et délicat : « [...] le refus de la réserve veut nommer cette réciprocité adverse à l'intérieur de l'essence de la vérité, qui réside, dans l'essence de la vérité »[1].

Après avoir libéré le *retiré (verborgen*) de la lumière et de l'ombre, Heidegger l'inscrit dans la logique d'un événement signé par la *provenance.* La lumière et l'ombre *proviennent*, sont signées par ce fait de *provenir.* Elles reçoivent le fait de *provenir* comme don d'une provenance.

Cette marque qui convoque la lumière et l'ombre, le monde et la terre, opère à un renvoi, fait signe vers la *provenance.* Les poètes sont ceux qui *préviennent* cette provenance, également lorsque le temps semble avoir perdu toute trace du divin. Même lorsqu'il n'y a plus de trace de la trace perdue. De par cette provenance, l'œuvre poétique tout entière devient alors *Andenken.* Elle devient un signe qui renvoie au centre d'une mémoire essentielle. Un renvoi vers la provenance qui rappelle ce qu'elle semblait exclure au début, et par conséquent un signe *orienté* vers le dit. Et pas seulement, dans cette flexion de la mémoire vers la *provenance* une corrélation qui reçoit sa synthèse dans la gratitude se stabilise.

On remercie pour le don reçu. L'œuvre prévient dans l'*Andenken* le don reçu dans la provenance de l'envoi. Mais ceci ne serait pas possible sans une corrélation entre un envoi et un envoyé, entre un don et un donnant. La *provenance* n'a jamais été sous la crainte mais elle est toujours une corrélation qui n'a de cesse de faire le lien dans l'intimité d'un *appel* d'où l'on est *regardé à nouveau* dans une injonction appropriante.

Le travail d'une unité et d'une différence se montrerait ici dans la leçon de Levinas. Une unité différente dans la dialectique de laquelle monde et terre se renvoient l'un à l'autre. Le monde renvoie à la terre et la terre

1. *Ibid.*, p. 42.

renvoie au monde. Le fait de différer ce renvoi fait *signe* à ce qui diffère par excellence, c'est-à-dire au retrait de l'Ouvert. En tirant parti de la leçon de Levinas nous dirons que l'œuvre d'art renonce au renvoi du signe comme outil, mais ne renonce pas à l'œuvre comme scène d'un renvoi. Afin de conserver la logique de ce même renvoi, l'*Ouvert* ne convertit jamais entièrement retrait et exposition, mais traduit sans reste le retrait comme *retrait (Verborgenheit)*.

Heidegger ne renoncera jamais à la figure spéculative compliquée de l'oubli de l'oubli. Il ne renoncera donc jamais à la notion insidieuse d'un oubli du retrait (*Verborgenheit*) originaire de l'être. Il y aurait un oubli primaire, originaire, coextensif avec l'*es gibt* attribut non accidentel du retrait (*Verborgenheit*). Et il y aurait un oubli qui surajoute de quelque façon, qui perdrait la mémoire de cette non mémoire originaire. Longue ombre dans laquelle s'étalerait l'époque entière de la métaphysique.

Levinas contesterait l'*intimité* de cette mémoire. Il contesterait l'idée selon laquelle l'oubli perdrait quelque chose d'essentiel s'il ne surajoutait pas une mémoire de son être oublié. Dans la lignée des propos de Levinas, la nécessité d'un genre de mémoire du retrait retiré (*verborgen*), donc la nécessité de s'exiler de la condition d'un oubli de l'oubli originaire, devient l'indice d'une pensée insuffisamment radicale de la notion même de retrait retiré (*verborgen*).

Chez Levinas il n'est pas possible d'invoquer une condition dans laquelle on fasse appel à la mémoire d'un retrait (*Verborgenheit*) originaire, puisqu'aucune relation n'est prévue entre un retrait retiré (*verborgen*) et un oubli possible.

Tandis que Heidegger cherche à se sortir de l'ambiguïté de la notion d'horizon en intensifiant la modalité d'un retrait (*Verborgenheit*) au point de l'approfondir jusqu'à un abysse radical, Levinas conteste la notion d'Horizon portant à son extrémité la notion de *hors retrait* (*Unverborgenheit*). Tandis que Heidegger transforme le *hors retrait (Unverborgenheit*) en un retrait (*Verborgenheit*) *abyssal* et originaire, Levinas répète le *hors retrait* (*Unverborgenheit*) dans la convertibilité d'une exposition et d'un retrait. Tandis que la *trace* de Heidegger renvoie en ultime instance à l'intimité d'un *rappel* du retrait (*Verborgenheit*) de l'être, la trace de Levinas suspend toute intimité de l'appel. La diachronie est toujours l'impossibilité d'une corrélation de l'appel.

Chez Levinas on ne pourrait pas utiliser une expression semblable à cela : « En tant que tel, l'être humain est disposé à l'écoute, parce qu'il appartient à l'injonction qui appelle, à l'être-présent »[1].

Interrogeons un passage de Levinas comme celui-ci : « Dans l'assignation du sujet s'entend énigmatiquement l'Infini : l'en deçà et l'au-delà. Il faudra préciser la portée et l'accent de la voix où l'Infini ainsi s'entend »[2].

Une convocation semble corrélée à une voix. Le sujet semble touché par une voix, dans un appel, dans une convocation absolue. Cela semble être un appel dans l'intimité d'un être vu. Levinas précise toutefois immédiatement quelque chose de très important et absolument pas marginal. Il convient de préciser le caractère énigmatique de la portée et de l'accent de cette voie. Ainsi, il n'y a pas de sujet sans convocation, la convocation doit être pensée cependant absolument, on ne pourra pas penser cette absoluité de manière adéquate en dehors d'une certaine énigme qui marque cette voie d'appel. C'est pour cela qu'il est juste de se demander si cette référence à la voie et à son énigme n'est pas juste une traduction de ce qu'on doit entendre par convocation absolue. Nous devons nous demander si la convocation dont parle Levinas ne doit pas être comprise à partir de quelque absolution de la voix qui appelle. Qu'elle soit donc absolue au moment d'une quelconque absolution de la nature d'une voix, de quelque façon, libérée de la voix qui convoque. Nous devons nous demander si ce n'est pas cela l'énigme et la portée dont il convient de tenir compte. Une convocation absolue de la voie ferait de l'écoute quelque chose signé par l'énigme. Et cette écoute énigmatique distingue pour Levinas la voix « venant d'horizons au moins aussi vastes que ceux où se situe l'ontologie »[3].

Peut-être que la voix que la tradition biblique appelle *exode* à a voir avec cette énigme de la voix, autre façon d'exprimer la diachronie. Peut-être que l'*avenir* qu'un exode comporte et promeut ou soutient n'est rien d'autre que la traversée, le *messianique*, d'une corrélation impossible.

Il n'y aurait pas déposition, expropriation, exposition sans cette dissociation d'un appel qui re-*regarde* d'un regard qui voit sans être vu et un regard invisible animé dans l'économie d'un appel.

Avec cette dissociation nous pourrions peut-être hériter de quelque façon de la notion difficile d'une élection sans élu ou d'un élu sans élection. Par conséquent, à la suite de Derrida, sauvegarder l'*élection* de la trame du *sauvé*, de l'*indemne*, ou de l'exclusivité économique d'alliance que celle-ci peut rappeler.

1. « Contribution à la question de l'être », *Questions I et II*, *op. cit.*, p. 229.
2. *AE*, p. 178 (p. 219).
3. *Ibid.*

Toutefois, cette dissociation n'aurait pas la radicalité qui cherche si une autre disjonction-dissociation ne prend pas corps ou figure dans les mains de la philosophie : la disjonction entre le *retrait* et ce qui *vient à manquer*. Entre un événement qui expose un certain retrait et un événement qui affirme la logique de ce qui vient à manquer. Si nous confondions l'évidence de ce qui vient à manquer, ou de ce qui manque, avec un événement exposé dans un retrait qui ne se saisit jamais dans ce qu'elle rend possible, un *appel* serait toujours indissociable de l'animation secrète d'un regard invisible.

Chez Heidegger, l'injonction de l'appel, repropose jusqu'à la fin la figure du *thauma.* Si, dans *Être et temps*, le *thauma* est retrouvé dans la puissance de répétition de ce qui *vient à manquer*, d'outil de l'être-à-portée-de-la-main (*Zuhandenkeit*), dans le dernier Heidegger, nous le retrouvons dans le contre-coup de l'époque finale de la technique.

Après le tournant, la technique continue dans un certain sens de constituer le milieu d'un certain accès à l'injonction de l'être qui se donne. Tandis que dans Être et temps celle-ci expose dans l'horizon de la Zuhandenheit, et renvoie à l'extaticité de la dimension temporelle, après le tournant de la pensée de Heidegger, la technique continue de donner l'accès à l'être de l'étant, mais dans un sens que nous pourrions cette fois qualifier d'historique. La technique est le moment final d'une certaine historicité de l'être. Ce n'est pas seulement l'étant qui est outil-pour, mais l'époque entière qui se configure comme outil-pour; cet être outil de l'époque est malgré tout comme signé par la fin. Époque qui commence à rappeler dans sa fin et dans ce qui lui vient à manquer. Ce qui vient à manquer comme sortie même du calcul techno-scientifique, comme effet-vertige d'un incalculable qui s'accumule comme sortie extrême du supercalcul technoscientifique. Un nouveau commencement peut se nourrir dans le pathos de cette fin, dans l'écoute du rappel ou de l'injonction.

Du point de vue de Levinas, dans les *Beiträge*, l'affirmation selon laquelle, à partir de l'événement se trouve approprié (*vom Ereignis er-eignet*) ce qui appartient, en pensée et langage, à l'Être et dans la parole de l'Être, ne fait que cacher la puissance totalisante du double génitif contenu dans la pensée « pensée de l'Être ». L'être renvoie à la pensée et la pensée à l'être. L'intimité pathique originaire d'une unité qui sonne à nouveau dans son repoussement même. Le *thauma*, en tant qu'auto-*thauma*, est au cœur même de la manifestation de l'être.

Carmelo MEAZZA

NOTES BIOGRAPHIQUES DES AUTEURS

Christian SOMMER est chercheur aux Archives Husserl de Paris (UMR 8547 du CNRS/ENS). Sur Heidegger, il a notamment publié *Heidegger, Aristote, Luther. Les sources aristotéliciennes et néo-testamentaires d'Être* et temps, Paris, Puf, 2005 ; *Heidegger 1933. Le programme platonicien du* Discours de rectorat, Paris, Hermann, 2013 et *Mythologie de l'événement. Heidegger avec Hölderlin*, Paris, Puf, 2017.

Karel NOVOTNÝ est professeur de recherche à l'Académie des sciences de la République tchèque et professeur à la Faculté des sciences humaines de l'Université Charles à Prague. Il est co-directeur de l'Institut central-européen de philosophie attaché à ces deux institutions. Coordinateur du programme Erasmus master mundus « Europhilosophie » à l'Université Charles. Il est l'auteur de nombreuses études notamment sur la phénoménologie allemande, française et tchèque. Parmi ces publications récentes sont les monographies *La chair et l'âme du point de vue des phénoménologies de l'affectivité* (en tchèque, Červený Kostelec : Nakladatelství Pavel Mervart, 2016), *La genèse d'une hérésie. Monde, corps et histoire dans la pensée de Jan Patočka* (Paris, Vrin, 2012) et *Neue Konzepte der Phänomenalität. Essais zur Subjektivität und Leiblichkeit des Erscheinens* (Würzburg, Königshausen und Neumann, 2012).

Jean-Claude MONOD est directeur de recherches au CNRS (Archives Husserl de Paris). Il a publié plusieurs articles sur Heidegger et dirigé des dossiers de revues sur la phénoménologie (« Phénoménologie allemande, phénoménologie française », *Revue germanique internationale* 13, 2011, « Foucault et la phénoménologie », *Études philosophiques 10*6, 2013).

Françoise DASTUR, professeur honoraire de philosophie, a enseigné dans les Universités de Paris-I, Paris-12 et Nice-Sophia Antipolis et en tant que professeur invité aux universités de Rio de Janeiro, Caracas, Québec,

Warwick, Essex, De Paul (Chicago), Boston College, Northwestern (Evanston). Elle est présidente honoraire de l'École Française de Daseinsanalyse dont elle fut l'un des membres fondateurs. Elle a publié de très nombreux articles en français, allemand et anglais et est l'auteur d'une vingtaine de livres et de plusieurs traductions de l'allemand. Dernières publications : *Daseinsanalyse. Phénoménologie et psychiatrie*, en collaboration avec Ph. Cabestan, Paris, Vrin, 2011. *Hölderlin, le retournement natal* (nouvelle édition augmentée), Paris, Les Belles Lettres, 2013. *Leçons sur la Genèse de la pensée dialectique, Schelling, Hölderlin, Hegel*, Paris, Ellipses, 2016. *Figures du néant et de la négation entre Orient et Occident*, Paris, Les Belles Lettres, 2018.

Ancien élève de l'École Normale Supérieure, Dominique PRADELLE est Professeur de philosophie à la Faculté des Lettres de Sorbonne Université et directeur des Archives Husserl. Ses travaux portent sur la phénoménologie, la philosophie des mathématiques et l'esthétique musicale. Il a publié *L'archéologie du monde* (Dordrecht, Kluwer, 2000), *Par-delà la révolution copernicienne* (Paris, Puf, 2012) et *Généalogie de la raison* (Paris, Puf, 2013), dirigé la traduction d'œuvres de Reinach (*Phénoménologie réaliste*, Paris, Vrin, 2012), et co-dirigé les collectifs *Penser avec Desanti* (Mauvezin, T.E.R., 2010, avec F. Sebbah), Phénoménologie *transcendantale : monde, structures et objets de pensée* (Paris, Hermann, 2016, avec J.-F. Lavigne) et *Descartes et la phénoménologie* (Paris, Hermann, 2018, avec C. Riquier).

Agrégée de philosophie, docteur de l'Université Paris-Sorbonne et ancienne pensionnaire de la Fondation Thiers, Claudia SERBAN est maître de conférences à l'Université Toulouse 2 Jean Jaurès. Elle est l'auteur de nombreux articles portant sur la phénoménologie allemande et française, ainsi que sur la philosophie allemande classique. Le livre issu de sa thèse de doctorat, intitulé *Phénoménologie de la possibilité : Husserl et Heidegger*, est paru en 2016 aux Puf

Alexander SCHNELL. Professeur de philosophie à la Bergische Universität Wuppertal. Ses travaux portent sur la philosophie classique allemande et la phénoménologie. Il dirige l'Institut für Transzendentalphilosophie und Phänomenologie (englobant un centre d'études fichtéennes, un centre d'études finkiennes ainsi que les Archives Marc Richir). Publications (sélection) : *La Genèse de l'apparaître. Études phénoménologiques sur le statut de l'intentionnalité*, Beauvais, Mémoires des Annales de Phénoménologie, 2004 ; *Husserl et les fondements de la phénoménologie constructive*, Grenoble, Millon, 2007 ; *En deçà du sujet. Du temps dans la philosophie transcendantale allemande*, Paris, Puf, 2010 ; *En face de l'extériorité. Levinas et la question de la subjectivité*, Paris, Vrin, 2010 ; *Hinaus. Entwürfe zu einer phänomenologischen Metaphysik und Anthropologie*, Würzburg, Königshausen & Neumann, 2011 ; *En voie du réel*, Paris, Hermann, 2013 ; *Qu'est-ce que le phénomène ?*, Paris, Vrin, 2014 ; *Relire* Totalité et infini *d'Emmanuel Levinas*, D. Cohen-Levinas, A. Schnell (éd.), Paris, Vrin, 2015 ; *Relire* Autrement qu'être ou au-delà de l'essence *d'Emmanuel Levinas*, D. Cohen-Levinas, A. Schnell (éd.), Paris, Vrin, 2016 ; *La déhiscence du sens*, Paris, Hermann, 2015 ; *Was ist Phänomenologie ?*, Frankfurt-am-Main, Klostermann, 2019.

Danielle COHEN-LEVINAS. Née à Paris, ancienne élève du Conservatoire National Supérieur de Musique, de l'École Normale Supérieure de musique et de l'Université Paris IV et Paris I-Sorbonne, Danielle Cohen-Levinas est philosophe et musicologue. Professeur à l'Université Paris IV Sorbonne depuis 1998, elle a fondé en 2008 le *Collège des études juives et de philosophie contemporaine – Centre Emmanuel Levinas*. Elle est chercheur-associé aux Archives Husserl de Paris à l'École Normale Supérieure de la rue d'Ulm. Ses domaines de recherches et de spécialisation sont : l'idéalisme musical allemand, l'opéra et la création musicale et artistique au XXe siècle (en particulier Schönberg), la philosophie contemporaine, la post-phénoménologie française et la philosophie juive allemande. Elle est l'auteur de nombreux essais, articles et a publié plusieurs ouvrages collectifs consacrés à ces différents domaines de la pensée.

Elle est la Présidente des *Cahiers Maurice Blanchot* qu'elle a fondé en 2010 avec Monique Antelme et Mike Holland. Elle est directrice de collection aux éditions Hermann.

Quelques ouvrages parus :

La voix au-delà du chant. Une fenêtre aux ombres (Paris, Vrin, 2006) ; *Le Siècle de Schoenberg* (dir., Paris, Hermann, 2010) ; *Emmanuel Levinas et le souci de l'art* (dir., Paris, Manucius, 2010) ; *Levinas et l'expérience de la captivité* (dir., Plans-sur-Bex, Parole et Silence, 2011) ; *Le devenir-juif du poème. Double envoi : Celan et Derrida* (Montréal, Presses Universitaires de Montréal, 2015) ; Leo Strauss. *Philosophie et judaïsme* (éd. D. Cohen-Levinas, M. de Launay et G. Sfez, Paris, Beauchesne, 2016) ; *Perspectives néokantiennes* (éd. D. Cohen-Levinas, M. de Launay et J. M. Garrido, Paris, Hermann, 2017).

Jérôme WATIN-AUGOUARD est doctorant de philosophie. Ses travaux portent sur la question de la transcendance en phénoménologie (« Ipséité et transcendance chez Levinas et Heidegger », dans *Relire* Autrement qu'être ou au-delà de l'essence, Paris, Vrin, 2016), l'œuvre d'Ernst Cassirer et sa dimension phénoménologique (*Le sens de la phénoménologie dans la* Philosophie des formes symboliques *d'Ernst Cassirer*, mémoire de Master 2 ; « Le sens du sensible. La phénoménologie husserlienne à l'épreuve de sa critique par Ernst Cassirer », *Annales de Phénoménologie* 15, 2016). Il mène actuellement des recherches sur le concept d'expression dans la tradition phénoménologique et l'idéalisme allemand.

Laurent VILLEVIEILLE est chercheur associé aux Archives Husserl de Paris. Il enseigne la philosophie en CPGE à Lille. Il est l'auteur de *Heidegger et l'indétermination d'Être et Temps* (Paris, Hermann, 2014), qui pose la question du discours philosophique dans la pensée de Heidegger.

Ancien chercheur au CNRS (Archives Husserl), spécialiste de Kierkegaard et de Levinas auxquels il a consacré plusieurs ouvrages – notamment *Levinas et le tournant sacrificiel* (Paris, Hermann, 2012) –, David BREZIS travaille actuellement sur la pensée rabbinique des premiers siècles. Ses derniers livres (en hébreu) portent, l'un, sur le débat au sein de la pensée talmudique entre dogmatisme et esprit d'ouverture (Tel-Aviv, Bar-Ilan University Press, 2015), l'autre, sur le débat qui oppose secrètement les rabbins au christianisme (Toulouse, Carmel, 2018).

Philippe CAPELLE-DUMONT, Professeur de philosophie à l'université de Strasbourg, doyen honoraire de la Faculté de philosophie de l'Institut catholique de Paris, directeur de la collection « Philosophie & Théologie » (Le Cerf) et de la *Revue des sciences religieuses*. Il est l'auteur d'une quarantaine d'ouvrages dont certains sont traduits en plusieurs langues. Dernières publications : *Finitude et mystère* III (2016) ; *Études heideggériennes* (2016) ; *Philosopher en Islam et en christianisme* (avec S. Bachir Diagne, 2016). En préparation : *Judaïsme et christianisme dans la philosophie contemporaine* (avec D.-E. Levinas) ; *Le principe alliance*, t. 1 : « Phénoménologie de l'alliance », t. 2 : « Qu'est-ce que le temps ? ».

Carmelo MEAZZA est professeur de philosophie à l'Université de Sassari. Il s'est occupé surtout d'idéalisme allemand, d'herméneutique et de phénoménologie allemandes et françaises, en écrivant plusieurs essais sur ce sujet. Parmi ses travaux on signale : *Il Testimone del circolo. Note sulla filosofia di Levinas* (*Le témoin du cercle. Notes sur la philosophie de Levinas*), Franco Angeli ; *Tra passi di Heidegger e gli « antichi scolastici »*

(Parmi des passages de Heidegger et des « anciens scolastiques »), ETS ; *Note, appunti e variazioni sull'attualismo (Notes, remarques et variations sur l'actualisme)*, ETS ; *Sulla soglia etica del Pulchrum (Sur le seuil éthique du Pulchrum)*, Mimesis ; *Di traverso in Jacques Derrida, In un certo attualismo nel dramma di differenza e différance (De travers dans Jacques Derrida ; Dans un certain actualisme de la différence à la différance)*, Guida ; *La comunità s-velata. Questioni per Jean-Luc Nancy (La communauté dé-voilée. Questions pour Jean-Luc Nancy), Guida ; L'evento esposto come evento d'eccezione (L'événement exposé comme événement d'exception)* (I° et II° ed.), Inschibboleth ; *L'effetto del reale e la prossimità del tra-noi (L'effet du réel et la proximité de l'entre-nous)*, Guida, Napoli, 2018.

TABLE DES MATIÈRES

Achevé d'imprimer en mars 2021
sur les presses de
La Manufacture - Imprimeur – 52200 Langres
Tél. : (33) 325 845 892

N° imprimeur : 210202 - Dépôt légal : mars 2021
Imprimé en France